市场营销理论与实务

主　编　俞　荟　徐　军
副主编　张娟娟　杨　阳　李　丽　苗雅静
参　编　张　冬　章莉娟

北京理工大学出版社
BEIJING INSTITUTE OF TECHNOLOGY PRESS

版权专有　侵权必究

图书在版编目（CIP）数据

市场营销理论与实务 / 俞荟，徐军主编 . —北京：北京理工大学出版社，2019.8 （2021.9 重印）

ISBN 978-7-5682-6768-7

Ⅰ. ①市… Ⅱ. ①俞… ②徐… Ⅲ. ①市场营销学 – 高等学校 – 教材 Ⅳ. ①F713.50

中国版本图书馆 CIP 数据核字（2019）第 035313 号

出版发行 /	北京理工大学出版社有限责任公司
社　　址 /	北京市海淀区中关村南大街 5 号
邮　　编 /	100081
电　　话 /	（010）68914775（总编室）
	（010）82562903（教材售后服务热线）
	（010）68944723（其他图书服务热线）
网　　址 /	http：//www.bitpress.com.cn
经　　销 /	全国各地新华书店
印　　刷 /	涿州市新华印刷有限公司
开　　本 /	787 毫米 × 1092 毫米　1/16
印　　张 /	14.5
字　　数 /	337 千字
版　　次 /	2019 年 8 月第 1 版　2021 年 9 月第 3 次印刷
定　　价 /	39.80 元

责任编辑 / 李慧智
文案编辑 / 李慧智
责任校对 / 周瑞红
责任印制 / 施胜娟

图书出现印装质量问题，请拨打售后服务热线，本社负责调换

前 言

市场营销学进入我国以来，受到了专家学者、企业家的广泛关注和研究。随着市场经济的纵深发展，现代组织管理更加科学化和系统化，市场营销活动作为企业不可或缺的一项职能进入管理者的视野。伴随着市场经济环境的变化和商业模式的更新，市场营销职能活动不仅为企业创造着财富，同时也为广大消费者和公众谋福祉。企业对现代营销人才的需求催生并推进了市场营销教育科学、系统的开展。市场营销课程和专业已经在我国众多高校中开设，目前有近千种市场营销专著和教材问世。

高职高专院校以培养应用型、技能型人才为目标。高职高专教育是一种新型的专科教育模式，这种教育形式更加强调对学生动手能力的培养，于是我们逐步建立了"基于工作过程"的教学体系设计的基本思路。改变原有的教学手段和教学目标、教学方法，是当前高职院校市场营销教育的迫切要求。高职高专院校的办学特色是"以就业为导向"，在本教材中，我们提供的知识以学生想学、企业需要、社会欢迎为基本原则；在教材的编写上，力求区别于一般的市场营销学理论教材，体现高职高专办学特点，追求差异化；在教学方法的选择上，注重教学形式的多样化、灵活化。在编写教材时，我们遵循市场营销工作基本的工作内容和程序，以基础理论为出发点，充实了大量近年来的案例，力求教学的实用性，同时也便于学生的自学。

本教材结合市场营销学经典教程和营销工作现实，以"必需、够用"为原则，突出实践实训式教学，强调对学生素养和能力的培养，既保证理论体系的完整性、系统性，又凸显高职高专教育的要求，吸收了技能型人才的教育教学方法，围绕"提升学生就业核心竞争力"的宗旨开展教材体系编排。

本教材具有以下特色：

项目式、任务式编排。遵循学生学习的基本路径，即从职业认知到理论基础，再到实务操作，最后到能力提升。每个任务由"知识扫描＋知识训练＋知识拓展"3个部分构成，注重沿着由基本理论到技能训练再到知识延伸的路径去培养学生良好的学习习惯。

多元化的训练。本教材的训练环节既有传统的教学方式，又有案例分析、情境训练、游戏等教学方法，还设计了知识拓展环节，以便于学生的自我学习和深度思考，力求以这样的全景式训练方法最大限度地提升教学效果，让学生的学习快乐起来。

本书主要由芜湖职业技术学院的老师编写。项目一由李丽老师编写，项目二由杨阳老师编写,项目三由张冬老师编写,项目四由徐军老师编写,项目五由章莉娟老师编写,项目八由俞荟老师编写,项目七由张娟娟老师编写。项目六由俞荟老师与合肥共达职业技术学院苗雅静老师编写。

  在本书的编写过程中,编者参考了国内出版的各种市场营销学专著及部分网站资料。同时本书从多个渠道搜集了案例材料,对这些材料的作者深表感谢。同时感谢芜湖职业技术学院各位领导和同人的帮助。

  市场营销学作为一门不断发展的实践性极强的学科,值得我们进一步探索的地方还有很多,再加上我们水平有限、编写时间紧迫,书中难免有遗漏和不足之处,欢迎各位同人不吝赐教,多提宝贵意见。

编 者

目 录

项目一　市场营销基本理论 ………………………………………………………… (1)
　　任务一　掌握市场营销概念 ……………………………………………………… (1)
　　任务二　了解市场营销学的产生和发展 ………………………………………… (7)
　　任务三　认知顾客价值 …………………………………………………………… (15)
　　项目小结 …………………………………………………………………………… (20)

项目二　市场营销环境分析 ………………………………………………………… (24)
　　任务一　市场营销环境概述 ……………………………………………………… (24)
　　任务二　宏观市场营销环境分析 ………………………………………………… (30)
　　任务三　微观市场营销环境分析 ………………………………………………… (39)
　　项目小结 …………………………………………………………………………… (47)

项目三　市场营销战略 ……………………………………………………………… (50)
　　任务一　了解企业战略 …………………………………………………………… (50)
　　任务二　掌握STP目标市场营销战略 …………………………………………… (59)
　　项目小结 …………………………………………………………………………… (69)

项目四　产品策略 …………………………………………………………………… (72)
　　任务一　了解产品与产品组合 …………………………………………………… (73)
　　任务二　掌握产品的生命周期理论 ……………………………………………… (80)
　　任务三　新产品开发与管理 ……………………………………………………… (87)
　　任务四　品牌与包装 ……………………………………………………………… (97)
　　项目小结 …………………………………………………………………………… (106)

项目五　价格策略 …………………………………………………………………… (110)
　　任务一　了解影响定价的因素 …………………………………………………… (110)
　　任务二　掌握定价方法 …………………………………………………………… (118)
　　任务三　运用定价策略制定与调整价格 ………………………………………… (128)
　　项目小结 …………………………………………………………………………… (141)

项目六　分销策略 ······ (143)
    任务一　了解分销渠道 ······ (143)
    任务二　设计分销渠道 ······ (152)
    任务三　管理分销渠道 ······ (161)
    项目小结 ······ (169)

项目七　促销策略 ······ (171)
    任务一　促销与促销组合 ······ (171)
    任务二　广告策略 ······ (178)
    任务三　人员推销策略 ······ (184)
    项目小结 ······ (195)

项目八　公共关系策略 ······ (198)
    任务一　认识公共关系 ······ (198)
    任务二　掌握公共关系策略中处理的多维关系 ······ (206)
    任务三　对营销危机进行危机公关处理 ······ (214)
    项目小结 ······ (221)

参考文献 ······ (223)

市场营销基本理论

通过对本项目的学习,学生对市场营销活动有理性的初步认知。本项目要求学生对市场营销活动的产生和发展有所了解,并深刻理解市场、市场营销等基本概念。学生通过知识训练能够具有识别市场的初步能力,初步接触市场营销典型案例的学习和分析方法,在案例辅助和实操训练的帮助下掌握市场营销的概念,系统掌握市场营销学的知识结构和内在逻辑。

知识目标

1. 市场、营销、市场营销的概念。
2. 市场营销学的产生和发展。
3. 市场营销学的基本理论与框架。
4. 市场营销观念的发展。

能力目标

1. 深刻认识市场营销的重要性。
2. 识别不同市场和事件中营销的作用。
3. 具备创新力,有突破性地挖掘营销要素。

任务一 掌握市场营销概念

一、知识扫描

知识点一 市场的概念

狭义的市场是指商品交换的场所,如商店、集市、商场、批发站、交易所等,这是市场的最一般、最容易被人们理解的概念,所有商品都可以从市场流进流出,实现了商品由卖方向买方转换。整体市场的流程结构如图 1-1 所示。

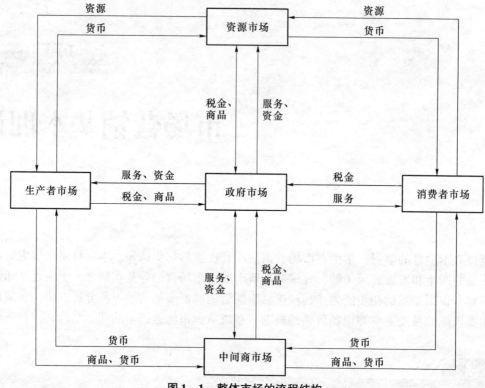

图 1-1　整体市场的流程结构

广义的市场是由那些具有特定需要或欲望，愿意并能够通过交换来满足这种需要或欲望的全部顾客所构成的。这种市场范围，既可以指一定的区域，如国际市场、国内市场、城市市场、农村市场；也可以指一定的商品，如食品市场、家电市场、劳动力市场等，甚至还可指某一类经营方式，如超级市场、百货市场、专业市场、集贸市场等。市场与行业的关系如图 1-2 所示。

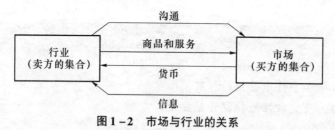

图 1-2　市场与行业的关系

从广义的市场概念可以看到，市场的大小并不取决于商品交换场所的大小，而是取决于那些表示有某种需要，并拥有使别人感兴趣的资源，而愿意以这种资源来换取其需要东西的主体数量。具体来说，市场由购买者、购买力和购买愿望三要素组成。只有当三要素同时具备时，企业才拥有市场，即：市场 = ｛购买者 + 购买力 + 购买欲望｝

知识点二　营销的概念

营销就是通过不断满足营销对象的需求从而满足自己需求的一个过程。
（1）营销是一个持续不断的过程，而不是一个静止点。

(2) 营销要研究和关注营销对象的需求，企业更应研究和关注消费者的需求。
(3) 营销要做到满足自己的需求之前先去满足营销对象的需求。
(4) 满足营销对象的需求的目的是为了满足自己的需求。

知识点三　市场营销的概念

国内外学者对市场营销已下过上百种定义，企业界的理解更是各有千秋。美国著名营销学家菲利普·科特勒教授的定义是：市场营销是个人和群体通过创造并同他人交换产品和价值以满足需求和欲望的一种社会过程和管理过程。据此，可以将市场营销概念具体归纳为下列要点：

(1) 市场营销的最终目标是"满足需求和欲望"。
(2) "交换"是市场营销的核心，交换过程是一个主动、积极寻找机会，满足双方需求和欲望的社会过程和管理过程。
(3) 交换过程能否顺利进行，取决于营销者创造的产品和价值满足顾客需求的程度和交换过程管理的水平。

市场营销作为一种计划及执行活动，其过程包括对一个产品、一项服务或一种思想的开发制作、定价、促销和流通等活动，其目的是经由交换及交易的过程满足组织或个人的需求目标。市场营销，作为一门学科，即市场营销学，它是一门建立在经济科学、行为科学和现代管理理论基础之上的应用科学。

市场营销学的研究对象是以满足消费者需求为中心的企业市场营销活动过程及其规律性，即在特定的市场营销环境中，为满足消费者现实和潜在的需要，所实施的以产品（Product）、定价（Price）、渠道（Place）、促销（Promotion）为主要内容的市场营销活动过程及其客观规律性。

市场营销工作的内容具有综合性、实践性、应用性的特点。总之，就是通过研究，发现顾客的需要，企业根据顾客的需求去提供相关的产品。

知识点四　市场营销的对象

营销什么？这个问题是我们首先要清楚的问题。一般而言，有形的产品、服务、事件、体验、人物、场所、产权、组织、信息、创意都可以作为营销的对象。

有形的商品，是传统意义上营销的起点。一台电冰箱、一辆汽车、一瓶饮料等我们生活中的必需品，在形形色色的广告中，在各种场合下出现在消费者的视野中。

除此之外，服务作为社会经济中的另一支主要力量越来越受到消费者的关注。比如，我们出行所享受的航空服务、酒店服务，日常生活中的美容美发服务、商品保养维修服务、会计与法律服务等。很多时候，消费者享受的是商品和服务一体的消费过程，比如去酒店就餐。

事件则是营销人员就一些事件进行宣传，比如，大型的展览、文娱表演、组织庆典等。许多企业借助这些事件，比如，奥运会就是世界顶级企业和产品竞技与展示的舞台，它们利用奥运会进行一系列宣传，以此吸引消费者的关注，并期望激起其购买行为。

名人营销你虽然没有关注过，但是一定接触过。著名的艺术家、企业家、律师等社会精英都从名人营销中获利无数，甚至一些名人在日积月累中建立了自己的品牌。著名的管理咨询家汤姆·彼得斯说每个人都要努力使自己成为知名品牌。

总之，营销无处不在，每一个组织和个人都在进行各种各样的营销活动，在当今的环境中，良好的营销已经成为企业成功的必备因素。

二、知识训练

训练项目1　营销思维训练

如何将一本滞销书变为畅销书

1. 现在有总统喜欢的书出售

某出版商有一批书，眼看就要滞销了，怎么办呢？他灵机一动想出了一个办法：他给总统送去了一本。由于总统事务缠身，没有时间和他纠缠，就应付地说了一句："这本书挺好的。"出版商于是就大做广告："现在有总统喜欢的书出售。"结果，销量迅速上升。

2. 现在有总统讨厌的书出售

没过多久，这个出版商又有书卖不动了，于是，他就又送给总统一本书。总统已经上了一回当了，就改口说："这本书真糟糕。"出版商又进行了一次广告宣传："现在有总统讨厌的书出售。"很多人出于好奇，争先抢购。

3. 现在有使总统难以做出结论的书出售

出版商第三次找到总统送给他书的时候，总统吸取了前两次的经验，没有对书籍做任何评价，但是出版商又别出心裁地做了广告："现在有使总统难以做结论的书出售，从速购买。"出版商的书居然又一次被抢购一空。

这个营销小故事告诉我们，营销活动是一项创造性的工作。那么，请你做一做以下创新型思维的小训练，尝试开动你的脑筋吧！

训练项目2　创新思维训练

(1) 发散思维训练：钢笔的用途是什么？(1分钟)

(2) 自由联想训练：杯子——（　　　）——（　　　）……(15个联想词/1分钟)

(3) 强制联想训练：请分析鸡蛋和宇宙有哪些联系？(10个联系/3分钟)

(4) 强制联想训练：请分析管理和绘画有哪些相同之处？(10个相同点/3分钟)

三、知识拓展

知识拓展1　你应该知道的市场营销的几个核心概念

概念1　市场营销中的需求

了解需求是营销工作的首要任务。什么是需求？一个人想要一辆奔驰车，说明他有对豪车的需要。但是倘若他没有足够的支付能力，是不可以被视作需求的。企业的营销人员，不仅要知道有多少人需要自己的产品，更重要的是要知道有多少人实际可以买得起。需求是优先于营销活动的。譬如营销人员虽然不能创造消费者对于奔驰车的需求，但是可以通过激发消费者对于社会地位的需要进而产生购买奔驰车的想法。此外，在一些新产品进入市场的时候，当消费者对新产品不甚了解的时候，营销人员需要做的是引导与介绍，使消费者了解自己的产品，产生一定的感知。

概念2　目标市场

企业不是每个人的需要都要去满足、每一个市场都要去占领。企业要知道自己的优势在哪里，可以提供什么样的产品。对于任何企业来说，谁都没有足够的人力资源和资金满足整个市场或追求过分大的目标，只有扬长避短，找到有利于发挥本企业现有的人、财、物优势的目标市场，才不至于在庞大的市场上瞎撞乱碰。因此，营销人员要懂得去对顾客加以分析，分析他们的心理和行为的差异，分析其人口统计信息，进而识别不同需求的客户群体，找到合适的目标市场。目标市场就是企业营销活动之"矢"瞄准市场方向之"的"的优选过程。

概念3　市场定位

市场定位是美国营销学家艾·里斯和杰克·特劳特在1972年提出的概念，是市场营销工作者用以在目标市场（此处目标市场指该市场上的客户和潜在客户）的心目中塑造产品、品牌、组织的形象或个性（Identity）的营销技术。围绕"竞争对手的产品是如何定位的""目标顾客的满足程度怎样及还需要什么""企业能够为顾客真正的需要提供什么"这样几个问题展开识别和反思，进而分析企业经营管理、技术开发、采购、生产、市场营销、财务和产品等7个方面的强项和弱项，借此选出最适合本企业的优势项目，以初步确定企业在目标市场上所处的位置。譬如"七喜"把自己定位为"非可乐"，强调它是不含咖啡因的饮料，与可乐类饮料不同；低热量的"Lite"牌啤酒，将自己定位为喝了不会让人发胖的啤酒，迎合了那些经常饮用啤酒而又担心发胖的人的需要。这些特点鲜明的市场定位行为都值得我们去研究，在后续的课程中，我们将会深入地学习。

概念4　品牌

品牌是日常生活中我们常常接触到的有关营销的一个重要概念。海尔、华为、三星、苹果这些耳熟能详的名称既是我们熟知的企业也是市场中名声赫赫的品牌。现代营销学之父科特勒在《市场营销学》中指出，品牌是销售者向购买者长期提供的一组特定的特点、利益和服务。品牌承载的更多是一部分人对其产品以及服务的认可。它是能够给拥有者带来溢价、产生增值的一种无形的资产。其载体是用于和其他竞争者的产品或劳务相区分的名称、术语、象征、记号或者设计及其组合，增值的源泉来自消费者心智中形成的关于其载体的印象。美国可口可乐公司前任董事长罗伯特·士普·伍德鲁夫曾说："只要'可口可乐'这个品牌在，即使有一天，公司在大火中化为灰烬，那么第二天早上，企业界、新闻媒体的头条消息就是各大银行争着向'可口可乐'公司贷款。"由此说明，品牌对企业而言具有影响深远的经济价值。因此，品牌这一概念也是营销学中极其重要的一个概念。

概念5　顾客满意

通过满足需求达到顾客满意，最终实现包括利润在内的企业目标，是现代市场营销的基本精神。这一观念上的变革及其在管理中的运用，曾经带来美国等西方国家20世纪50年代后期到60年代的商业繁荣和一批跨国公司的成长。

所谓顾客满意，是指顾客对一件产品满足其需要的绩效与期望进行比较所形成的感觉状态。顾客购买后是否满意，取决于其实际感受到的绩效与期望的差异：若绩效小于期望，顾客会不满意；若绩效与期望相当，顾客会满意；若绩效大于期望，顾客会十分满意。顾客期望的形成，取决于顾客以往的购买经验、朋友和同事的影响以及营销者和竞争者的信息与承诺。满足顾客需要的绩效是企业通过营销努力，供给消费者的产品（服务）价值或实际利益。它既是企业的预期，也是顾客通过购买和使用产品产生的一种感受。

研究表明，吸引新顾客要比维系老顾客花费更高的成本，而要有效地保持老顾客，仅仅使其满意还不够，只有使其高度满意，才能有效地培养顾客对企业和品牌的忠诚度。因此，现代企业必须十分了解顾客让渡价值，通过企业的全面质量管理和价值链管理，建立系统的"顾客满意第一"的良性机制，使自己成为真正面向市场的企业。

概念 6　营销渠道

营销的渠道主要有 3 种：传播渠道、分销渠道、服务渠道。传播渠道，主要是指企业与消费者之间信息的沟通渠道。常见的报纸、广播、电视、电话、邮件、传单、微博、微信、互联网等都是企业了解顾客需求，以及顾客了解企业的通道。当前企业营销越来越重视信息的双向传播和应用。分销渠道，则是企业如何向顾客或使用者展示、销售产品与服务的方式，消费者在何种场合、通过什么样的方式接触到产品和服务。所以企业既可以通过网络、邮件、电话的形式进行销售，即所谓的直接渠道，也可以凭借分销商、经销商、批发商、零售商、代理商等中间商环节进行销售，即所谓的间接渠道。服务渠道，则是指促成交易的个体和机构如仓库、物流公司、银行等机构。

概念 7　市场营销的 4P 策略

市场营销的 4P 策略是营销的核心要素。这一概念产生于 20 世纪 60 年代的美国，4P 是 4 个基本策略的组合，即产品（Product）、价格（Price）、渠道（Place）、促销（Promotion）。教材体系也将围绕这 4 个要素深入展开探讨。产品注重功能的开发，要求产品有独特的卖点，产品的功能诉求是第一位的。此外，企业需要根据不同的市场定位，制定不同的价格策略，产品的定价依据是企业的品牌战略，注重品牌的含金量。众所周知，企业并不直接面对消费者，而是注重经销商的培育和销售网络的建立，企业与消费者的联系是通过分销商来进行的，所以渠道建设是关键环节。促销则应当是包括品牌宣传（广告）、公关、促销等一系列的营销行为。

以上概念都是市场营销中最为关键的几个核心问题，是市场营销始终绕不开的话题，在后续的教材中我们将深入进行剖析，这也是需要深刻铭记的几个概念。

知识拓展 2　案例：锤子手机为什么没火？

2014 年，中国的手机江湖中，锤子手机成为 2014 年争议的一个产品，从 2013 年就开始的高调，到 2014 下半年的降价打脸，一直被媒体密切关注。

在无情的商业现实面前，傲娇的罗永浩终于带着他的锤子低下了头，一次次无奈地被打脸：先说单机价格不会低于 2 500 元，"如果低于 2 500 元，我是你孙子"，结果销量走不起来，无奈中降价了，销量也算是有了改观。

而同样按照罗永浩的观点，不可能做千元机，罗永浩在推出第一款手机 T1 时曾直言不讳地说："请草根走开，只为精英生产手机，定价在 3 000 元以上。"而这次又食言了，推出了 899 元的坚果手机。

有人说，商业终究是商业，有它的商业规律，这是任何人都没法违背的，不是你傲娇就可以的。罗永浩本人是一个营销水平非常高的人，从对之前培训机构的推广到锤子手机的推广，特别是锤子手机在 2014 年的发布会环节，罗永浩可以说绝对是排在前列的，从演讲技巧、个人风采到产品介绍，甚至其中的 PPT 设置，都是水平极高的。但是锤子手机为何没能在竞争激烈的手机市场上脱颖而出呢？原因有如下几点：

一是营销推广不足。锤子手机的推广媒介大多用的是自媒体，自媒体将他的个性面加以放大，特别是当他成为一个企业负责人时。过去罗永浩是一个批评者，对很多现象的批评引发了大家的共鸣，大家可以接受。但是当他成为一个企业老板时，贬低别人抬高自己，就会给人一种不良的感觉。如他对苹果开炮，对业内众多同行纷纷开炮，引发了很多人的反感。中国人相对喜欢低调不张扬的个性，而当把同行贬得一无是处，而自己拿出来的产品又没有那么惊艳时，这种负面感就会强化，把很多对锤子手机感兴趣的群体从情感上推开了，这种反感也会被转移到产品上。

二是产品仍需打磨。客观地说，锤子拿出的手机外观还算可以，不得不承认罗永浩和锤子团队下了功夫。作为一个业外人，之前从没有做过手机，拿出这样的产品，已经实属不易，在手机的UI设计上也有自己的亮点。但是外观设计模仿的痕迹太明显，它长得和苹果的iPhone4s太像了。锤子手机的外观可以说是对iPhone4s外观的高仿，并非自己的原创。

三是价格太高，没有丰富的产品线。罗永浩心仪中产阶级及城市精英消费群体，他对产品所定的价格也是针对这个群体。但很可惜，锤子手机在产品上没法支撑。一方面由于缺乏惊艳的原创，缺乏轰动性效应，缺乏品牌溢价，定价过高很难支撑；另一方面，锤子还是一个新品牌，缺乏影响力。无论是产品的惊艳度，还是产品影响力都不够，都很难支撑高价位，于是开始时，销量与价格一样平静，之后价格下调，才算是有了一些销量。手机行业，高端市场不好做，低端市场利润薄，最好的是中端市场，但是企业都不会放弃低端市场，因为低端市场可以走量，能带来现金流，同时还能积累知名度。罗永浩忽视了这样一个商业规律。不久之后罗永浩推出的899元的坚果手机，算是对此前错误的反思。认清市场让企业存活下去，才有发展机会，这远比面子重要。

四是销售渠道太少。营销的4P（产品、价格、渠道、促销）中，这4个环节都缺一不可，产品是基础，价格圈定人群范围，促销决定影响多少人，渠道是落地的最后环节，如果前面工作都做得很好，但在购买环节不方便，最终也会导致营销功亏一篑。之前，锤子手机的渠道铺货还是比较弱的，一方面是自身经验的缘故，另一方面与品牌形象力弱、与渠道对话的话语权不够有关。现在，我们看到锤子也在逐渐弥补自己的渠道短板，包括与苏宁展开了合作，苏宁也入股锤子手机。总体来说，锤子毕竟已经在市场上有了一点位置，之前的产品有25万部，推出千元机坚果手机如果卖好了，有可能实现销量的翻倍，进入百万部级别。

（案例来源：第一赢销网 http：//www.yingxiao360.com/htm/2015924/16305.htm）

锤子手机的案例折射出营销中的很多问题。阅读此案例之后，请思考同行业中的小米、苹果、三星、华为都是如何建立自己的市场优势的，可做对比反思。

任务二　了解市场营销学的产生和发展

一、知识扫描

知识点一　市场营销学的产生和发展

市场营销学于20世纪初创建于美国，后来流传到欧洲、日本和其他国家，在实践中得到不断完善和发展。然而直到19世纪之前，市场营销尚未形成一门独立的学科，它的形成阶段大约在1900—1930年。

19世纪末20世纪初，世界主要资本主义国家先后完成了工业革命，由自由竞争向垄断资本主义过渡。垄断组织加快了资本的积聚和集中，使生产规模扩大。这一时期，美国古典管理学家泰勒以提高劳动生产率为主要目标的"科学管理"理论、方法应运而生，受到普遍重视。一些大型企业实施科学管理后，产品迅速增加，要求对流通领域施加更大影响，对相对狭小的市场进行更精细的经营。同时，科学技术的发展，也使企业内部计划与组织变得更为严整，从而有可能运用现代化的调查研究方法，预测市场变化趋势，制订有效的生产计划和销售计划，控制和调节市场销售量。在这种客观需要与可能条件下，市场营销学作为一门独立的经营管理学科诞生了。

第二次世界大战后，市场营销学从概念到内容都发生了深刻的变化，许多市场营销学学者经过潜心研究，提出了一系列新的观念。其中之一就是将"潜在需求"纳入市场概念，即把过去对市场"是卖方与买方之间的产品或劳务的交换"的旧观念，发展成为"市场是卖方促使买方实现其现实的和潜在的需求的任何活动"。这样，凡是为了保证通过交换实现消费者需求（包括现实需求与潜在需求）而进行的一切活动，都纳入了市场营销学的研究范围。

理性的营销管理应该说始于1823年美国人A. C. 尼尔逊创建的专业市场调查公司。自此以后，市场研究建立了营销信息系统，并成为营销活动的重要部分。营销从传统的经济学转入管理学研究，标志着营销管理时代的开始。因为经济学侧重于效用、资源、分配、生产研究，核心是短缺；而营销是公司管理的重要部分，核心是交换。

20世纪50—70年代的营销学发展：50年代，营销环境和市场研究成为热点。当商品不再短缺时，消费者的差异逐渐扩大，"市场细分"的概念浮出水面，市场细分根据消费者的社会经济特征去判断消费者的行为模型。60年代市场研究强化了消费者态度的研究，从态度与习惯判断生活方式。1960年，美国营销学权威之一的杰罗姆·麦卡锡博士提出著名的4Ps理论。70年代末，随着服务业的兴起，服务营销为服务业提供了思想和工具，也推进了制造业的发展，开拓了新的竞争领域。

20世纪80年代的营销学发展：80年代，顾客满意度（Customer Satisfaction）开始流行，其观点指出满意是一种感觉状态的水平，源于对产品的绩效或产出与人们的期望所进行的比较。伴随全球一体化进程，提出"全球营销"（Global Marketing）的思想，强调产品与手段的一致性。在此基础上，提出整合营销（Integrated Marketing）的理念，包括营销战略与活动的整合、信息与服务的整合、传播渠道的整合、产品与服务的整合。同时，进一步强调关系营销（Relationship Marketing）的重要性，它有别于传统的交易营销，为客户增加经济的、社会的、技术支持等附加值，更好地把握了营销概念的精神，强调了营销的人文性。随着信息技术的迅速发展，使得企业与顾客一对一沟通成为可能，出现了数据库营销，它更好地了解了顾客，加强了客户关系管理，提高了客户忠诚度。

20世纪90年代的营销学发展：90年代，企业营销理念发生变化，企业开始反思传统的营销活动，意识到营销不仅要考虑消费者的需要，更要考虑消费者与社会的长远利益，如环境保护与人身健康。公司实行组织目标不应只为了利润最大化或消费者的选择和满意度最大化，而应是兼顾消费者的满意与长期福利。

尽管世界著名营销学者对营销未来发展的看法呈现多元化，但网络营销无疑是21世纪营销的焦点。营销环境和消费者行为的变化是网络营销发展的动力，20世纪工业时代创造的营销4P要素将与互联网技术重新整合。网络营销的最大特点在于以消费者为导向，消费者的个性特点使得企业重新思考其营销战略。网络环境使得双向互动成为现实，使得企业营销决策有的放矢，从根本上提高了消费者满意度。网络社会的竞争优势将来自吸引和保持顾客的能力，并能够极显著地减少交易成本。

知识点二　市场营销在中国的发展

1. 20世纪30—40年代，市场营销学在中国曾有一轮传播

现存最早的教材是丁馨伯编译的《市场学》，由复旦大学出版社于1933年出版。当时一些大学的商学院开设了市场学课程。由于长期战乱及半封建半殖民地经济发展水平的限制，市场营销研究和应用受到很大的局限性。新中国成立后，在很长一段时间内，由于西方的封锁和我国实行高度集中的、僵化的计划经济体制，商品经济受到否定和抵制，市场营销学的研究在中国内地基本中断。在长达30年的时间里，中国内地学术界对国外迅速发展的市场营销学知之甚少。

党的十一届三中全会后，中国确定了以经济建设为中心，对外开放、对内搞活的方针。经济学界努力为商品生产恢复名誉，改革、开放的实践则不断冲击着旧体制，逐步明晰了以市场为导向、建立社会主义市场经济体制的改革目标，从而为我国重新引进和研究市场营销学创造了良好条件。

2. 1978—1983年，是市场营销学再次引进中国的启蒙阶段

1978年后，随着改革开放的逐步实施，市场营销学再次被引进中国，许多高等院校相继设置了市场营销学课程，并组织编写了一大批市场营销学教材。这一时期是市场营销学在我国的初步传播阶段。

1980年，国家经济贸易委员会与美国政府合作设立了以厂长、经理为培训对象的大连培训中心，聘请美国著名的营销专家讲课，对营销理论方法的实际运用起到了推动作用。

3. 1984—1994年，是市场营销学在中国广为传播与应用的时期

1984年1月，为加强教学与研究，推进市场营销学的普及与发展，中国高等财经院校综合大学市场学教学研究会成立（1987年改名为"中国高等院校市场学研究会"）。该研究会聚集了全国一百多所高校的市场营销学学者，每年定期交流研讨，公开出版论文集，对市场营销学的传播、深化和创新运用做出了积极贡献。

1985年到1992年，我国的理论工作者和实践工作者把市场营销学的原理与中国的实际情况相结合，力图解决我国经济发展中的营销实际问题。在开设的课程和出版的教材中，开始结合中国的国情，带有中国的特色。这一时期，是市场营销学在中国的进一步传播与应用时期。

1991年3月，中国市场学会在北京成立，该学会成员包括高等院校、科研机构的学者，国家经济管理部门官员和企业经理人员。中国高等院校市场学研究会、中国市场学会也开展了一系列活动，促进学术界和企业界合作，为企业提供营销管理咨询服务和培训服务，建立对外交流渠道，做了大量有成效的工作。

4. 1995年以后，是市场营销理论研究与应用深入拓展的时期

1995年在北京召开的"第五届市场营销与社会发展国际会议"，标志着市场营销学在中国的传播进入新的阶段。中国营销学术界一方面加强国际沟通，举办了一系列市场营销国际学术会议；另一方面，随着中国高层领导日益关注市场营销，学术界也展开了以中国企业实现"两个转变"（从计划经济向市场经济转变，从粗放经营向集约化经营转变）为主题的营销创新研究，以及以"跨世纪的中国市场营销"为主题的营销创新研究。在这一阶段，出现了一批颇有价值的研究成果。

知识点三　市场营销观念的发展

企业市场营销管理基本理念（观念）的演变可划分为生产观念、产品观念、推销（销售）观念、市场营销观念和社会营销观念等 5 个阶段。前 3 个阶段的观念一般称之为旧观念，是以企业为中心的观念；后两个阶段的观念是新观念，可分别称为以消费者为中心的观念和以社会长远利益为中心的观念。

1. 生产观念

生产观念是指导销售者行为的最古老的观念之一。生产观念认为：生产是最重要的因素，只要生产出有用的产品，就不愁没有销路。"我生产什么，就卖什么"，是这种观念的典型反映。

2. 产品观念

产品观念认为：产品是最重要的因素，消费者会优先选择质量最优、性能最好的产品。因此，以产品为导向的企业致力于制造优良产品并经常改进，不断提高产品质量。他们认为：只要物美价廉，顾客必然会找上门，无须大力推销。

3. 推销观念

推销观念是许多企业采用的另一种观念。推销观念认为：消费者通常会有购买迟钝或抗拒购买的表现，如果听其自然，消费者通常不会购买本企业太多的产品，因此，企业必须大力开展推销和促销活动，刺激消费者更多地购买。推销观念在现代市场经济条件下被大量用于推销那些非渴求物品，如保险、百科全书等；也应用于非营利领域，如资金募集、政党竞选等。

4. 市场营销观念

这种观念认为：企业的一切计划与策略应以消费者为中心，正确确定目标市场的需求与欲望，并比竞争者更有效地满足目标市场的需求。

从本质上说，市场营销观念是一种以顾客需求和欲望为导向的哲学，是消费者主权论在市场营销中的体现。市场营销观念认为：实现企业各项目标的关键，在于正确确定目标市场的需求和欲望，并且比竞争者更有效地传送目标市场所期望的物品或服务，进而比竞争者更有效地满足目标市场的需求和欲望。

5. 社会营销观念

企业的任务在于确定目标市场的需求、欲望和利益，比竞争者更有效地使顾客满意，同时维护与增进消费者利益和社会福利。

理想的市场营销决策应同时考虑到消费者的需求与愿望、消费者和社会的长远利益、企业的营销效益。因此，社会营销观念对于市场营销观念的影响是对市场营销观念的补充与修正。市场营销观念的中心是满足消费者的需求与愿望，进而实现企业的利润目标。社会市场营销观念的基本观点是以实现消费者满意以及消费者和社会公众的长期福利，作为企业的根本目的与责任。

二、知识训练

训练项目 1　案例训练

福特汽车公司与通用汽车公司的较量

从 19 世纪末到 20 世纪初的最初 10 年，汽车生产规模很小，作为奢侈品只有少数富人才可以买得起。亨利·福特最早意识到在合理的价格上生产和出售汽车的潜在价值。随着世界上第一条汽车生产流水装配线在福特汽车上使用，汽车的生产方式发生了革命性的改变。它带动了汽车产量的不断上升及汽车价格的不断下降，福特T型车子1909年的价格为990美元，到1914年下降到440美元，1916年下降到360美元，销量从1909年的5.8万辆直线上升到1916年的73万辆。在此过程中，福特运用低价策略占领了市场。

20世纪20年代后期，消费者开始追求个性化，福特所生产的物美价廉的T型车已经不能满足多元化的市场需求，但福特公司仍然实行"以产代销"的策略，以黑色车作为福特汽车的象征。老福特说："不管顾客需要什么，我的车就是黑色的。"结果，T型车在日益激烈的竞争中失利。

通用汽车公司很快抓住了这个机会，生产出时尚高档的、外形和颜色好看的汽车，取代了福特公司的主导地位。到了20世纪50年代，消费者开始喜好外形小巧的汽车，大众汽车公司和日本企业留意并首先抢占了这个市场。

20世纪60年代，汽车工业面临的最严重的问题是环境污染和安全，汽车设计也随之改变，更注重废气的控制，并出现了安全带。20世纪70年代由于石油价格的升高，以日本车为代表的便宜、省油的车在市场上受到广泛青睐。到20世纪80年代，消费者更看重汽车的质量，日本汽车公司将质量更好的车投放到市场。

训练任务：

根据上述案例信息，请同学们思考并讨论以下问题：

（1）案例中汽车企业的数次格局变化，反映了市场营销观念更迭的什么规律？

（2）类似的产品市场变化还有哪些？请结合自己的知识储备谈一谈。

训练项目2　营销决策力训练游戏——沙漠探险

一家公司招聘职员，最后要从3个面试者中选出两个。应聘的题目是：假如有一架飞机在沙漠中发生意外，你是其中的一位生还者。当时的情形是：事发在7月中旬的一天，上午10时，飞机要在位于美国西南的沙漠紧急降落，降落时，技师和副技师意外身亡，剩下你和一群人幸运地没有受伤。出事前，技师无法通知任何人有关飞机的位置，不过从指示器知道离起飞的城市约120公里；而距离最近的市镇，是西北偏北100公里，该处有个矿场。该处除仙人掌外，全是荒芜的沙漠，地势平坦。失事前，天气报告气温达华氏108度。你穿着简便的衣服、短袖衫、长裤、短袜、皮鞋，袋中财物有十多元的硬币，五百多元纸币，香烟一包，打火机一个和圆珠笔一支。

以下15种物品，你只能带5种，选出你认为可以令自己生存久一点的物品：

①45毫米口径手枪（8发子弹）；②1公升清水；③当地航空图；④磁石指南针；⑤降落伞；⑥太阳镜一副；⑦化妆镜；⑧手电筒；⑨盐片（1 000克）；⑩大砍刀；⑪薄纱布一盒；⑫塑料雨衣；⑬伏尔加酒1公升；⑭外套一件；⑮一本《沙漠中可食的动物》的书。

把选的物品分数加起来，标准如下：

化妆镜——1分；外套——2分；1公升清水——3分；手电筒——4分；降落伞——5分；大砍刀——6分；塑料雨衣——7分；45毫米口径手枪（8发子弹）——8分；太阳镜——9分；纱布——10分；磁石指南针——11分；当地航空图——12分；书——13分；伏尔加酒1公升——14分；盐片（1 000克）——15分

关于每一种选择的解释：

在第二次世界大战期间，一位专家曾在撒哈拉沙漠工作，研究在沙漠求生的问题。他搜集了无数事件和生还者的资料，给出以下答案，并详细解释其理由。

（1）化妆镜：在各项物品中，镜子是获救的关键。在白天用来表示你的位置，是最快和最有效的工具。镜子在太阳光下，可产生相当于5万~7万支烛光；如反射太阳光线，在地平线另一端也可看到。如没有其他物品，只有一面镜子，你也有80%获救的机会。

（2）外套：如失事的位置被获悉，在拯救队未到前，便要设法减低体内水分的散发。人体内有40%是水分，流汗和呼吸会使水分消失，保持镇定可减低脱水的速度。穿上外套能减低皮肤表面的水分散发，假如没有外套，维持生命的时间便减少一天。

（3）1公升清水：如有上述（1）、（2）两项物品，可生存3日。水有助减低身体内脱水的速度，口渴时，最好喝水，使头脑清醒。尤其是在第一天，要制造遮蔽的地方。当身体开始脱水时，喝水也没有多大效用。

（4）手电筒（4个电池大小）：在晚上，手电筒是最快和最可靠的发信号工具。有化妆镜和手电筒，24小时都可以发出信号。手电筒也有其他用途：日间可用电筒的反光镜和玻璃做信号及点火引燃之用；装电池的部分可用来作为挖掘工具。

（5）降落伞（红色和白色）：可用作遮阴和发信号。

（6）大砍刀：刀可切断坚韧的仙人掌，也有其他用途。刀可排列在较前的位置。

（7）塑料雨衣：可做"集水器"。在地上挖一洞，用雨衣盖在上面，然后在雨衣中央放一小石块，使之成漏斗形。日夜温差可使空气的水分附在雨衣上，将雨衣上的水滴在电筒盖中存储。每天大约可收集半公升的水。

（8）45毫米口径手枪（装有弹药）：第二天之后，你们说话和行动已很困难，身体已经产生6%~8%的脱水，于是手枪成为很有用的工具。弹药有时要做起火之用。在无数事件中，由于求生者不能发出求救声音，所以没有被人发现，手枪可以发出求救信号，另外，枪柄可做锤子用。

（9）太阳镜：在猛烈的太阳光下，会患光盲症。用太阳镜可避免眼睛受损；也可用黑烟将眼镜熏黑；用手绢或纱布蒙眼，也可避免眼睛被太阳光灼伤。

（10）薄纱布：沙漠湿度低，身体的脱水会使血液凝结，减少血液流失。有事件记录：有一男子体内失去水分，而身上的衣服已被撕破，倒在尖锐的仙人掌和石块上，满身伤口，但没有流血。后来被救，饮水后伤口才流血。纱布可当绳子或包扎脚部、足踝、头部或面部做保护之用。

（11）磁石指南针：除用其反射面发信号之外，指南针并无其他用处，反而有引诱人们离开失事地点的危险。

（12）当地航空图：可用来起火或当厕纸。也可用来遮盖头部或眼睛。它也会引导人们走出沙漠。

（13）《沙漠中可食的动物》的书：沙漠中遇险的最大问题是脱水，并不是饥饿。打猎所得相等于失去的水分，沙漠中动物也甚少可见。吃食物也需要大量的水来帮助消化。

（14）伏尔加酒：剧烈的酒精会吸收人体内的水分，更可致命。伏尔加酒只可做暂时降低体温之用。

（15）盐片（1 000片）：人们过分高估盐的作用。如血液内的盐分增加，同时也需要大量的水以降低体内含盐的量。

最后的结论：

15~20分，杰出；

21~27分，优秀；

28~40分，良好；

41~47分，及格；

48~61分，有少许生还希望；

62分以上，没有生还希望。

三、知识拓展

知识拓展1　营销近视症

营销近视症（Marketing Myopia）是著名的市场营销专家、美国哈佛大学管理学院西奥多·莱维特（Theodore Levitt）教授在1960年提出的一个理论。营销近视症就是不适当地把主要精力放在产品上或技术上，而不是放在市场需要（消费需要）上，其结果导致企业丧失市场，失去竞争力。这是因为产品只不过是满足市场消费需要的一种媒介，一旦有更能充分满足消费需要的新产品出现，现有的产品就会被淘汰。同时，消费者的需求是多种多样的并且不断变化的，并不是所有的消费者都偏好于某一种产品或价高质优的产品。莱维特断言：市场的饱和并不会导致企业的萎缩；造成企业萎缩的真正原因是营销者目光短浅，不能根据消费者的需求变化而改变营销策略。

知识拓展2　营销新观念——整合营销

整合营销（Integrated Marketing）是一种对各种营销工具和手段的系统化组合，根据环境进行即时性的动态修正，以使交易双方在交互中实现价值增值的营销理念与方法。整合营销以市场为调节方式，以价值为联系方式，是现代企业面对动态复杂环境的一种有效选择。

把一些独立的营销活动包括广告、直接营销、销售促进、人员推销、包装、事件、赞助和客户服务等综合成一个整体，以产生协同效应。整合营销战略性地审视整合营销体系、行业、产品及客户，从而制定出符合企业实际情况的整合营销策略，包括社会化媒体营销、事件营销等相关门类。

整合营销与传统营销理论框架的区别：

传统营销的理论框架为：①企业任务；②企业目标；③公司总体经营战略；④公司组合；⑤营销战略；⑥分析和评估市场机会；⑦市场细分；⑧目标市场选择；⑨市场定位；⑩市场营销组合及预算。

整合营销的理论框架为：①从4Ps到4Cs；②接触管理；③建立数据库；④营销沟通整合；⑤营销职能整合；⑥营销战略整合；⑦营销战术整合。

在整合营销传播中，消费者处于核心地位。因此，"顾客导向"是其出发点。同时，对消费者深刻全面的了解，是以建立资料库为基础的。"顾客事务专员"作为一个纽带，起到了很好的整合作用，提高了顾客满意度和营销效率。

一个关于整合营销的例子——GTE公司整合提高营销效率

美国通用电话电子公司（GTE）是美国一家地区电话服务公司，主要客户在加利福尼亚、佛罗里达和得克萨斯州。企业组织按照劳动分工原则组织成层级结构，企业员工各司其职，员工服务顾客的过程是这样的：

第一步，用户打电话报修，公司修理科职员记下报修人的报修要求，交给线路检测工；第二步，检测技工查验公司总机或电话线路是否有故障或其他问题；第三步，如果查出有问题，检测技工把情况报告技术员或调度员；第四步，维修工人根据调度员的安排，约时间上门修复线路或设备。

就用户而言，这样的服务过程太复杂。中间的不确定性太大，而维修工人常常有劲使不上。于是，公司决定从用户的需要出发，将整个维修服务流程步骤简化。从头到尾由一个人处理。从拨打电话报修开始，顾客就在与"顾客事务专员"通话。"顾客事务专员"有能力也有工具来检测线路，查明网络问题或者校正公司电话软件，而这一切都是一边与顾客在电话上交谈一边完成的。很多时候，电话还没打完，问题已查清楚，甚至妥善解决了。即使有的时候问题虽已核实，但因为某种原因无法即刻解决，"顾客事务专员"也能行使调度权，核实维修工的施工安排后，当场与顾客约定上门维修的时间。从前要等许多小时，甚至几天才能落实的维修预约，现在几分钟就解决了。如果以电话报修当场解决问题的百分比来衡量满意程度的话，美国通用电话电子公司原来仅达0.5%，而现在则可达到40%。

（资料来源：宁昌会. 整合营销［M］. 武汉：湖北人民出版社，1999.）

知识拓展3　营销和推销的概念辨析

市场营销观念也称为需求中心论，它与推销观念及其他传统的经营思想存在着根本的不同。这一观念认为，实现企业营销目标的关键在于正确地掌握市场的需求，然后调整整体市场营销组织，使公司能比竞争者更有效地满足消费者的需求。这种营销观念的具体表现是顾客需要什么，就卖什么，而不是企业自己能制造什么，就卖什么。20世纪50年代以后，资本主义发达国家的市场已经变成名副其实的供过于求，卖主间竞争激烈，买主处于主导地位的买方市场。同时，人们的收入水平和物质文化生活水平也在不断提高，消费者的需求向多样化发展并且变化频繁。在这种背景下，企业意识到传统的经营观念已不能有效地指导新的形势下的企业营销管理工作，于是市场营销观念形成了。"顾客至上""顾客是上帝""顾客永远是正确的""爱你的顾客而非产品""顾客才是企业的真正主人"等成为企业家的口号和座右铭。营销观念的形成，不仅从形式上，更从本质上改变了企业营销活动的指导原则，使企业经营指导思想从以产定销转变为以销定产，第一次摆正了企业与顾客的位置，所以是市场观念的一次重大革命，其意义可与工业革命相提并论。

营销观念与推销观念的区别如图1-3所示。

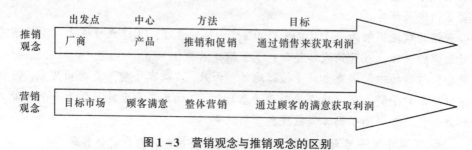

图1-3　营销观念与推销观念的区别

任务三　认知顾客价值

一、知识扫描

知识点一　顾客导向的思维

企业从生产导向向销售导向再向顾客导向转变的过程中，密切关注顾客、激励顾客并与其保持持续的联系和沟通是营销工作的基石。而能够认真研究和管理顾客的人才是成功的营销人员。那么什么是顾客？什么是顾客价值、顾客满意和顾客忠诚呢？

众所周知，顾客（Customer）就是向企业购买产品或服务的个人、团体。按照国际标准化组织（ISO）对顾客的界定，我们可以将顾客分为内部顾客（Internal Customer）和外部顾客（External Customer）两类。前者主要包括股东、经营者和员工；后者主要包括最终消费者、使用者、受益者或采购方。

这些顾客到底需要什么？物美价廉的商品、便捷的购物渠道，这些都关乎于企业的利润，甚至是企业的核心竞争力。比如，我们熟悉的麦当劳，以其著名的 QSCV 系统，即质量、服务、整洁和价值为所有经营者，包括供应商、特许经销代理商、职员和其他合作者保驾护航。他们都能有效地为顾客提供高品位的价值，这使麦当劳成为一家能达到很高效率的快餐店。

今天，随着互联网和智能设备的发展，人们的购物习惯也在悄然变化。沃尔玛公司全球总裁兼首席执行官董明伦在接受光明日报记者专访时表示："顾客都希望用新的更便利的方式去购物。在中国，顾客还非常关注商品品质、食品安全和是否正品。商品价格非常重要，但是只做到价格优势还是不够的，需要有高品质的商品和好的服务，这几样是要兼顾的。我们实体店的发展和电子商务的发展同时也需要兼顾，'两条腿'走路，不能只关注其中的一项。"由此可以看出，对于顾客需求的分析，沃尔玛的研究是认真而透彻的。只有严谨地分析顾客的诉求，才是企业要遵从的"顾客导向"。

> **某些顾客导向的企业及经营哲学**
> 小天鹅：全心全意小天鹅
> 海尔：真诚到永远
> IBM：IBM 就是服务
> TCL：为顾客创造价值
> 格兰仕：努力，让顾客感动

知识点二　顾客让渡价值

著名营销专家菲利普·科特勒提出了"顾客让渡价值"（Customer Delivered Value）概念。所谓"顾客让渡价值"是顾客获得的总价值与顾客获得这些总价值支付的总成本差额。简言之，顾客让渡价值是指顾客总价值与顾客总成本的差额。

今天的顾客获取商品信息的渠道更为多元，更为便捷。他们在自己经验的支配下更有办法识别商品并做出购买决策。然而顾客的购买决策过程会受到诸多因素的影响，这些因素影响着顾客的价值判断，在追求价值最大化的过程中顾客会考虑其总价值和总成本这两个主要因素。

顾客总价值（Total Customer Value）是指顾客从购买的特定产品和服务中所期望得到的

所有利益。顾客总价值一般由如下几部分构成：

（1）产品价值（Product Value），即顾客购买产品或服务时，可得到的产品所具有的功能、可靠性、耐用性，等等。

（2）服务价值（Service Value），顾客可能得到的使用产品的培训、安装、维修，等等。

（3）人员价值（Personal Value），顾客通过与公司中的训练有素的营销人员建立相互帮助的伙伴关系，或者能及时得到企业营销人员的帮助。

（4）形象价值（Image Value），顾客通过购买产品与服务，使自己成为一个特定企业的顾客，如果企业具有良好的形象与声誉的话，顾客可能受到他人赞誉，或者与这样的企业发生联系而体现出一定的社会地位。

顾客在获得上述这一系列价值的时候都不会是无偿的，这体现的是顾客总成本。顾客总成本（Total Customer Cost）是指顾客为购买某一产品所耗费的时间、精神、体力以及所支付的货币资金。顾客总成本一般包括4种成本：

（1）货币成本（Monetary Cost），顾客购买一种产品或服务，首先就要支付货币，或者不能得到免费维修调试等支出的服务价格。

（2）时间成本（Time Cost），顾客在选择产品的时候，学习使用、等待需要的服务等，所需付出的成本或损失。

（3）精力成本（Mental Cost），顾客为了学会使用保养产品，为了联络营销企业的人员，或者为安全使用产品所付出的担心，等等。

（4）体力成本（Physical Cost），顾客为了使用产品、保养维修产品等方面付出的体力。

正如图1-4所描述的那样，顾客在进行购买决策的时候，他将从能提供最大顾客让渡价值的公司进行购买。一个公司要想成功地将产品出售给顾客，可以从3个方面改进它的供给：首先，可以通过改进产品、服务、人员或形象利益增加整体顾客价值；其次，可以通过降低顾客的时间、精力和体力成本，削减非货币成本；最后，可以为顾客降低货币成本。

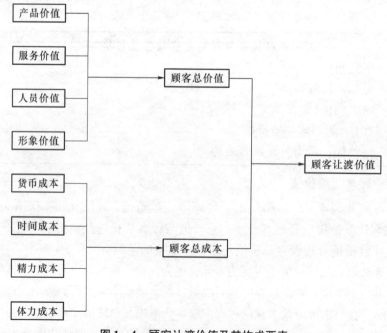

图1-4 顾客让渡价值及其构成要素

知识点三 顾客满意的形成

顾客满意是指顾客通过对一个产品的可感知绩效（感知价值）与他的预期绩效（期望价值）比较后所形成的感觉状态。在这个概念中，涉及可感知价值与预期价值两个概念。

顾客的可感知价值是指购买和使用产品以后可以得到的好处、实现的利益、获得的享受、被提高的个人生活价值。顾客的预期价值指顾客在购买产品之前，对于产品具有的可能给自己带来的好处或利益，是对产品或服务提高其生活质量方面的期望。在很大程度上，他人的评价、介绍、厂家许诺等，对形成顾客的期望价值有很大的影响。显然，顾客的满意是二者的函数。顾客满意的形成过程如图1-5所示。

顾客满意=f(感知价值，期望价值) $\begin{cases} 感知价值 > 期望价值——很满意 \\ 感知价值 = 期望价值——满意 \\ 感知价值 < 期望价值——不满意 \end{cases}$

图1-5 顾客满意的形成过程

对于奉行营销观念的企业，顾客满意是最高目标；对于企图争取更多的顾客并保持已有的顾客的企业，最主要的努力方向就是使顾客能具有满意感。因此，从顾客满意的概念和形成机制中可知，企业可以在降低预期价值、提高感知价值方面分别或综合性地做出营销努力，来提高顾客的满意度。

知识点四 顾客满意指数

今天的公司要特别关注顾客的满意程度，顾客满意是营销的目标。特别是在信息传播方式多样化的时代，顾客向世界传递关于产品的使用体验是极其容易和奏效的。美国密歇根大学的研究者们便提出了客户满意指数（ACSI，American Customer Satisfaction Index），这一指数用来测量消费者对不同行业、企业、经济部门和国民经济体的满意程度。例如，最近美国客户满意度指数的一项新调查中显示苹果的客户满意度指数高于全球其他重要个人计算机（PC）厂家的指数。针对全球2 700名美国用户进行调查，请他们对最近购买的苹果、宏碁、戴尔、惠普、东芝以及"其他（剩下的PC厂商统称）"桌面电脑、笔记本以及平板产品进行评价。详见表1-1。

表1-1 个人计算机客户满意度指数得分情况

企业	2012年	2013年	幅度/%
苹果	86	87	1
惠普	79	80	1
戴尔	81	79	-2
东芝	77	78	1
宏碁	79	77	-2
其他	80	76	-4

这项调查的结果得出一个结论：即消费者对PC的要求很明确，首先他们对设备的尺寸以及外观设计的视觉吸引力有着很高的要求，另外就是配件、软件和应用的丰富性以及图形

显卡的性能等。显然这样的调查对企业的生产和经营行为具有积极的指导意义。

一个完整的顾客满意度指数测评包括：顾客预期、感知质量、感知价值、顾客满意度、顾客抱怨、顾客忠诚等6个方面的内容。这一测评模型科学地利用了顾客的消费认知过程，将总体满意度置于一个相互影响、相互关联的因果互动系统中。

二、知识训练

训练项目1　案例训练

以下是记者对一位大妈关于无人超市的一段采访对话：

记者：马云推出无人超市了，您怎么看？

大妈：那啥？超市都没人啦，那还不关门干吗？

记者：大妈，无人超市不是没有人这个意思，而是说，超市里没有售货员、收银员等员工了。

大妈：那应该叫无员工超市啊！唉，就你们这语文水平，还当记者呢！

记者：是是，大妈说得对，应该叫无员工超市。大妈，那您对这种新型的超市有什么看法呢？

大妈：超市不需要养员工了，那东西是不是更便宜啦？

记者：这个？我们暂时还没了解到。

大妈：瞧瞧你们这些记者怎么当的？老百姓最关心的问题，你们不去了解，整天只会关心马云又弄啥玩意儿了。我们老百姓最关心的是什么？有没有假货，是不是更便宜啦！超市里有没有员工，关我啥事？

记者：您不觉得无人超市的推出将会改变我们传统的购物方式吗？

大妈：改变啥哟？买东西不花钱啦？刷刷支付宝那也是花钱呐！

记者：大妈，看来您还是不能理解时代的发展潮流。

大妈：哟，弄个没有员工的超市就是时代潮流啦？每天都弄些专门裁减底层员工的玩意算啥本事？有本事弄个没有老板的超市啊！

记者：大妈，您对马云是不是有意见啊？

大妈：我不是对马云有意见，是对你这种无聊的记者有意见，问问题从来都问不到点子上。马云改变了我们的生活，但我们要的不仅仅是改变，而是带来幸福的改变。现在很多改变不仅没有增添我们的幸福，还增添了许多烦恼！这才是你们记者应该关注的问题。

从上述对话中，请同学们思考并讨论以下问题：

（1）对话中大妈作为被采访者，同时也作为一名顾客，她对于新的商业形态更关注哪些方面的讯息？

（2）从顾客让渡价值提升的角度，谈一谈无人超市应该在哪些方面做出完善和改革以满足更多消费者的需求？

训练项目2　营销游戏训练

游戏背景：

面对同一种新上市的产品，消费者的态度各异：有的兴致很高，评头论足；有的漠然处之，不闻不问；有的四处打听，急于购买；有的观察等待，细细品味。由此可见，消费者的态度是人们根据以往的经验和情感体验对商品和劳务做出的评价和心理倾向。虽然消费者拒绝购买的态度是可以被诱导和转变的，但在实际销售中仍然存在着消费者不同程度的拒绝购买态度。

游戏目的：

（1）训练学生的即时反应能力和顾客沟通能力。

（2）理解"推销就是拒绝"的含义。

（3）针对不同顾客的特点和购买兴趣，给出使顾客能够接受的诱导建议。

游戏规则：

（1）学生分为若干个小组，有的小组扮演商店的销售人员，有的小组扮演3种不同类型的拒绝购买的顾客（参见本页的知识拓展部分）。小组通过讨论（10分钟），根据顾客的气质特征，描述这些人物的语言及行为反应，以及面对这样的人应该如何沟通。各组就"你应该如何接待和劝导顾客"进行讨论并依据游戏角色的资料在全班进行表演汇报。

（2）学生应该设计购买的商品和场景，与组员讨论如何具体应对。

（3）学生分组进行，每组成员最多3人。要求每位同学积极准备产品资料和角色资料。

（4）学生之间找好对手，在规定时间内说服各类拒绝态度的顾客尽快买到所需之物。

（5）最后由小组代表向全体同学陈述其所应用的策略。

（6）评选出最佳销售一名，最佳顾客一名。

三、知识拓展

知识拓展1　正确的顾客沟通之道

在不同的销售情境中，我们应该如何与顾客沟通，并准确地传递积极的价值主张呢？正确的沟通之道是提升销售业绩的重要手段。以下讨论3种常见的销售情境：

情境1：你的价格太贵了。 面对这样的顾客反应，"价格好商量""对不起，我们是品牌产品，不还价"都不是积极的应对策略。作为营销人员，你应该明白顾客购买时都会想要便宜点，这是客户的一个正常的消费心理，并不是决定他买不买的主要原因。顾客问"能不能便宜点"就是一个假问题，这是所有消费者的一个习惯用语，作为一个成熟的销售人员应该在客户关心价格的时候引导他关注价值。你可以这样去引导顾客："您要是买我们店的这种，你用10年都跟还是新的一样，不止绿色环保、没有甲醛排放，平整度还是跟刚买的时候一样好，而且表皮的颜色也不会改变。一个柜子可以正常使用十多年，这样算下来不也相当于省钱了吗？其实产品都是一分钱一分货，我觉得耐用性和环保性才是最重要的，您说呢？"如此一来，就把客户关心"贵不贵"改变为"值不值"。

情境2：过两天再买。 面对这种情况，营销人员往往会说"您今天不买，过两天就没了""反正迟早都要买的，不如今天买就算了"等。客户说"我今天不买，过两天再买"有什么样的原因呢？如果按照上述中的两种回答，都显得有点一厢情愿，难以引起客户的共鸣。营销人员只有找到客户不买的真实原因并加以正确引导，才能够让客户回心转意。你应该告诉顾客"今天买与不买没关系，我可以先为您介绍一些产品的基本情况，让您明白它为什么这么好，等您过两天想买的时候，就可以心中有数了"。如此在与顾客沟通的过程中，抓住一切机会重申产品的价值和顾客价值。

情境3：我先去转转再说。 错误的应对常是"转哪家不都一样吗""不要转了，你要诚心想买，我给你便宜点"。这样的沟通是在强留顾客，当然这一理由也无法打动顾客。第二句话虽然能起到一定的挽留客户的作用,但是给客户讨价还价留下了伏笔,使接下来的营销陷入被动。而正确的引导方式则是询问顾客是否对自己的服务不满意,客户的一般回答会是你们的东西太贵了。接下来你应该询问顾客刚才最看中的是哪款商品或最喜欢什么产品,并把他带到相似的商品前,以求积极沟通促成交易。

知识拓展 2　顾客关系管理

顾客关系管理(Customer Relationship Management)是一个过程,即企业为提高核心竞争力,利用相应的信息技术以及互联网技术来协调企业与顾客间在销售、营销和服务上的交互,从而提升其管理方式,向客户提供创新式的个性化的客户交互和服务的过程。它系统地管理各个顾客的详细信息和所有顾客的"接触点",目的是追求顾客忠诚度最大化。顾客关系管理的最终目标是吸引新客户、保留老客户以及将已有客户转为忠实客户,增加市场份额。

顾客接触点是顾客接触产品和品牌的任何一次机会。例如,对于宾馆业,顾客接触点有许多,包括了房间预定、柜台登记、结账离开、客房服务、洗涤服务、订餐服务、商务服务等诸多环节。

知识拓展 3　关系营销

1985 年,巴巴拉·本德·杰克逊提出了关系营销的概念,使人们对市场营销理论的研究又迈上了一个新的台阶。关系营销是把营销活动看成是一个企业与消费者、供应商、分销商、竞争者、政府机构及其他公众发生互动作用的过程,其核心是建立和发展与这些公众的良好关系。

关系营销的本质特征可以概括为以下几个方面:双向沟通、合作、双赢、亲密、控制。在关系营销中,各关系方都应主动与其他关系方接触和联系,相互沟通信息,了解情况,形成制度或以合同形式定期或不定期碰头,相互交流各关系方需求变化情况,主动为关系方服务或为关系方解决困难和问题,增强伙伴合作关系。

例如,大家熟知的关系营销最典型的成功案例是美国的安利公司。安利公司是一家直销形式的日用品公司,是美国及全球最早开展直销的标志企业。中国《关于禁止传销经营活动的通知》一出,对安利公司可谓是致命打击,可是安利公司通过关系营销,很快得到中央政府及对外贸易部和国家工商管局的支持。同年公司宣布企业转型成功,成了"转制"成功的代表,继续在中国拓展业务。为了能在中国扩大业务,安利公司一方面靠政治手段和经济手段,对中央政府及主管部门进行公关,安利公司董事长温安洛以美国商会主席的身份访华,使安利公司与中国政府的关系上升到中美关系的高度。正是安利公司的公关工作,才有了中国政府答应 3 年内为直销立法的承诺,另一方面安利公司加大了在中国的公益事业和广告的投入,不断改善营销环境,改变公司的形象,使安利公司在非常困难的环境下,仍然能够生存和发展。

项目小结

1. 核心概念

市场(Market)　　　　　　　　　　　市场营销(Marketing)
需求(Demand)　　　　　　　　　　　商品(Goods)

服务（Service）　　　　　　　　　　顾客满意（Customer Satisfaction）
顾客价值（Customer Value）　　　　　生产观念（Production Concept）
产品观念（Product Concept）　　　　 推销观念（Selling Concept）
营销观念（Marketing Concept）　　　 社会营销观念（Social Marketing Concept）
顾客关系管理（Customer Relationship Management）
关系营销（Relationship Marketing）

2. 思考与讨论

（1）需求与需要有何不同，企业若把两者混淆将会产生什么不良的后果？

（2）企业采用社会营销观念指导市场营销活动，将对企业运作产生什么样影响？

（3）彼得·德鲁克认为营销的目的就是要使推销成为多余，对此你怎么理解？

（4）如何正确理解顾客让渡价值理论及其意义？

（5）顾客满意是公司的目标，还是公司的手段？

3. 案例分析

褚橙的问世和营销之道

褚时健，中国最具有争议性的财经人物之一，曾经是中国有名的"烟草大王"。1979年10月，褚时健出任玉溪卷烟厂厂长。此后18年的时间里，褚时健带领团队将这个陷入亏损的小烟厂打造成亚洲最大的烟厂，为国家创造利税991亿元。退休前，由于"经济问题"褚时健被判无期徒刑，几年后因为罹患糖尿病，于2002年得以保外就医，从此在哀牢山中包荒地种橙，至2012年，他已经拥有35万株冰糖橙，固定资产8 000万元，年利润3 000万元，他的橙园已是拥有完备道路规划和水利设施的现代农业示范基地。

起初，褚时健种橙并不为了盈利。资料显示，褚时健的橙园发展到2006年时，总产量只有1 000吨；而到了2011年，橙园的产量达到8 600吨。到了2012年，随着生鲜电商逐步走热，一家名为本来生活网的生鲜电商将褚橙摆上了网络货架。正是这一年，褚橙借着互联网的营销模式走到了数以亿计的年轻网民面前。触电只是这个经典营销案例的开始：2012年10月27日，《经济观察报》发表了一篇《褚橙进京》的报道，写了85岁褚时健汗衫上的泥点、嫁接电商及其新农业模式；王石微博的转发点燃了事件，这条微博是"衡量一个人成功的标志，不是看他登到顶峰的高度，而是看他跌到低谷的反弹力"。11月5日凌晨本来生活正式发售褚橙，订单纷至沓来，当天就卖了1 500箱。就这样，一只普通的冰糖橙，加上了褚时健的名字，就开始变得励志起来。

然而，这样的励志橙也并不是所有励志的人都消费得起的。据了解，2008年，褚橙就开始在云南上市，与其他同类冰糖橙相比优势并不突出，价格最多高出10%。目前，网络上5公斤褚橙的售价从118元到148元不等，是普通冰糖橙价格的2到3倍。有媒体对褚橙进京以及褚时健精神的内容传播进行了总结，"其核心路径是传统媒体、微博，主要的人群是'60后'、创业者、企业家，因为他们对于褚时健的经历有感同身受的经历"。也许这会让"70后""80后"以及许许多多创业路上的赶路人感到匪夷所思，追捧了这么久的励志橙、拥簇了这么久的励志英雄，原来不过是一枚精心包装的冰糖橙和一位洞悉商业智慧的营销老手。这场传媒和营销的联姻并不意在实实在在地卖橙子，相反却让本来皮儿薄的橙子变得"皮"厚起来。

莫名地，褚橙的粉丝成了听故事和讲故事的人，成了褚橙营销的志愿者。其传播端口为本来生活网。这个网站虽然刚刚成立不久,但是作为褚橙网上销售的独家代理商,本来生活网靠着褚橙这一明星产品火速打开了知名度。

褚时健个人的经历对于改革开放的第一代企业家而言是有着很大意义的。王石、冯仑、潘石屹、任志强等一批企业家,对于他的经历,是有一点惺惺相惜的感觉的。2012年,褚橙的流行,很大程度上依赖于这些企业家们在微博等社交媒体平台的主动传播,"励志橙"的名字,也正是由于这一批企业家的推广叫起来的。

2013年,本来生活网有了全新的目标——放眼全国性市场,而不仅仅是北京,因此,褚橙也需要有全新的推广和销售方案。

第一,让更多年轻人参与进来。"2012年褚橙事件,参与进来的更多是一些企业家。我们做了一些调查,发现很多'80后'对褚老的经历其实是有隔膜的,他们不了解当时的背景,即便了解也觉得是上一代的事情,跟他们关系不是特别大。"第二,落脚到生活方式的传播。在本来生活网团队看来,2012年关于褚橙进京的话题,主要还是从财经的角度来讲,而在食物本质或者是生活方式这种诉求上还有发掘空间。于是,当2013年褚橙的推广再次开始时,本来生活网在一个app上投放了一些广告,并通过个性化的包装设计,跟韩寒在微博上进行了互动。

"把包装变成一种营销工具"已经成为褚橙2013年的一个核心的营销手段。"其实,我们也是受了可口可乐卖萌瓶以及台北故宫博物院推出的'朕知道了'纸胶带创意的启发。"蒋政文坦言,"现在的年轻人很喜欢这种个性化的表达方式,我们希望通过一些幽默的、符合网络语境的东西来消解褚老个人故事所带来的沉重感,让年轻人觉得更容易亲近。"

基于上述洞察,本来生活网对所谓"个性化包装"进行了进一步的创新升级。一方面通过自身团队的创新发散,另一方面通过官方微博等渠道与网友互动征集,进而推出了一系列印有个性化标语的包装。"虽然你很努力,但你的成功主要靠天赋""即便你很有钱,我还是觉得你很帅""2014,再不努力就胖了""微橙给小主请安"……这些个性化包装一经推出,便受到了网友们的热烈追捧。

为了让更多网友了解褚橙的个性化包装,本来生活网还借助了一些意见领袖的推力。关于意见领袖,本来生活网此次的定义是:"他们不见得是具有广泛影响力的大V,或者社会名人,但一定是在特定圈子内有着坚实粉丝基础的人,是平民意见领袖。"

如何找出这些所谓的平民意见领袖呢?经过多轮沟通排查后,生活网精选出韩寒、蒋方舟这样在年轻人中具有特定影响力的名人,还有阿芙精油和雕爷牛腩的创始人雕爷、《后宫甄嬛传》的作者流潋紫等在不同领域有着较高影响力的人,并将定制化包装的褚橙寄送给这些人。比如,送给雕爷的包装就是"即便你很有钱,我还是觉得你很帅",送给流潋紫的则是"微橙给小主请安"。这些调皮有趣的定制化包装,也让这些收到礼物的意见领袖们纷纷主动在网络晒单。"跟大V们互动,需要花很大的精力,效果不见得很好;但是跟这些特定圈子的意见领袖沟通,他们更加平民化,也更乐意互动。"在蒋政文看来,社会上可能有80%的人都不认识这些人,但是只要他们能影响到那20%的人,对本来生活网而言,已经足够了。

此外,本来生活网还精选了一批在年轻人中有影响力的"青年领袖",推出了名为"褚时健与中国青年励志榜样"的视频系列。在这系列片子里,青年作家蒋方舟、前中国著名女排运动员赵蕊蕊、2008年在北京奥运会开幕式不慎失足摔成高位截瘫的舞蹈家刘岩等

"80后"名人相继讲述自己的励志故事致敬褚时健。视频上线3天内,优酷总播放量突破100万次。

请分析和思考以下问题:
(1) 分析褚橙的营销观念。
(2) 褚橙的营销在市场的开拓和维护方面采取了哪些措施,对你有何启示?
(3) 褚橙在互联网营销的关系互动方面有哪些值得借鉴的经验?

向和尚推销梳子,你可以做到吗?

有一个单位招聘业务员,由于公司待遇很好,所以很多人面试。经理为了考验大家就出了一个题目:让他们用一天的时间去推销梳子——向和尚推销。很多人都说这是不可能的,和尚是没有头发的,怎么可能向他们推销?于是很多人就放弃了这个机会。但是有3个人愿意试试。第三天,他们回来了。

第一个人卖了1把梳子,他对经理说:"我看到一个小和尚,头上生了很多虱子,很痒,在那里用手抓。我就骗他说抓头要用梳子抓,于是我就卖出了一把。"

第二个人卖了10把梳子。他对经理说:"我找到庙里的住持,对他说如果上山礼佛的人的头发被山风吹乱了,就表示对佛不尊敬,是一种罪过。假如在每个佛像前摆一把梳子,游客来了梳完头再拜佛就更好!于是我卖了10把梳子。"

第三个人卖了3 000把梳子。他对经理说:"我到了最大的寺庙里,直接跟方丈讲,你想不想增加收入?方丈说想。我就告诉他,在寺庙最繁华的地方贴上标语,捐钱有礼物拿。什么礼物呢?一把功德梳。这个梳子有个特点,一定要在人多的地方梳头,这样就能梳去晦气、梳来运气。于是很多人捐钱后就梳头,又使很多人去捐钱。一下子就卖出了3 000把。"

请思考:产品市场究竟在哪里?如何确定和开发一个产品市场?

项目二

市场营销环境分析

通过对本项目的学习,首先,学生对企业营销的环境有基本的认识。其次,在此基础上,进一步学习市场营销的宏观环境因素和微观环境因素。理解和掌握宏观环境、微观环境的具体影响因子,在不同案例情境下快速识别和分析影响的要素。最后,重点掌握SWOT分析、PEST分析、五力模型分析等战略环境分析工具,并能够灵活运用。

知识目标

1. 市场营销环境的概念、特征。
2. 市场营销环境的分类。
3. 市场营销微观环境要素。
4. 市场营销宏观环境要素。

能力目标

1. 掌握SWOT分析工具。
2. 掌握PEST分析方法。
3. 灵活运用五力模型分析工具进行经营案例的分析。

任务一 市场营销环境概述

一、知识扫描

知识点一 市场营销环境的含义

市场营销环境是企业营销职能外部的可控和不可控的因素和力量,这些因素和力量是与企业营销活动有关的、并且影响企业生存和发展的外部条件。

市场营销环境包括微观环境和宏观环境。微观环境指与企业紧密相连，直接影响企业营销能力的各种参与者。宏观环境指影响微观环境的一系列巨大的社会力量。

企业的市场营销是在一定的环境之中进行的。一个企业可看作是一个系统，即由一系列相互作用和相互关联的因素组成的统一体。企业中的各个职能部门，如财务、研究开发、生产、采购等部门的活动和行为，也将影响到企业的营销工作，构成企业的微观营销环境。

更重要的是企业是一个要受到各种外界因素影响的开放系统，任何外部条件和环境的变化都会对企业的经营产生影响。所以，企业密切关注这些外部影响因素环境的变化是非常重要的日常工作。如果不能适应环境的变化则可能被市场淘汰，所以，企业必须重视对市场营销环境的研究，重视对环境趋势的监视和预测，适时、适度调整自身的市场营销策略和市场营销组合因素，适应环境的变化，使自身获得生存和发展。

知识点二　市场营销环境的特征

1. 客观性

企业总是在特定的市场营销环境下经营，环境不以营销人员的意志为转移，企业必然会受到种种因素和条件的制约。尤其是宏观环境，企业能够改变它的力量微乎其微，只能主动去适应环境的变化。所以，市场营销环境对企业营销活动的影响具有强制性和不可控性。

2. 差异性

市场营销环境对企业的营销，因不同企业的特点而有所差异。首先，不同的国家或地区之间，在人口、经济、自然、技术、政治、文化等方面存在着广泛的差异。其次，不同的企业，其微观环境因素也有所不同。

3. 动态性

环境因素不是一成不变的，而是处于不断的变化中，每一个环境因素都随着社会经济的发展而不断变化。例如，互联网的发展带来商业模式的改变，电子商务成为众多企业渠道模式改变的重要载体。这一技术环境的变化深刻地影响了企业的经营方式和消费者的消费习惯。国际贸易中，国家关系等政治环境因素的变化也会深刻影响两国的贸易方式和交易量。

4. 相关性

营销环境的各个因素间是相互影响、相互制约的，某一因素的变化，会带动其他因素的相互变化，形成新的营销环境。

知识点三　市场营销环境分类

1. 按照企业对营销环境控制的难易程度分为可控制环境和不可控制环境

（1）可控制环境：指对企业的营销活动乃至整个企业的应变能力、竞争能力发生影响的，企业可以控制的各种内部环境因素，如市场营销目标、营销计划、目标市场的选择等。

（2）不可控制环境：指对企业营销活动发生影响的企业难以控制和改变的各种外部环境因素，如顾客、竞争对手、政治状况、技术水平及媒体等。

2. 按照对企业营销活动影响因素的范围分为微观环境和宏观环境

（1）微观环境：即直接营销环境（作业环境），指与企业紧密相连，直接影响企业营销能力的各种参与者，包括企业本身、市场营销渠道企业、顾客、竞争者及社会公众。

（2）宏观环境：即间接营销环境，指影响企业营销活动的一系列巨大的社会力量和因素，主要是人口、经济、政治法律、科学技术、社会文化及自然生态等因素。

市场营销环境的构成如图2-1所示。

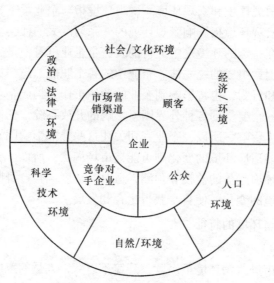

图 2-1 市场营销环境构成

二、知识训练

训练项目 1 案例训练

入境还得先问俗

通用食品公司曾挥霍数百万美元,竭力向日本消费者兜售有包装的蛋糕糊。等到该公司发现只有 30% 的日本家庭有烤箱的事实时,公司的营销计划已实施大半,陷于骑虎难下的境地。

克蕾丝牙膏在墨西哥使用美国式的广告进行推销,一开始就败下阵来。因为墨西哥人不相信或者根本不考虑预防龋齿的好处,哪怕是符合科学道理的广告宣传对他们也毫无吸引力。

豪马公司的贺卡设计精美,并配之以柔情蜜意的贺词,历年来风行世界各国。但豪马公司的贺卡在最为浪漫的国度——法国却难以打开局面,原因很简单,浪漫的法国人不喜欢贺卡上印有现成的贺词,他们喜欢自己动手在卡片上写自己的心里话。

通用食品公司的唐牌(TANG)饮料一开始便在法国遭到失败。唐牌饮料是早餐橘子汁的替代产品,在美国市场,通用食品公司经过大肆促销后,唐牌饮料占领了相当部分的原来由橘子汁占领的市场,取得了巨大的成功。但是通用食品公司未考虑到:法国人很少喝橘子汁。作为橘子汁的替代产品,唐牌饮料在法国自然也就没有了市场。

凯洛格公司的泡波果馅饼(Pop-Tarts)曾在英国失利。因为在英国拥有烤面包电炉的家庭比美国要少得多,而且英国人觉得这种馅饼过于甜腻,不合他们的口味。

也有的企业通过在国外试销失败后,针对当地的营销环境重新设计产品或通过改变广告策略来达到促销目的,从而取得了巨大的成功。

荷兰飞利浦公司发现日本人的厨房比较狭小,便缩小了咖啡壶的尺寸来打开市场,同时该公司发现日本人的手比西方人的要小,于是缩小了剃须刀的尺寸,经过这些改进,该公司才开始在日本赢利。

可口可乐公司曾试图将两公升的大瓶可口可乐打入西班牙市场，但是销量甚小，美国可口可乐公司总部派员调查后认为，大瓶可口可乐滞销是因为在西班牙很少有人用大容量的冰箱。于是停止了销售大瓶可口可乐的计划，改为在西班牙境内售小瓶可口可乐，结果大获成功。

麦当劳公司打入日本市场时进行促销，设计了"小白脸麦当劳"（Ronnie McDonald's）的滑稽形象进行广告，结果失败。原因是因为在日本白脸意味着死亡。于是改为采用其在香港促销时用的"麦当劳叔叔"的广告形象，结果当年该公司的营业额翻了4倍。

训练任务：

根据上述案例信息，请同学们思考并讨论以下问题：

上述案例中的企业都是世界著名企业，为什么在各国市场却面临不同境遇？

训练项目2　营销思维训练

百年柯达即将破产

2012年，柯达迎来自己131岁生日的时候，也面临着真正的"末日宣判"。

连续30个交易日平均收盘价位于1美元以下，纽交所"不得不"向柯达发出退市警告。实际上，整个2011年，柯达股价跌幅超80%，与其历史最高价相比，跌幅更是超过99%。一个曾经无所不能的企业，也会因此而被定格。

柯达，一个美国式成功品牌的代表，一个曾经占有寡头地位的企业，一个被看作像可口可乐一样拥有品牌忠诚度但比可口可乐的市场份额还要高的企业，曾经所向披靡。直到2009年6月，柯达公司宣布其长达74年历史的kodachrome（柯达康）彩卷于当年年底停产。

30多年前，著名歌星保罗·西蒙有一句歌词——"妈妈别拿走我的Kodachrome"——体现了一个领导型企业的行业地位，以后，如果再在哪里听到一个流行词汇Chrome，或许人们只会知道它代表Google的浏览器，而不会想到是柯达曾经辉煌的胶卷。

柯达早已意识到了传统影像市场的萎缩，但是直到2003年才比较大规模地启动面向数字时代的转型。当时的日本对手佳能、尼康等已经在技术上做了丰富的储备。即便如此，到2005年，依靠强大的固有品牌和渠道，柯达在美国数字相机市场上仍位居第一。

但是，柯达过往的成功、家族势力内部的错误坚持，让柯达的转型之路放慢下来。

决策层决定"两条腿走路"，一方面坚持传统影像的缓冲，一方面逐步向数字化转型。著名的动作之一就是，在2003年柯达控制了中国本土最后一家竞争者——乐凯的20%股份，仅在中国就拥有了8 000家连锁冲印店。

数字大潮的速度之快超出了柯达的想象，资源分散让其背负了想赢怕输的包袱，柯达数字相机的落后差距反倒被拉大了。数据显示，柯达传统影像部门的销售利润2000年为143亿美元，2003年为41.8亿美元。2004年，柯达亏损1.13亿美元，2005年亏损7.99亿美元，从此没有彻底翻身。

数字化的技术更新换代是如此之快，日本主导的数字相机"群狼"迅速就占领了市场，并且拥有技术制高点，让柯达这个老巨人一下子陷入落伍的境地。

不仅是柯达，众所周知iPhone的产生对诺基亚、索爱等传统非智能手机市场产生了颠覆性的影响。殊不知，更大的影响来自对手机市场之外的影响，比如，面对众多的智能手机厂商，那些低端的数字相机、MP3等都已经失去了存在的意义。奥林巴斯、索尼等数码相机业务受到的冲击，丝毫不逊于诺基亚们。电商领域的亚马逊，比如，即将面世的苹果iTV、云计算冲击下的U盘、移动IM竞争下的短信……这背后，传统的销售渠道、电视机、移动存储、运营商人人自危。

训练任务：

根据上述案例信息，请同学们思考并讨论以下问题：

（1）柯达为什么沦落至此？

（2）回忆在你的家庭生活中，自10岁开始到现在发生了哪些变化？并将家庭中原来经常使用而现在不再使用的商品列一个清单。这些商品在市场上还能买到吗？市场销售情况这十几年有怎样的变化？分析产生这些变化的原因。

三、知识拓展

知识拓展1 企业的核心竞争力

企业若想成功，必须具有对手不具备的能力，凭借这一能力企业可以高于产业的平均值而持续获利，这时我们称该企业具有核心竞争力。核心竞争力来源于企业的差异化或低成本带来的优势。例如，丰田汽车作为汽车制造的领导者，拥有JIT管理系统和快速的复杂设备安装能力，即精益生产方式。这种能力是竞争对手很难复制的。核心竞争力除了来源于企业的技术系统以外，还来源于企业的知识系统、价值观系统、管理系统。这一观点由美国著名战略管理学家巴顿提出，他认为企业要实现持续创新，就必须以不断积累核心竞争力为前提。企业核心竞争力的第一个必要条件是资源，即能够为消费者创造价值的资本的、财务的、社会的、实物的、技术的、人力的要素禀赋。这些资源越难以模仿，就越有可能成为核心竞争力。第二个必要条件是能力，即企业协调各种资源并将其投入生产的技能，包括组织结构、控制系统和流程。当一个企业拥有较强的核心竞争力时，就能够很好地把控自己的经营方向，不会受到市场环境过多的干扰。

知识拓展2 环境分析工具SWOT矩阵分析法

来自麦肯锡咨询公司的SWOT分析，包括分析企业的优势（Strengths）、劣势（Weaknesses）、机会（Opportunities）和威胁（Threats）。因此，SWOT分析实际上是将对企业内外部条件各方面内容进行综合和概括，进而分析组织的优劣势、面临的机会和威胁的一种方法。市场营销环境可运用SWOT分析，发现市场机会和威胁，从而调整营销策略以适应环境变化。

优劣势分析主要是着眼于企业自身的实力及其与竞争对手的比较，而机会和威胁分析将注意力放在外部环境的变化及对企业的可能影响上。

进行SWOT分析时，主要有以下几个方面的内容：

1. 分析环境因素

运用各种调查研究方法，分析出公司所处的各种环境因素，即外部环境因素和内部能力因素。外部环境因素包括机会因素和威胁因素，它们是外部环境对公司的发展直接有影响的有利和不利因素，属于客观因素。内部环境因素包括优势因素和弱势因素，它们是公司在其发展中自身存在的积极和消极因素，属主观因素。在调查分析这些因素时，不仅要考虑到历史与现状,而且更要考虑未来发展问题。

1) 机会与威胁分析(Environmental Opportunities and Threats)

随着经济、科技等诸多方面的迅速发展,特别是世界经济全球化、一体化过程的加快,全球信息网络的建立和消费需求的多样化,企业所处的环境更为开放和动荡。这种变化几乎对所有企业都产生了深刻的影响。正因为如此,环境分析成为一种日益重要的企业职能。

环境发展趋势分为两大类:一类表示环境威胁,另一类表示环境机会。环境威胁指的是环境中一种不利的发展趋势所形成的挑战,如果不采取果断的战略行为,这种不利趋势将导致公司的竞争地位受到削弱。环境机会就是对公司行为富有吸引力的领域,在这一领域中,该公司将拥有竞争优势。

环境机会具体包括新产品、新市场、新需求、外国市场壁垒解除、竞争对手失误等。环境威胁具体包括新的竞争对手、替代产品增多、市场紧缩、行业政策变化、经济衰退、客户偏好改变、突发事件等。

2) 优势与劣势分析(Strengths and Weaknesses)

识别环境中有吸引力的机会是一回事,拥有在机会中成功所必需的竞争能力是另一回事。每个企业都要定期检查自己的优势与劣势,企业或企业外的咨询机构可检查企业的营销、财务、制造和组织能力。每一要素都要按照特强、稍强、中等、稍弱或特弱划分等级。

优势具体包括有利的竞争态势、充足的财政来源、良好的企业形象、技术力量、规模经济、产品质量、市场份额、成本优势、广告攻势等。劣势具体包括设备老化、管理混乱、缺少关键技术、研究开发落后、资金短缺、经营不善、产品积压、竞争力差等。

2. 构造SWOT矩阵

将调查得出的各种因素根据轻重缓急或影响程度等排序方式,构造SWOT矩阵。在此过程中,将那些对公司发展有直接的、重要的、大量的、迫切的、久远的影响因素优先排列出来,而将那些间接的、次要的、少许的、不急的、短暂的影响因素排列在后面。

3. 制定行动计划

在完成环境因素分析和SWOT矩阵的构造后,便可以制订出相应的行动计划。制订计划的基本思路是:发挥优势因素,克服弱点因素,利用机会因素,化解威胁因素;考虑过去,立足当前,着眼未来。运用系统分析的综合分析方法,将排列与考虑的各种环境因素相互匹配起来加以组合,得出一系列公司未来发展的可选择对策。

沃尔玛(Wal-Mart)SWOT分析举例:

1. 优势(Strengths)

(1) 沃尔玛是著名的零售业品牌,它以物美价廉、货物繁多和一站式购物而闻名。

(2) 沃尔玛的销售额在近年内有明显增长,并且在全球化的范围内进行扩张。(例如,它收购了英国的零售商ASDA。)

(3) 沃尔玛的一个核心竞争力是由先进的信息技术所支持的国际化物流系统。例如,在该系统支持下,每一件商品在全国范围内的每一间卖场的运输、销售、储存等物流信息都可以清晰地看到。信息技术同时也加强了沃尔玛高效的采购过程。

(4) 沃尔玛的一个焦点战略是人力资源的开发和管理。优秀的人才是沃尔玛在商业上成功的关键因素,为此沃尔玛投入时间和金钱对优秀员工进行培训并建立忠诚度。

2. 劣势（Weaknesses）

（1）沃尔玛建立了世界上最大的食品零售帝国。尽管它在信息技术上拥有优势，但因为其巨大的业务拓展，这可能导致对某些领域的控制力不够强。

（2）因为沃尔玛的商品涵盖了服装、食品等多个部门，它可能在适应性上比起更加专注于某一领域的竞争对手存在劣势。

（3）该公司是全球化的，但是目前只开拓了少数几个国家的市场。

3. 机会（Opportunities）

（1）采取收购、合并或者战略联盟的方式与其他国际零售商合作，专注于欧洲或者大中华区等特定市场。

（2）沃尔玛的卖场当前只开设在少数几个国家内。因此，拓展市场（如中国、印度）可以带来大量的机会。

（3）沃尔玛可以通过新的商场地点和商场形式来获得市场开发的机会。更接近消费者的商场和建立在购物中心内部的商店可以使过去仅仅是大型超市的经营方式变得多样化。

（4）沃尔玛的机会存在于对现有大型超市战略的坚持。

4. 威胁（Threats）

（1）沃尔玛在零售业的领头羊地位使其成为所有竞争对手的赶超目标。

（2）沃尔玛的全球化战略使其可能在其业务国家遇到政治上的问题。

（3）多种消费品的成本趋向下降，原因是制造成本的降低。造成制造成本降低的主要原因是生产外包向了世界上的低成本地区。这导致了价格竞争，并在一些领域内造成了通货紧缩。恶性价格竞争是一个威胁。

任务二　宏观市场营销环境分析

一、知识扫描

知识点一　宏观市场营销环境的概念

宏观市场环境是企业外在的不可控因素，是对企业营销活动造成市场机会和环境威胁的主要社会力量，它间接作用于企业的营销活动。企业一般只能通过调整企业内部人、财、物及产品定价、促销渠道等可以控制的因素来适应其变化和发展。分析宏观营销环境的目的在于更好地认识环境，通过企业营销努力来适应社会环境及变化，达到企业营销目标。

知识点二　宏观市场营销环境的影响因素

宏观营销环境的影响因素包括人口、经济、自然、技术和文化等因素。企业及其微观环境的参与者，无不处于宏观环境之中。

1. 人口环境

市场是由有购买欲望同时又有支付能力的人构成的，人口的多少直接影响市场的潜在容量。

2. 经济环境

经济环境一般指影响企业市场营销方式与规模的经济因素，如消费者收入与支出状况、经济发展状况等。

3. 自然环境

主要指营销者所需要或受营销活动所影响的自然资源。营销活动要受自然环境的影响，也对自然环境的变化负有责任。

4. 政治法律环境

政治环境指企业市场营销的外部政治形势。法律环境指国家或地方政府颁布的各项法规、法令和条例等。

5. 科学技术环境

科技的发展对经济发展有巨大的影响，不仅直接影响企业内部的生产和经营，同时还与其他环境因素互相依赖、互相作用，给企业营销活动带来有利或不利的影响。

6. 社会文化环境

社会文化主要指一个国家、地区的民族特征、价值观念、生活方式、风俗习惯、宗教信仰、伦理道德、教育水平和语言文字等的总和。

知识点三　人口环境分析

人口环境是市场的第一要素。人口数量直接决定市场规模和潜在容量，人口的性别、年龄、民族、婚姻状况、职业、居住分布等也对市场格局产生着深刻影响，从而影响着企业的营销活动。

1. 人口数量

人口数量是决定市场规模的一个基本要素。企业营销首先要关注所在国家或地区的人口数量及其变化，尤其对人们生活必需品的需求内容和数量影响很大。

2. 人口结构

1）年龄结构

不同年龄的消费者对商品和服务的需求是不一样的。企业了解不同年龄结构所具有的需求特点，就可以决定企业产品的投向，寻找目标市场。

2）性别结构

性别差异会给人们的消费需求带来显著的差别，反映到市场上就会出现男性用品市场和女性用品市场。企业可以针对不同性别的不同需求，生产适销对路的产品，制定有效的营销策略，开发更大的市场。

3）教育与职业结构

人口的教育程度与职业不同，对市场需求表现出不同的倾向。随着高等教育规模的扩大，人口的受教育程度普遍提高，收入水平也逐步增加。

4）家庭结构

家庭是商品购买和消费的基本单位。一个国家或地区的家庭单位的多少以及家庭平均人员的多少，可以直接影响到某些消费品的需求数量。同时，不同类型的家庭往往有不同的消费需求。

5）社会结构

我国农业人口约占总人口的80%。这样的社会结构要求企业营销应充分考虑到农村这个大市场。

6）民族结构

我国是一个多民族的国家。民族不同，其文化传统、生活习性也不相同，具体表现在饮食、居住、服饰、礼仪等方面的消费需求都有自己的风俗习惯。企业营销要重视民族市场的特点，开发适合民族特性、受其欢迎的商品。

3. 人口分布

人口有地理分布上的区别，人口在不同地区密集程度是不同的。各地人口的密度不同，则市场大小不同、消费需求特性不同。

知识点四 经济环境分析

经济环境是影响企业营销活动的主要环境因素，它包括收入因素、消费支出、产业结构、经济增长率、货币供应量、银行利率、政府支出等因素，其中收入因素、消费结构对企业营销活动影响较大。

1. 消费者收入

消费者收入因素是构成市场的重要因素，市场规模的大小，归根结底取决于消费者购买力的大小，而消费者的购买力取决于他们收入的多少。企业必须从市场营销的角度来研究消费者收入，通常从以下5个方面进行分析：

1) 国民生产总值

它是衡量一个国家经济实力与购买力的重要指标。国民生产总值增长越快，对商品的需求和购买力就越大，反之，就越小。

2) 人均国民收入

这是用国民收入总量除以总人口的比值。这个指标大体反映了一个国家人民生活水平的高低，也在一定程度上决定商品需求的构成。

3) 个人可支配收入

指在个人收入中扣除消费者个人缴纳的各种税款和交给政府的非商业性开支后剩余的部分，可用于消费或储蓄的那部分个人收入，它构成实际购买力。

4) 个人可任意支配收入

指在个人可支配收入中减去消费者用于购买生活必需品的费用支出（如房租、水电、食物、衣着等项开支）后剩余的部分。

5) 家庭收入

家庭收入的高低会影响很多产品的市场需求。

2. 消费者支出

随着消费者收入的变化，消费者支出会发生相应变化，继而使一个国家或地区的消费结构也会发生变化。

1) 消费结构

德国统计学家恩斯特·恩格尔于1857年发现了消费者收入变化与支出模式，即消费结构变化之间的规律性。

2) 恩格尔系数

恩格尔所揭示的这种消费结构的变化通常用恩格尔系数来表示，即：

$$恩格尔系数 = 食品支出金额/家庭消费支出总金额$$

恩格尔系数越小，食品支出所占比重越小，表明生活富裕，生活质量高；恩格尔系数越大，食品支出所占比重越高，表明生活越贫困，生活质量越低。恩格尔系数是衡量一个国家、地区、城市、家庭生活水平高低的重要参数。企业从恩格尔系数可以了解目前市场的消费水平，也可以推知今后消费变化的趋势及对企业营销活动的影响。

3. 消费者储蓄

消费者的储蓄行为直接制约着市场消费量购买的大小。当收入一定时，如果储蓄增多，现实购买量就减少；反之，如果用于储蓄的收入减少，现实购买量就增加。

4. 消费者信贷

消费者信贷，也称信用消费，指消费者凭信用先取得商品的使用权，然后按期归还贷款，完成商品购买的一种方式。

知识点五 政治法律环境分析

法律政治环境是影响企业营销的重要宏观环境因素，包括政治环境和法律环境。政治环境引导着企业营销活动的方向，法律环境则为企业规定经营活动的行为准则。政治与法律相互联系，共同对企业的市场营销活动产生影响和发挥作用。

1. 政治环境

政治环境是指企业市场营销活动的外部政治形势。在国际贸易中，不同的国家也会制定一些相应的政策来干预外国企业在本国的营销活动。主要措施有：进口限制、税收政策、价格管制、外汇管制、国有化政策等。

2. 法律环境

法律环境是指国家或地方政府所颁布的各项法规、法令和条例等，它是企业营销活动的准则。对从事国际营销活动的企业来说，不仅要遵守本国的法律制度，还要了解和遵守国外的法律制度和有关的国际法规、惯例和准则。例如，欧洲国家规定禁止销售不带安全保护装置的打火机，无疑限制了中国低价打火机的出口市场。日本政府也曾规定，任何外国公司进入日本市场，必须要找一个日本公司同它合伙，以此来限制外国资本的进入。只有了解掌握了这些国家的有关贸易政策，才能制定有效的营销对策，在国际营销中争取主动。

知识点六 社会文化环境分析

社会文化环境是指在一种社会形态下已经形成的价值观念、宗教信仰、风俗习惯、道德规范等的总和。企业营销活动必然受到所在社会文化环境的影响和制约。企业营销对社会文化环境的研究一般从以下几个方面入手：

1. 教育状况

受教育程度的高低，影响到消费者对商品功能、款式、包装和服务要求的差异性。

2. 宗教信仰

宗教是构成社会文化的重要因素，宗教对人们消费需求和购买行为的影响很大。不同的宗教有自己独特的对节日礼仪、商品使用的要求和禁忌。某些宗教组织甚至在教徒购买决策中有决定性的影响。

3. 价值观念

价值观念是指人们对社会生活中各种事物的态度和看法。不同文化背景下，人们的价值观念往往有着很大的差异，消费者对商品的色彩、标识、式样以及促销方式都有自己褒贬不同的意见和态度。

4. 消费习俗

消费习俗是指人们在长期经济与社会活动中所形成的一种消费方式与习惯。研究消费习俗，不但有利于组织好消费用品的生产与销售，而且有利于正确、主动地引导健康的消费。

了解目标市场消费者的禁忌、习惯、避讳等是企业进行市场营销的重要前提。

知识点七　自然环境分析

自然环境是指自然界提供给人类的各种形式的物质资料，如阳光、空气、水、森林、土地等。随着人类社会进步和科学技术发展，世界各国都加速了工业化进程，这一方面创造了丰富的物质财富，满足了人们日益增长的需求；另一方面，又面临着资源短缺、环境污染等问题。从20世纪60年代起，世界各国开始关注经济发展对自然环境的影响，成立了许多环境保护组织，促使国家政府加强环境保护的立法。以下问题都是对企业营销的挑战：

1. 自然资源日益短缺

自然资源短缺，使许多企业将面临原材料价格大涨、生产成本大幅度上升的威胁，但另一方面又迫使企业研究更合理地利用资源的方法，开发新的资源和代用品，这些又为企业提供了新的资源和营销机会。

2. 环境污染日趋严重

环境污染问题已引起各国政府和公众的密切关注，这对企业的发展是一种压力和约束，要求企业为治理环境污染付出一定的代价，但同时也为企业提供了新的营销机会，促使企业研究控制污染技术，兴建绿色工程，生产绿色产品，开发环保包装。

3. 政府干预不断加强

自然资源短缺和环境污染加重的问题，使各国政府加强了对环境保护的干预，颁布了一系列有关环保的政策法规。在营销过程中应自觉遵守环保法令，担负起环境保护的社会责任。同时，企业也要制定有效的营销策略，既要消化环境保护所支付的必要成本，还要在营销活动中挖掘潜力，保证营销目标的实现。

知识点八　科学技术环境分析

科学技术环境是社会生产力中最活跃的因素，它影响着人类社会的历史进程和社会生活的方方面面，对企业营销活动的影响更是显而易见。现代科学技术突飞猛进，科技发展对企业营销活动影响作用表现在以下几个方面：

1. 科技发展促进社会经济结构的调整

每一种新技术的发现、推广都会给一些企业带来新的市场机会，导致新行业的出现。例如，电脑的运用代替了传统的打字机，复印机的发明排挤了复写纸，数码相机的出现将夺走胶卷的大部分市场，等等。

2. 科技发展促使消费者购买行为的改变

随着多媒体和网络技术的发展，出现了"电视购物""网上购物"等新型购买方式。人们还可以在家中通过"网络系统"订购车票、飞机票、戏票和球票。

3. 科技发展影响企业营销组合策略的创新

科技发展使新产品不断涌现，产品寿命周期明显缩短，要求企业必须关注新产品的开发，加速产品的更新换代。科技发展使广告媒体多样化，信息传播快速化，市场范围更具广阔性，促销方式更具灵活性。

4. 科技发展促进企业营销管理的现代化

科技发展为企业营销管理现代化提供了必要的装备，如电脑、传真机、电子扫描装置、光纤通信等设备的广泛运用，对企业营销管理实现现代化起了重要的作用。

二、知识训练

训练项目 1　案例训练

宝洁的绿色营销

2011 年,宝洁宣布其可持续发展的措施,包括到 2012 年计划削减碳足迹至 40%。(碳足迹是指通过温室气体的产生量来衡量人类活动对环境的影响,以二氧化碳为单位来计算),该公司还宣布在未来 5 年内计划在减少对环境的影响下创造至少 200 亿美元的销售总额。《金融时报》(*Financial Times*) 报道说,那些产品对环境的影响将比其之前的产品对环境的影响降低 10%。

宝洁公司可持续发展部的总监怀特(Peter White) 分析说:"公司要把环保要求和实际利益结合起来,以争取赢得普通消费者的支持。举例来说,宝洁的更环保更浓缩的产品均设计为轻巧携带型的,而节能清洗运动可以帮助客户节省支出。"

营销工具之一是利用产品包装。宝洁公司通过减小包装的尺寸来实现绿色营销。自 2010 年秋天起,宝洁开始更换其在北美价值 40 亿美元的全部液体洗涤剂组合,换成超浓缩的洗涤剂包,是常规尺寸的一半大小。Mediapost 网站报道说:"该项目被宣传为一个环境的突破,因为它减少了 44% 的用水和 22% 的包装。"

宝洁公司所面对的挑战是如何说服消费者转移到小包装上。"你如何说服消费者小包装放在洗衣房里是很好看的?"宝洁公司全球产品供应官哈里森(Keith Harrison) 在去年的一次会议中说:"所有人都使自己的手机和 iPods 变小,可是你如何使消费者明白在洗衣房里小也是美的,这将是一个有趣的挑战。"

销售小瓶的浓缩产品是一种营销新趋势,宝洁公司正是顺应了这一趋势。"产品要求减少运输,减少包装,减少生产用水,更方便消费者——这是双赢。"怀特说。他进一步指出,宝洁公司通过列举了减少包装而节省了使用卡车的数量的例子来与消费者沟通产品中的绿色理念。

宝洁公司使用的另一种营销工具是通过沟通来影响消费者使用产品的方法。通过碧浪这一洗涤剂,宝洁把洗衣温度降低至 30 度的理念进行了推广。这样可以节约 40% 的能源。

宝洁在英国和美国举行的一系列宣传活动中,使用了一个简单的标语:"常用 30 度水洗,期望相同的结果。"消费者对行为改变的认可,"是对社团、积极性和大文化理念市场营销总体实现的一部分,"格兰特写道,"绿色营销就是寻找这样一个双赢局面的有效手段。"谈到双赢的局面,宝洁公司已向其宏大的绿色目标前进了。索尔斯告诉《品牌周刊》:"在过去的 5 年时间里,我们已在每个单位的基础上减少了 30% 的二氧化碳的排放量,能源、水的消费和固体废物。我们十分清楚,我们正在实现这一目标。"财务数据看上去也很不错,去年利润上升 19%,达到 103 亿美元。绿色目标和商业目标都满足了。

训练任务:

根据上述案例信息,请思考:

宝洁为了绿色营销做了哪些努力?取得了哪些成果?

训练项目 2　案例训练

松下电器走向下一个百年:巨亏"后遗症"靠啥来治?

日本松下电器已经在为下一个百年谋划。2018 年 3 月,松下电器将迎来创业 100 周年,日前，松下电器在东京举办了以"Change for the Next 100"为主题的发布会，作为其在全球开展100周年纪念活动的开始，并提出下一个百年目标。

在过去的一百年里，松下电器一度和索尼、东芝、夏普等企业成为日本制造业的代名词；但在全球新一轮产业变革浪潮中，松下电器也随同这些企业一起，在家电和消费电子领域集体"沦陷"，陷入经营困境。

巨额亏损之后，松下电器断臂求生，对等离子、半导体等亏损业务进行剥离和重组，向车载、住宅、元器件等B2B领域转型。不同于夏普"卖身"、东芝押注核电失败后借财务造假来"摆脱"危机，松下电器的转型更像是一场浴火重生式的艰难自救。

不同于东芝将白电业务出售给美的，夏普"卖身"富士康，在目前中国的家电市场，除了索尼在电视业务方面仍在发力，在白电市场，几乎只有松下一家日本企业。

但即便如此，在中国家电市场，格局早已改变。市场调查机构中怡康公布的最新线下数据显示，在松下目前几大主要产品中，空调产品零售量未进前十；冰箱排名第七；洗衣机排名第四。北京一家苏宁易购松下电器销售人员告诉本报记者，从客流量来看，松下门店确实不如其他品牌，以冰箱为例，松下虽然采用的是自家生产的压缩机，质量做工都非常好，但是外观、营销、性价比等不如一些国产品牌，销量也确实有一定差距。

以智能冰箱为例，国产品牌海尔、美菱等早在去年就已经发布打造厨房智能生态圈的智能冰箱，三星也在近日推出智能3.0时代冰箱，而松下并无过多动作。"日本人讲究匠人精神，注重品控和质量，对市场变化不是特别敏感。"中怡康时代白电事业部总经理魏军表示，以智能化来说，在中日韩三大品牌方面，日本品牌的智能化反应是最慢的。

松下家电（中国）有限公司有关负责人则表示，松下家电的强项在于拥有日本技术力和高品质的高附加价值产品，因此，近几年将重点放在高端商品上。松下在中国家电市场仍然面临挑战：过去日本家电在中国市场一枝独秀，但是如今中国经济发生了很大变化，市场格局在变化，中国和韩国家电企业已经成长起来，消费者的观念也在改变。要重塑消费者对日本家电的信心需要时间。

训练任务：

根据上述案例信息，请讨论以下问题：

近年来，日本制造企业在华销售情况每况愈下，松下电器首当其冲，试从市场营销环境的角度分析背后的原因，可结合其他日本制造企业及个人知识储备谈谈。

训练项目3　案例训练

美国花生酱打入俄罗斯

美国的生活方式正潜移默化地影响俄罗斯的生活方式。蓝色斜纹布裤子、摇滚乐、可口可乐、汉堡包、馅饼、计算机、增氧健身法、旅游鞋乃至福音派教义近年来都传进了俄罗斯并且流行起来。难怪不少俄罗斯人不断惊呼："美国人来啦！美国人来啦！"

现在，一种美国花生酱又成功地打入俄罗斯的市场，使越来越多的俄国人喜欢这种正宗的美国食品。

美国花生主产于佐治亚等州，前民主党总统杰米·卡特就是靠在佐治亚种植花生起家的。几十年前，一位美国黑人科学家经过多次试验，研制出了特殊风味的花生酱，一下子风行全美。这种花生酱的加工技术独特，营养丰富，据说蛋白质含量超过了牛肉。当时，美国经济不景气，这种价格便宜的花生酱很快成为南方穷人的主要食品。目前，美国全国花生理事会依靠了4种促销手段很快使美国花生酱在俄罗斯站稳了脚跟。

首先是免费奉送。苏联解体之后，俄罗斯出现了严重的经济危机，商品短缺，食品匮乏。美国布什政府同意向俄罗斯提供援助。美国的花生种植和加工者看准了这一机会，主动向俄罗斯提供60吨花生酱，分配给俄罗斯人。食物不足的俄罗斯人一吃到这种味道鲜美的花生酱，就有些舍不得放下了。

其次是大搞宣传活动。现在，美国花生酱的宣传活动已在莫斯科和圣彼得堡两大城市开展起来，美国人希望俄罗斯这两座"领导新潮流"的城市能首先"热爱花生酱，然后把花生酱传到俄罗斯全国各地"。

再次是投俄罗斯政府所好。俄罗斯目前外汇短缺，用珍贵的硬通货进口花生酱可能性不大。于是美国的花生大亨们对美国政府和俄罗斯政府开展游说活动，以期实施由美国现款援助向俄罗斯出售美国花生酱的计划。美国全国花生理事会负责人说："以俄罗斯政府来说，牛肉短缺现象严重，用价廉的花生酱替代牛肉既可满足老百姓需要又能省钱，因此，俄罗斯政府赞同这一计划是很有可能的。"

最后是抓住青少年。美国花生商的目标是俄罗斯青少年。美国一个代表在莫斯科和圣彼得堡的学校里东跑西溜，促使各学校同意把美国花生酱列入学生午餐食谱中去。为了笼络感情，代表团携带了大批美国花生酱纪念章，在俄罗斯青少年中散发。

训练任务：

根据上述案例信息，请同学们思考并讨论下面的问题：

美国全国花生理事会依靠什么使美国花生酱打入俄罗斯？

训练项目4　能力训练

阅读中共十九大报告，列出3个你看到的政策导向变化，并分析你认为可能产生的对营销环境的影响。

三、知识拓展

知识拓展1　PEST分析模型

PEST分析是战略咨询顾问用来帮助企业检阅其外部宏观环境的一种方法。对宏观环境因素做分析，不同行业和企业根据自身特点和经营需要，分析的具体内容会有差异，但一般都应对政治（Political）、经济（Economic）、社会（Social）和技术（Technological）这4大类影响企业的主要外部环境因素进行分析。简单而言，称之为PEST分析法。

1. 政治法律环境

政治环境包括一个国家的社会制度，执政党的性质，政府的方针、政策、法令等。不同的国家有着不同的社会性质，不同的社会制度对组织活动有着不同的限制和要求。即使社会制度不变的同一国家，在不同时期，由于执政党的不同，其政府的方针特点、政策倾向对组织活动的态度和影响也是不断变化的。

2. 经济环境

指国民经济发展的总概况，国际和国内经济形势及经济发展趋势，如经济周期、城市化程度、利率、货币供给、通货膨胀、失业率、可支配收入、储蓄情况、能源供给、成本以及企业所面临的产业环境和竞争环境等。

3. 社会文化环境

包括一个国家或地区的居民教育程度和文化水平、宗教信仰、风俗习惯、审美观点、价值观念等。

4. 科学技术和自然环境

指目前社会技术总水平及变化趋势、技术变迁、政府对研究的投入、政府和行业对技术的重视、新技术的发明和进展、技术传播的速度、折旧和报废速度、技术突破对企业影响，以及技术对政治、经济社会环境之间的相互作用的表现等。

知识拓展 2　波特五力分析模型

五力分析模型是迈克尔·波特（Michael Porter）于 20 世纪 80 年代初提出，对企业战略制定产生了全球性的深远影响。用于竞争战略的分析，可以有效地分析客户的竞争环境。五力分别是：供应商的议价能力、购买者的议价能力、潜在竞争者进入的能力、替代品的替代能力、行业内竞争者现在的竞争能力。五种力量的不同组合变化最终影响行业利润潜力变化。

五种力量模型将大量不同的因素汇集在一个简便的模型中，以此分析一个行业的基本竞争态势。一种可行战略的提出首先应该包括确认并评价这 5 种力量，不同力量的特性和重要性因行业和公司的不同而变化，五力模型分析工具如图 2-2 所示。

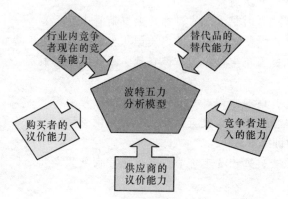

图 2-2　五力模型分析工具

1. 供应商的议价能力

供方力量的强弱主要取决于他们所提供给买主的是什么投入要素，当供方所提供的投入要素其价值构成了买主产品总成本的较大比例、对买主产品生产过程非常重要或者严重影响买主产品的质量时，供方对于买主的潜在讨价还价力量就大大增强。

一般来说，满足如下条件的供方集团会具有比较强大的讨价还价力量：

供方行业为一些具有比较稳固市场地位而不受市场激烈竞争困扰的企业所控制，其产品的买主很多，以至于每一单个买主都不可能成为供方的重要客户。

供方各企业的产品各具有一定特色，以至于买主难以转换或转换成本太高，或者很难找到可与供方企业产品相竞争的替代品。

供方能够方便地实行前向联合或一体化（产业链纵向延伸的能力），而买主难以进行后向联合或一体化。

2. 购买者的议价能力

购买者主要通过其压价与要求提供较高的产品或服务质量的能力来影响行业中现有企业的盈利能力。一般来说，满足如下条件的购买者可能具有较强的讨价还价力量：

购买者的总数较少，而每个购买者的购买量较大，占了卖方销售量的很大比例。

卖方行业由大量相对来说规模较小的企业所组成。

购买者所购买的基本上是一种标准化产品，同时向多个卖主购买产品在经济上也完全可行。

购买者有能力实现后向一体化,而卖主不可能前向一体化。

3. 潜在竞争者进入的能力

新进入者在给行业带来新生产能力、新资源的同时,将希望在已被现有企业瓜分完毕的市场中赢得一席之地,这就有可能会与现有企业发生原材料与市场份额的竞争,最终导致行业中现有企业盈利水平降低,严重的话还有可能危及这些企业的生存。潜在竞争者进入后产生威胁的严重程度取决于两方面的因素,这就是进入新领域的障碍大小与预期现有企业对于进入者的反应情况。

进入障碍主要包括规模经济、产品差异、资本需要、转换成本、销售渠道开拓、政府行为与政策(如国家综合平衡统一建设的石化企业)、不受规模支配的成本劣势(如商业秘密、产供销关系、经验曲线效应等)、自然资源(如冶金业对矿产的拥有)、地理环境(如造船厂只能建在海滨城市)等方面,其中有些障碍是很难借助复制或仿造的方式来突破的。预期现有企业对进入者的反应情况,主要是采取报复行动的可能性大小,取决于有关厂商的财力情况、报复记录、固定资产规模、行业增长速度等。总之,潜在竞争者进入一个行业的可能性大小,取决于进入者主观估计进入所能带来的潜在利益、所需花费的代价与所要承担的风险这三者的相对大小情况。

4. 替代品的替代能力

两个处于同行业或不同行业中的企业,可能会由于所生产的产品是互为替代品,从而在它们之间产生相互竞争行为,这种源自替代品的竞争会以各种形式影响行业中现有企业的竞争战略。第一,现有企业产品售价以及获利潜力的提高,将由于存在着能被用户方便接受的替代品而受到限制。第二,由于替代品生产者的侵入,使得现有企业必须提高产品质量,或者通过降低成本来降低售价,或者使其产品具有特色,否则其销量与利润增长的目标就有可能受挫。第三,源自替代品生产者的竞争强度,受产品买主转换成本高低的影响。总之,替代品价格越低、质量越好、用户转换成本越低,其所能产生的竞争压力就强;而这种来自替代品生产者的竞争压力的强度,可以具体通过考察替代品销售增长率、替代品厂家生产能力与盈利扩张情况来加以描述。

5. 行业内竞争者现在的竞争能力

大部分行业中的企业,相互之间的利益都是紧密联系在一起的,作为企业整体战略一部分的各企业竞争战略,其目标都在于使得自己的企业获得相对于竞争对手的优势,所以,在实施中就必然会产生冲突与对抗现象,这些冲突与对抗就构成了现有企业之间的竞争。现有企业之间的竞争常常表现在价格、广告、产品介绍、售后服务等方面,其竞争强度与许多因素有关。

根据上面对于5种竞争力量的讨论,企业可以采取尽可能地将自身的经营与竞争力量隔绝开来、努力从自身利益需要出发影响行业竞争规则、先占领有利的市场地位再发起进攻性竞争行动等手段来对付这5种竞争力量,以增强自己的市场地位与竞争实力。

任务三 微观市场营销环境分析

一、知识扫描

知识点一 微观市场营销环境的概念

微观营销环境是直接制约和影响企业营销活动的力量和因素。企业必须对微观环境营销进行分析。市场的微观环境，是市场营销学的一个重要的研究领域。

通常的研究把市场营销环境分为可控和不可控因素。不可控因素指政治、法律、人口、经济、科学技术、社会文化等宏观因素；可控因素指的是影响企业营销的全部内部因素，其主要内容是产品、定价、渠道、促销。其实，介于这二者之间还有一个微观环境的问题。

微观环境指的是企业内部环境、企业的市场营销渠道、企业竞争者、顾客和各种公众等因素。虽然微观环境与宏观环境都是影响企业的外部因素的集合，但两者是有区别的：第一，微观环境对企业市场营销活动的影响比宏观环境更为直接；第二，微观环境中的一些因素在企业的努力下可以不同程度地得到控制。把市场营销环境分为宏观环境与微观环境，有利于区别和掌握两类不同环境对市场营销活动的作用程度。

分析微观营销环境的目的在于更好地协调企业与这些相关群体的关系，促进企业营销目标的实现。

知识点二　微观市场营销环境的影响因素分析

影响因素一：供应商

1. 供应商分析的必要性

供应商是指对企业进行生产所需而提供特定的原材料、辅助材料、设备、能源、劳务、资金等资源的供货单位。这些资源的变化直接影响到企业产品的产量、质量以及利润，从而影响企业营销计划和营销目标的完成。

2. 供应商对企业营销的影响作用

1）供应的及时性和稳定性

原材料、零部件、能源及机器设备等货源的保证供应，是企业营销活动顺利进行的前提。如棉纺厂不仅需要棉花等原料来进行加工，还需要设备、能源作为生产手段与要素，任何一个环节在供应上出现了问题，都会导致企业的生产活动无法正常开展。为此，企业为了在时间上和连续性上保证得到货源的供应，就必须和供应商保持良好的关系，必须及时了解和掌握供应商的情况，分析其状况和变化。

2）供应的货物价格变化

供应的货物价格变动会直接影响企业产品的成本。如果供应商提高原材料价格，必然会带来企业的产品成本上升。生产企业如提高产品价格，会影响市场销路；如果使价格不变，则会减少企业的利润。为此，企业必须密切关注和分析供应商的货物价格变动趋势，使企业应变自如，早做准备，积极应对。

3）供货的质量保证

供应商能否供应质量有保证的生产资料直接影响到企业产品的质量，进一步会影响到销售量、利润及企业信誉。例如，劣质葡萄难以生产优质葡萄酒，劣质建筑材料难以保证建筑物的百年大计。为此，企业必须了解供应商的产品，分析其产品的质量标准，从而保证自己产品的质量，赢得消费者，赢得市场。

影响因素二：企业内部

企业开展营销活动要充分考虑到企业内部的环境力量和因素。企业是组织生产和经营的经济单位，是一个系统组织。企业内部一般设立计划、技术、采购、生产、营销、质检、财务、后勤等部门。企业内部各职能部门的工作及其相互之间的协调关系直接影响企业的整个营销活动。

营销部门与企业其他部门之间既有多方面的合作，也经常与生产、技术、财务等部门发生矛盾。由于各部门各自的工作重点不同，有些矛盾往往难以协调。如生产部门关注的是长期生产的定型产品，要求品种规格少、批量大、标准订单、较稳定的质量管理；而营销部门注重的是能适应市场变化、满足目标消费者需求的"短、平、快"产品，则要求多品种规格、少批量、个性化订单、特殊的质量管理。所以，企业在制订营销计划、开展营销活动时，必须协调和处理好各部门之间的矛盾和关系。这就要求进行有效沟通、协调、处理好各部门的关系，营造良好的企业环境，更好地实现营销目标。

影响因素三：营销中介

1. 营销中介分析的必要性

营销中介是指为企业营销活动提供各种服务的企业或部门的总称。

营销中介对企业营销产生直接的、重大的影响，只有通过有关营销中介所提供的服务，企业才能把产品顺利地送达目标消费者手中。营销中介的主要功能是帮助企业推广和分销产品。

2. 营销中介分析的主要对象

1）中间商

指把产品从生产商流向消费者的中间环节或渠道，它主要包括批发商和零售商两大类。中间商对企业营销具有极其重要的影响，它能帮助企业寻找目标顾客，为产品打开销路，为顾客创造地点效用、时间效用和持有效用。一般企业都需要与中间商合作，来完成企业营销目标。为此，企业需要选择适合自己营销的合格中间商，必须与中间商建立良好的合作关系，必须了解和分析其经营活动，并采取一些激励性措施来推动其业务活动的开展。

2）营销服务机构

指企业营销中提供专业服务的机构，包括广告公司、广告媒介经营公司、市场调研公司、营销咨询公司、财务公司，等等。这些机构对企业的营销活动会产生直接的影响，它们的主要任务是协助企业确立市场定位，进行市场推广，提供活动方便。一些大企业或公司往往有自己的广告和市场调研部门，但大多数企业则以合同方式委托这些专业公司来办理有关事务。为此，企业需要关注、分析这些服务机构，选择最能为本企业提供有效服务的机构。

3）物资分销机构

指帮助企业进行保管、储存、运输的物流机构，包括仓储公司、运输公司等。物资分销机构的主要任务是协助企业将产品实体运往销售目的地，完成产品空间位置的移动。到达目的地之后，还有一段待售时间，还要协助保管和储存。这些物流机构是否安全、便利、经济直接影响企业营销效果。因此，在企业营销活动中，必须了解和研究物资分销机构及其业务变化动态。

4）金融机构

指企业营销活动中进行资金融通的机构，包括银行、信托公司、保险公司等。金融机构的主要功能是为企业营销活动提供融资及保险服务。在现代社会中，任何企业都要通过金融机构开展经营业务往来。金融机构业务活动的变化还会影响企业的营销活动，比如，银行贷款利率上升会使企业成本增加，信贷资金来源受到限制会使企业经营陷入困境。为此，企业应与这些公司保持良好的关系，以保证融资及信贷业务的稳定和渠道的畅通。

影响因素四：顾客

1. 顾客分析的必要性

顾客是指使用进入消费领域的最终产品或劳务的消费者和生产者，也是企业营销活动的最终目标市场。顾客对企业营销的影响程度远远超过前述的环境因素。顾客是市场的主体，任何企业的产品和服务，只有得到了顾客的认可，才能赢得这个市场，现代营销强调把满足顾客需要作为企业营销管理的核心。

2. 顾客分析的市场类型

1）消费者市场

指为满足个人或家庭消费需求购买产品或服务的个人和家庭。

2）生产者市场

指为生产其他产品或服务以赚取利润而购买产品或服务的组织。

3）中间商市场

指购买产品或服务以转售，从中营利的组织。

4）政府市场

指购买产品或服务，以提供公共服务或把这些产品及服务转让给其他需要的人的政府机构。

5）国际市场

指国外购买产品或服务的个人及组织，包括外国消费者、生产商、中间商及政府。

3. 顾客分析的要求

上述 5 类市场的顾客需求各不相同，要求企业以不同的方式提供产品或服务，它们的需求、欲望和偏好直接影响企业营销目标的实现。为此，企业要注重对顾客进行研究，分析顾客的需求规模、需求结构、需求心理以及购买特点，这是企业营销活动的起点和前提。

影响因素五：社会公众

1. 社会公众分析的必要性

社会公众是企业营销活动中与企业营销活动发生关系的各种群体的总称。公众对企业的态度，会对其营销活动产生巨大的影响，它既可能有助于企业树立良好的形象，也可能妨碍企业的形象。所以，企业必须采取处理好与主要公众的关系，争取公众的支持和偏爱，为自己营造和谐、宽松的社会环境。

2. 社会公众分析的对象

1）金融公众

主要包括银行、投资公司、证券公司、股东等，它们对企业的融资能力有重要的影响。

2）媒介公众

主要包括报纸、杂志、电台、电视台等传播媒介，它们掌握传媒工具，有着广泛的社会联系，能直接影响社会舆论对企业的认识和评价。

3）政府公众

主要指与企业营销活动有关的各级政府机构部门，它们所制定的方针、政策，对企业营销活动或是一种限制，或是一种机遇。

4）社团公众

主要指与企业营销活动有关的非政府机构，如消费者组织、环境保护组织，以及其他群众团体。企业营销活动涉及社会各方面的利益，来自这些社团公众的意见、建议，往往对企业营销决策有着十分重要的影响作用。

5）社区公众

主要指企业所在地附近的居民和社区团体。社区是企业的邻里，企业保持与社区的良好关系，为社区的发展做一定的贡献，会受到社区居民的好评，他们的口碑能帮助企业在社会上树立形象。

6）内部公众

指企业内部的管理人员及一般员工，企业的营销活动离不开内部公众的支持，应该处理好与广大员工的关系，调动他们开展市场营销活动的积极性和创造性。

影响因素六：竞争者

1. 分析竞争者的必要性

竞争是商品经济的必然现象。在商品经济条件下，任何企业在目标市场进行营销活动时，不可避免地会遇到竞争对手的挑战。即使在某个市场上只有一个企业在提供产品或服务，没有"显在"的对手，也很难断定在这个市场上没有潜在的竞争企业。

企业竞争对手的状况将直接影响企业营销活动。如竞争对手的营销策略及营销活动的变化就会直接影响企业营销，最为明显的是竞争对手的产品价格、广告宣传、促销手段的变化，以及产品的开发、销售服务的加强都将直接对企业造成威胁。为此，企业在制定营销策略前必须先弄清竞争对手，特别是同行业竞争对手的生产经营状况，做到知己知彼，有效地开展营销活动。

2. 竞争者分析的内容

一般来说，企业在营销活动中需要对竞争对手了解、分析的情况有：

（1）竞争企业的数量有多少。

（2）竞争企业的规模大小和能力强弱。

（3）竞争企业对竞争产品的依赖程度。

（4）竞争企业所采取的营销策略及其对其他企业策略的反映程度。

（5）竞争企业能够获取优势的特殊材料来源及供应渠道。

二、知识训练

训练项目1　案例训练

从代工厂回到代工厂——HTC 跌落凡间

2017 年 9 月 21 日，谷歌与 HTC 签署了收购协议，协议的核心内容为谷歌 11 亿美元收购参与打造 Pixel 手机的 HTC 团队，以及获得 HTC 知识产权授权（非排他性）。将核心资产剥离之后，HTC 仍将继续开发手机和 VR（虚拟现实）业务，这对市值只有 19 亿美元的 HTC 来说可能是足够好的一个选择。

HTC（宏达电子）看着三星、华为、OPPO 和 vivo 席卷世界的时候，一定会想起曾经那段以安卓为枪、比肩苹果，把三星挤到墙角的日子。在安卓手机增速最快的近 5 年时间，HTC 一再错过机会，漠视周围汹涌而过的变革浪潮，直到自己被时代潮流所吞噬。

2006 年，HTC 从手机代工厂转型自主品牌。而在 2005 年，谷歌收购了安卓公司，继续研发基于 Linux 并且适用移动设备的开源操作系统。HTC 加入了谷歌主导的安卓联盟，并于

2008年联合电信运营商T-Mobile推出了世界上第一款安卓手机T-Mobile G1。

跳上谷歌的大船，HTC开始了自己最为辉煌的一段时期。根据咨询公司尼尔森的报告，HTC在2011年曾以21%的市场份额位居全球智能手机厂商第二名，仅次于占据29%市场份额的苹果公司。而在美国市场，2011年第三季度HTC市场占有率超过了苹果。2011年4月6日，HTC股价站上1 200元新台币整数关卡，市值暴增至逾335亿美元，超越诺基亚与RIM，成为市值仅次于苹果的全球第二大手机厂商，到达历史巅峰。

但此后，HTC的命运骤然逆转。

没有重新拾起辉煌，和HTC推出的产品不无关系。2012年HTC发布的旗舰产品One系列采用英伟达芯片出现诸多问题，惨败于同年竞品三星S3和苹果iPhone 4S；2013年HTC效仿苹果，孤注一掷只推出一款高端手机M7，主打概念400W像素摄像头，但良品率出现问题，同样不敌竞品三星S4与iPhone 5。2014年，HTC推出M8，依然缺乏创新却价格高冷，市场反应惨淡。

"HTC能做的，华为一样能做出来，而且价格还便宜，大陆品牌的创新速度远比HTC快。在高端市场，相比三星、苹果，HTC在供应链能力上差距太大。市场策略上屡次失误，在最重要的时间里错失了大陆市场。"手机中国联盟秘书长王艳辉分析。

2015年小米、华为、OPPO、vivo等品牌已经强势崛起，牢牢占领了中、低端市场，开始向高端市场发力，HTC驻守高价产品，却始终没有拿出能够与苹果、三星、华为竞争的产品。这一年，HTC旗舰手机M9大崩盘，公司同年8月宣布裁员。2016年，HTC开始将在上海的土地卖出，弥补业绩的亏空。走到这一步，已经注定了HTC手机业务要出售。

2016年IDC于9月20日最新发布的世界智能手机市场排名，HTC的手机市场份额已经不足1%，仅为0.68%。业绩上，HTC连续9个季度亏损。交易宣布前，母公司宏达国际市值仅为19亿美元。风流总被雨打风吹去，核心资产卖给谷歌后，HTC将回归OEM（代工生产）定位。20年时间，HTC转了个大圈又兜回原地。

训练任务：

根据上述案例信息，请同学们试从微观市场影响环境的六大影响因素角度尝试分析HTC的问题有哪些。

训练项目2　案例训练

开心果霉菌值超标被召回　三只松鼠IPO路上不开心

2017年8月15日，三只松鼠某个批次生产的开心果被检出霉菌值超国家标准规定1.8倍。随后，三只松鼠发布官方声明称，公司主动召回了该批次在售与库存产品……可能是产品出厂后因存储、运输条件控制不当引起霉菌滋生，导致流通环节抽取样品不合格。

"我们要做到千亿市值。"三只松鼠股份有限公司（以下简称"三只松鼠"）董事长章燎原告诉《经济观察报》记者。三只松鼠正在IPO排队进程中，章燎原喊出这句话的时候，其刚公布招股书两个月，还没有获得证监会的反馈意见。

而在离杭州市130多公里的临安的乡镇，三只松鼠的供应商处境艰难。"来了订单就做，最近在停工。"三只松鼠2016年第一大供应商杭州临安新杭派食品有限公司副总经理杨永平告诉《经济观察报》记者。

"这些客户用不到我们就（把我们）扔了，最终还得靠自己，我们今年准备主打自己的品牌。"2014年、2015年第五大供应商临安青睐炒货食品有限公司创始人邵干云告诉《经济观察报》记者。

另外，三只松鼠 2016 年第三大供应商、2015 年第四大供应商、2014 年第四大供应商临安市小草食品有限公司的注册地厂房也已停产，据当地同行称"老板犯事进去了"。

对于三只松鼠的千亿市值目标，这些供应商还不知晓。

位于杭州市辖的临安青睐炒货食品有限公司（下称"青睐公司"）称其主要客户是三只松鼠等，"现在竞争激烈，我们没有利润空间"，"这些客户用不到我们就（把我们）扔了，最终得靠自己，我们今年主打自己的品牌"。邵干云计划 2017 年以自己的品牌做每日坚果、蜂蜜味、巧克力味的果仁。邵干云平时不用微信，以短信和彩信交流为多。

另一边，2017 年 6 月 19 日，三只松鼠五周年在芜湖奥体中心举办庆典，投资人、全厂三千多员工带着家属来参加。高管们以草裙舞开场。在台上，三只松鼠的董事会秘书潘道伟担任主持人，他称，如果上市成功，章燎原凭借手中股份可以超越目前的安徽首富，成为新的安徽首富。

三只松鼠被大家耳熟能详的主要产品是坚果，其次还有干果、果干、花茶等休闲食品，其中，坚果为核心产品，报告期内（2014 年、2015 年及 2016 年），坚果产品的销售收入占三只松鼠主营业务收入比重的 87.85%、80.44% 和 69.83%，为公司最主要的收入来源。

三只松鼠以电商销售为主，2016 年前五大销售平台为天猫商城、京东、天猫超市、京东自营、一号店，报告期内三只松鼠通过天猫商城实现的销售收入分别占到营业收入的 78.55%、75.72% 和 63.69%，可见天猫商场为公司最主要的销售平台。目前，三只松鼠已在芜湖等地开了四家线下店，章燎原称今年的目标是建成 30 家，2022 年前全国开出 1 000 家线下店。

IPO 路上，三只松鼠作为一个食品企业，没有食品加工制造工厂，全部产品来自供应商采购。章燎原称："三只松鼠对供应商资质审查非常的严格。"三只松鼠在建立"云质量信息化平台升级"和"全渠道信息化系统"，通过数据平台，可以实现追溯，进而控制产品质量。章燎原称，这个追溯平台可以帮助实现消费者投诉哪个产品有问题，三只松鼠可以追溯到是哪个工厂生产的、产品是哪个批次，并反推出生产的哪个环节有问题。他称："真正的工匠精神，不是一直在工厂里面做生产，而是形成数据平台。"

三只松鼠自称在供应商工厂里有驻场代表，在工厂里安装摄像头。《经济观察报》记者在三只松鼠厂区里看到了数据管理平台和工厂监控画面，大部分工厂看不到机器运转的迹象。

招股书显示，三只松鼠仍存在 15 起尚未了结的诉讼，其中 14 起作为被告，1 起作为原告。从案件缘由看，这些涉诉案件大都与其产品质量有关。原材料是三只松鼠最主要的营业成本，报告期内，原材料占主营业务成本的比重均在 96% 以上。

训练任务：

根据上述案例信息，请同学们思考并讨论以下问题：

本案例中，三只松鼠与其供应商之间存在哪些问题？是否会对企业后续发展造成不利影响？为什么？

训练项目 3　情境训练

假设你有一家刚刚起步的小公司，你们开发了一个革命性的新型个人电脑操作系统，同微软产品相比，你们具有独特的优势：占用个人电脑硬盘的存储空间比较少，在理论上运行应用软件的速度比微软快，比 Windows 更容易安装，除了传统的鼠标和键盘输入方式以外，新操作系统对声讯指令的识别率高达 99.99%，这种产品是你们公司唯一的产品。

请完成以下工作：

（1）分析个人电脑操作系统的竞争结构，在前述分析的基础上，找出可能阻碍消费者购买你公司操作系统的原因。

（2）设计出一种"打败微软"的战略，可以单打独斗，也可以和其他公司联合行动。

三、知识拓展

知识拓展1　供应商关系管理（SRM）

传统的供应商关系可能是这样的：供应商和采购企业做不到有效的信息共享，采购成本增加、采购效率变低。采购企业对供应商的产品质量和交付货品的时间难以把握。供需双方竞争状态多于合作，且供应商对用户的需求变化反应迟钝，缺乏应付需求变化的能力。

企业与供应商之间达成的最高层次的合作关系即合作伙伴关系。双方在相互信任的基础上为了实现共同的目标而采取的共担风险、共享利益的长期合作关系。具体而言，就是要建立长期的、相互信赖的合作关系。可以进行明确或口头的合约确定，双方共同确认并且在各个层次都有相应的沟通。所以，企业希望与供应商之间形成如下关系：战略性原材料联盟、先进技术发展伙伴关系、供应商参与早期技术的战略联盟。

要实现以上关系，企业需要以多种信息技术为支持的一套先进的管理软件和技术，它以电子商务、数据挖掘、协调技术等信息技术紧密结合在一起为企业产品的策略性设计、资源的策略性获取、合同的有效洽谈、产品内容的统一管理等过程提供一个优秀的解决方案。

不同供应商关系的管理策略如下：

1. 战略型供应商关系管理

此类型管理方式应对战略物资的管理，此类供应商的特点是内部有优势，外部有机会：其提供的产品影响生产商的核心能力，客户定制化程度高，市场集中程度高，供应商技术或能力专有性高，与其进行价格谈判的余地小，更换供应商的成本高。针对这类供应商应发展长期稳定的战略合作伙伴关系，加强交流与沟通，共享和分担因合作伙伴带来的利益与风险。同时，供应商可参与企业的产品研发、技术创新、市场开发等环节。企业要准确地预测需求、分析供应风险和综合成本、进行严格的绩效考核、严格筛选供应商来避免因对战略供应商过度依赖或供应商垄断而带来的供应风险。

2. 供应商主导型供应商关系管理

此类型管理方式针对瓶颈类物资，该类型供应商特点是内部有优势，有成熟复杂的技术和生产能力，且合格供应商数量少；但外部受威胁，产品可以被替代，或生产商可以自己掌握一部分技术。供应商处于主导地位可能导致高昂的采购成本。此类供应商关系的处理是企业的处理难题，针对这类关系采取保证供应、维持生产的连续性策略。一方面可以不断开发供应商的竞争对手，寻找替代供应商，拓展货源，从而向供应商施加压力，争取价格上的主动性，也避免突发事故带来的风险；另一方面企业可以寻找瓶颈物资的替代品从而把瓶颈物资向一般物资方向转变，减少供应商的束缚。此外也可以和供应商签订长期合作合同，发展战略合作伙伴关系，从而提高供应的稳定性。为防范风险，企业应该设置一定的安全库存。

3. 市场型供应商关系管理

此类型管理方式针对一般供应物资，此类供应商的特点是内部处于劣势，外部机会很少或没有机会，供应商数量众多，可替代性强，转换成本低，生产商压价能力处于优势。针对此类情况，一方面可以与此类供应商建立一般的契约式关系，集中采购、公开招标，根据每年的需求量选择合格优秀的供应商；另一方面可以发展第三方供应商，对采购物资进行集中专业化的管理。由于此类物资的采购量大，可以考虑建立 VMI 体系，利用供应商管理库存。

4. 生产商主导型供应商关系管理

此类型管理方式针对重要物资，此类供应商的特点是内部危机不断，但外部发展环境良好，具有很好的市场前途。市场上竞争激烈，供应商的产品销量严重依赖于生产商，因此往往在价格上不占优势，针对此种类型可以采用集中竞价的方式，从而使企业达到在获得合格供应商的同时也压低了价格、降低了成本。

知识拓展 2　企业在微观市场营销环境下的几种策略

1. 开发性策略

当顾客对企业的现有产品或服务不满意而产生更高层次需求时，企业就面临着一种微观环境的改变，即原有市场发生变化、潜在需求出现。这时如不及时抓住机会改变原有产品，有可能失去已占领的市场。因此，必须立即组织研究人员在短期内开发出能满足顾客需求的新产品。假如这种新产品开发的过程较复杂、需要投入大量人力和财力或时间需要很长时，应在产品开发的不同阶段，把开发信息传递给消费者。这样，不仅能使消费者知道自己的需求将能得到满足，还可以起到刺激需求，扩大影响和促销的多重作用。

2. 同步性策略

当企业的市场竞争者以相同质量、相同价格的产品打入市场时，本企业面对的可能是一个十分复杂和难以独家取胜的市场环境。这时，如果本企业处于领先地位，则应保持住原有的市场地位；如果处于市场竞争中的次要地位，则应与同类型企业步调一致。所谓同步性是指在资金、人力和物力一定的情况下，避免出风头，与市场上大多数同类企业站在一起，保持一致的步调，否则，将有可能伤元气或很快被挤出市场。我们都知道，在任何国家，不管它的商品经济多么发达，任何一个企业不可能完全垄断所占有的市场，总要与众多个企业共同生产或经营同类产品。那么，假如在条件不允许的情况下与领先企业竞争，可能被很快击垮；假如与大多数企业共同生存，可能会保持住企业现有阵地而生存或发展起来。

3. 改变性策略（扭转性策略）

扭转性策略是指当微观环境中某一部分对本企业的产品或服务产生负需求或抵触性需求，并且这种情况具有暂时性或可扭转性时，企业不应立即放弃在这一领域的营销活动，而应该采取相应措施改变这部分消费者的意念或需求，把负需求倾向转变为正需求。具体做法就是在这部分顾客集中的区域内，大范围、大轮回地进行促销活动，通过示范性使用、名人效应以及其他一切可行的促销方法去促使他们改变自己的行为。如果这部分顾客中多数属于理智型购买者，应考虑多用实例和数据来说明其产品的效应；如果多数属于情感型或冲动型购买者，则应多用刺激性事例或场面较大的能引起即时效应的方法来诱导。

(资料来源：罗来军，昌晓英．论企业应对市场营销环境变化的策略 [J]．特区经济，2007 (3))．

项目小结

1. 核心概念

市场营销环境（Marketing Environment）　　宏观营销环境（Macro – Environment）

微观营销环境（Micro - Environment）　　人口环境（Population Environment）
经济环境（Economic Environment）　　科技环境（Technical Environment）
社会文化环境（Sociocultural Environment）　　自然环境（Natural Environment）
政治法律环境（Political and Legal Environment/Political Factors）
PEST（Politics Economy Society Technology）
SWOT（Strengths Weaknesses Opportunities Threats）

2. 思考与讨论

（1）企业为什么必须重视对市场营销环境的研究？
（2）通货膨胀会对市场营销产生什么影响？
（3）企业如何去评价和利用所面临的市场机会？
（4）结合某企业谈谈自然环境对企业营销的影响。
（5）互联网时代，我国企业营销环境的变化及应采取的营销措施有哪些？

3. 案例分析

在华韩企因中国"铁腕治污"损失惨重 有关系企业晚上偷开工

2017年9月25日，韩媒称，韩国大韩商工会议所日前连续发表两篇报告，称在中国高强度环境监察下，韩国企业损失惨重。上月7日起，第四批中央环境保护督察组开始对吉林省等8个省（区）启动环保督查，被勒令停业、关闭工厂的韩国企业不断增加。现代汽车合作企业在中国的工厂本月初因环境污染问题被勒令停产。

据韩国《亚洲经济》消息，驻华韩国大使馆相关人士20日透露，仅在北京通州，就有DAYOU新材料等3家韩系车配件工厂被环境督察组勒令停产。报道称，由于韩企对于督查内容和标准理解不足，应对措施不力，遭受不小损失。驻华韩国使馆已经分别在北京、天津及青岛举行韩企相关应对方案说明会，并正在对有关企业现况进行调查，集中整理后于下月中旬发行报告。

有企业"白天关门晚上开工"，LG电子一家合作企业为躲避督查，近来一直处于停工状态，员工全部休假。企业负责人表示："我们提前得知了督察组要来的消息，做好了应对措施。虽然工厂暂时停产造成损失在所难免，但总比被勒令停工好得多。"在中小型韩企较为集中的青岛市，相关人士说，因为督察组随时会进行抽查，不少工厂已经将作业时间调整到夜间，或干脆暂时关闭。

韩国贸易协会北京分部负责人金炳佑（音）表示："部分有'关系'的企业，白天关门晚上开工，但这只是权宜之计，实际上很多企业都在考虑撤离中国市场。"

据《人民日报》消息，第四批8个中央环境保护督察组今年8月至9月对吉林、浙江、山东、海南、四川、西藏、青海、新疆（含兵团）等省（区）开展督察。截至9月15日，8个督察组全部完成了督察进驻工作。

各督察组坚决贯彻落实中央要求，在地方党委、政府的大力配合下，顺利完成督察进驻各项任务。进驻期间，8个督察组共计与396名领导干部进行个别谈话，其中省级领导213人，部门和地市主要领导183人；走访问询省级有关部门和单位171个；调阅资料8.4万余份；对105个地市（区、县）开展下沉督察。督察组高度重视群众环境诉求，督察进驻期间共收到群众举报59 848件，经梳理分析受理有效举报43 015件，合并重复举报后向地方转办举报39 586件。可见，这绝非单独针对韩国企业的举措。

但业界相关人士说："比反制萨德更恐怖的是中国对环境污染的管制。虽然这不是单单针对韩国企业的，但跟随韩国大企业一起进军中国的合作公司确实遇到了很大危机。"

韩媒称，大企业不仅要对合作公司的产品成本和质量进行管理，还要密切关注合作公司是否遵守了环境保护标准。在韩中关系因"萨德"问题不断恶化的情况下，中国对韩企的环境问题或许会抓得格外严格，但业界同时认为，如果韩企把所有问题都归咎于"萨德"，无视环境治理的大环境，未来面临的问题将会更严重。

请分析和思考以下问题：

（1）韩国企业在中国面临惨重损失的主要原因是什么？

（2）韩国企业在宏观营销环境和微观营销环境中应该如何改进才能重新赢得中国市场？

（3）郝伯特·西蒙曾说过"最成功的生物是对其环境有益的生物"，同理，最成功的企业不仅要为消费者和其他利益相关者带来利益，更要注重与环境的发展协调，将实现赢利与保持环境效益有机结合。请谈谈你对这段话的理解。

市场营销战略

通过对本项目的学习，学生首先对企业战略有清晰的认识。在此基础上，进一步学习营销战略，理解营销战略与企业战略的关系。理解和掌握企业基本战略和竞争战略类型，进而掌握 STP 营销三步骤对企业营销战略的重要意义。对 STP 的具体内容市场细分、目标市场选择、市场定位有概念性的认知，重点掌握市场细分的原则和标准、目标市场营销策略和市场定位的方法和步骤，能够运用以上原理进行实际案例的分析。

知识目标

1. 企业战略的概念。
2. 企业战略与营销战略。
3. 市场细分及相关概念。
4. 市场定位及相关概念。

能力目标

1. 深刻认识市场营销战略的重要意义。
2. 能够充分运用市场细分原则和标准进行产品市场的细分。
3. 对现实的营销案例做原理的分析和更深层次的思考。

任务一　了解企业战略

一、知识扫描

知识点一　企业战略的概念和特征

1. 战略的概念

"战略"一词源于希腊语 strategos，本意是"将军"，当时引申为指挥军队和科学的艺术。在现代社会和经济生活中,这一术语用于描述一个组织对如何实现其目标和使命的打算。

美国著名营销学家菲利普·科特勒认为:当一个组织清楚其目的和目标时,它就知道今后要往何处去,问题是如何通过最好的路线到达那里。公司需要有一个达到其目标的全盘的、总的计划,这就叫战略。加拿大的明茨博格教授则借鉴市场营销组合"4P"的提法,提出了战略是由5种规范的定义阐明的,即计划(Plan)、计策(Ploy)、模式(Pattern)、定位(Position)和观念(Perspective),由它们构成了企业战略的"5P"。

一般地,企业战略指企业以未来为主导,将其主要目标、方针、策略和行动信号构成一个协调的整体结构和总体行动方案。企业战略与为达到局部目的所制定的"营销战术"配套使用,并以战略规划的形式体现。

2. 企业战略的特征

1)全面性

一般而言,企业的战略层次分为企业总体战略、经营战略、职能战略3个层次。市场营销战略属于职能战略层次,因此要服从企业的整体战略。现实中常有些企业为了某一品牌的成功而危及全系列品牌的地位,或者为了某一专区的销售增进而影响了企业整个产品的销售。这些行为都是不全面的,企业只有从全局出发,才能在更深广的范围内选择最优策略促进企业的进一步发展。

2)纲领性

企业战略规定企业目标、战略发展的方向和重点,等等,这是企业发展的纲领,属于方向性、原则性、指导性的内容。企业战略是企业管理层对企业发展重大问题的决策,是企业的基本方针和路线,在经营活动中需要分解、展开,成为具体可操作的行动方案。

3)长远性

企业战略描绘企业发展的远景,它是对企业未来较长一个时期的全盘考虑。企业战略目标需要企业坚忍不拔、持之以恒地去实现它。日本人在产品和市场开发投资中采取长期观念,不为短期利益"竭泽而渔"。

4)稳定性

企业战略需要在一定的经营时期内具有稳定性,只有这样才能在实践活动中具有指导意义,使企业各部门能够采取相应的措施去实践战略内容,企业战略如果朝令夕改,只会对企业经营活动造成混乱。但由于环境是变动的,企业活动是一个动态过程,因而要求企业战略具有一定的弹性,以适应外部环境的变化,企业战略的稳定性是相对的稳定性。

5)竞争性

制定企业战略的目的就是谋求在市场和资源的争夺战中打败竞争对手,占据市场制高点并不断壮大发展自己,如果单纯、片面、理想化地把企业的经营活动独立于市场竞争之外,无法构成有力的、充实的企业战略内容,因此,企业需要制定具有竞争优势特征的发展战略。

知识点二 企业战略的选择工具

1. 波士顿矩阵

波士顿咨询集团采用了一个增长矩阵,它的纵轴表示企业的年市场增长率,高于20%

的增长率为高市场增长率。矩阵的横轴代表与企业相竞争的最大的对手所占有的相对市场份额，用于表示该企业在相关市场上的优势。根据这样的划分，企业可以将业务单元分为明星类、问题类、金牛类、瘦狗类 4 种不同的类型。波士顿矩阵如图 3-1 所示。

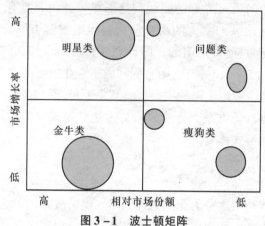

图 3-1　波士顿矩阵

问题类业务是指高市场增长率、低相对市场份额的业务。这往往是一个公司的新业务，为发展问题业务，公司必须建立工厂，增加设备和人员，以便跟上迅速发展的市场，并超过竞争对手，这些意味着大量的资金投入。

明星类业务是指高市场增长率、高相对市场份额的业务，是由问题类业务继续投资发展起来的，可以视为高速成长市场中的领导者，它将成为公司未来的金牛类业务。明星业务不一定给企业带来滚滚财源，因为市场还在高速成长，企业必须继续投资，以保持与市场同步增长，并击退竞争对手，但企业没有明星类业务，就失去了希望。因此，鼓励企业把有限的资源投入能够发展成为金牛类的业务上。

金牛类业务指低市场增长率、高相对市场份额的业务，是成熟市场中的领导者，它是企业现金的来源。作为市场中的领导者，该业务享有规模经济和高边际利润的优势。如果市场环境发生变化导致这项业务的市场份额下降，企业就必须从其他业务单位中抽回现金来维持金牛类业务的领导地位，否则这只强壮的金牛可能就会变弱，甚至成为瘦狗。

瘦狗类业务是指低市场增长率、低相对市场份额的业务。一般情况下，这类业务常常是微利甚至是亏损的。瘦狗类业务存在的原因更多是由于感情上的因素，虽然一直微利经营，但就像人对养了多年的狗一样恋恋不舍而不忍放弃。其实，瘦狗类业务通常要占用很多资源，如资金、管理部门的时间等，多数时候是得不偿失的。

对于 4 种不同类型的业务单元，有 4 种不同的对应的战略方案：

增长策略。该目标是增加业务单元的市场份额，有时为了达到这一目标甚至会牺牲企业的短期利润。增长策略最适合问题类的业务单元，通过发展成长为明星类的战略业务单元。

保持策略。该策略目标是保持业务单元的市场占有率，适合于金牛类的业务单元，因为它可以为企业带来源源不断的资金支持。

收割策略。该策略目标是提高业务单元的现金流，而不管长期利益的大小。收割的方式往往要缩减费用开支，包括减少研究与开发费用、广告促销费用等。这一方式适合于在力量较弱的金牛类业务单元中采用，也可以用于问题类和瘦狗类业务单元。

放弃策略。该策略目标是卖掉或消除该类业务单元，以便使资金得以有效利用。它适合于问题类和瘦狗类业务单元，这类业务单元会消耗企业的利润或制约企业获得更多利润。

2. GE 矩阵

GE 矩阵即为通用电气公司方法。它是由美国通用电气公司在波士顿短阵法的基础上加以改进而创立，又称为"多因素投资组合矩阵"。GE 认为，在评价分析企业业务时，不应简单考虑市场增长率和相对市场份额两个因素，而要综合考虑多个因素。

每项业务的定位，主要根据两个变量：市场吸引力和企业的业务竞争力，实际上是两个要素组群，市场吸引力由9个要素组成，包括总体市场大小年、市场成长率、历史毛利率、竞争密集程度、技术要求、通货膨胀、能源要求、环境影响、社会/政治/法律等。业务竞争力则由12个要素组成，包括市场份额、份额成长、产品质量、品牌知名度、分销网、促销效率、生产能力、生产效率、单位成本、物资供应、开发研究实绩、管理人员等。企业需要对每个要素进行评分，分值取1到5之间的整数，每个要素给出一定的权数，权数与分值的乘积为该要素的最后得分，加总后获得两个定量数值。

在 GE 模型中，左上角的3个方格是最佳区域，对于处于在这3个方格中的业务单元，企业应该采取发展的策略，要抓住机会，对这3类业务单元追加投资，促进发展。

对角线上的3个方格，处于中等位置，针对这些业务单元，企业采取的是维持策略，即维持现有水平，不增也不减。

右下角的3个方格，是行业吸引力和企业优势比较弱的区域，对于这3个区域的业务单元，企业采取"收割"或"放弃"的策略。

GE 矩阵如图3-2所示。

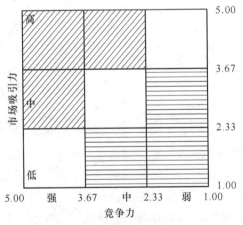

图 3-2 GE 矩阵

知识点三　企业基本的发展战略

企业发展战略主要有3类：密集型增长战略、一体化增长战略、多角化增长战略。

1. 密集型增长战略

密集型增长战略即开发那些潜伏在现有市场和现有产品类别中的市场，是一种在现有的业务领域内寻找未来发展的各种机会的战略方法，其中包括市场渗透、市场开发和产品开发3种方法。所谓市场渗透就是企业用各种方式力求顾客多购买本企业的现有产品，同时把竞争企业的顾客吸引过来，想方设法把产品销售给未曾购买过本企业产品的顾客。市场开发则意味着企业要在新的区域设立销售网点或使用新的销售渠道、广告宣传等方式在新的市场上实现产品的销售。产品开发即企业向现有市场提供新产品或开发新产品。

2. 一体化增长战略

一体化战略是指企业对具有优势和增长潜力的产品或业务，沿其经营链条的纵向或横向扩大业务的深度和广度，以扩大经营规模，实现企业增长。一体化战略按照业务拓展的方向可以分为后向一体化、前向一体化、水平一体化。后向一体化是指企业收购或兼并其上游企业，控制原材料和供货渠道实现供应与生产的一体化。前向一体化则是指企业收购或兼并其下游的企业，控制分配系统和生产系统，实现产销一体化。水平一体化则是指企业收购和兼并同种类型的企业，继而扩大企业的经营规模，达到增强企业实力的目的。

3. 多角化增长战略

多角化经营战略又称多元化战略，属于开拓发展型战略，是企业发展多品种或多种经营的长期谋划。企业尽可能多地增加产品种类，跨行业生产，不断扩大市场的范围，包括同心多角化、水平多角化、集团多角化。同心多角化是指企业在原有技术和经验的基础上开发新的产品、增加产品种类的方法，如同围绕一个圆心向外扩展企业的经营范围，故而得名，此种方法优点在于风险较低，利于企业发挥其特长。水平多角化则是指企业利用原有市场，从不同角度开发新产品扩大业务范围。集团多角化则是指大型企业通过收购与兼并其他企业将业务范围扩展到其他领域中以实现企业实力的扩张和降低经营风险的方法。

知识点四　企业基本的竞争战略

1. 成本领先战略

该战略也称为低成本战略，是指企业在提供产品和服务的时候，其成本显著低于行业的平均成本水平，从而能够吸引更多的消费者。低成本优势的来源可能是产业结构不同。它们可以包括追求规模经济、专利技术、原材料的优惠待遇和其他因素。采取这种战略的企业往往具有较高的管理水平和控制成本的能力，能够获得较高的市场增长率和市场占有率。当成本领先的企业的价格相当于或低于其竞争厂商时，它的低成本优势就会转化为高收益。

2. 差异化战略

现代市场经济环境中，企业需要不断开拓新的、与众不同的产品来满足消费者的特殊需求，差异化市场路线可以使得企业面临更少的竞争，在保证市场份额的前提下获得溢出价值报酬。通过差异化战略，可以达到较高的品牌忠诚度和较高的重复使用率。企业若想实施差异化战略，首先在产品的研发上要具备足够的创新力，有较强的市场适应力和应变能力。其次需要有明确的目标市场，可以有针对性地展开经营策略。

3. 集中化战略

企业寻找一个细分市场，进行有针对性的经营。选择了特定的市场，企业集中自身资源为特定的目标市场和市场上的消费者服务，相对于服务更广阔范围的市场竞争对手体现自己的优势，可以把重点放在某一特定的购买集团，或某种特殊用途的产品，或某一特定的区域上从而更好地为某一特定目标服务。这种战略要求企业采取不同的竞争战略、不同的资源和技巧，甚至是不同的领导风格，根据自己的竞争优势进行取舍，不走中间路线。

知识点五　经营战略的规划

经营战略是各个战略经营单位根据总体战略的要求，开展业务、进行竞争和建立优势的基本安排。规划经营战略的关键是战略分析和战略选择。经营战略的规划步骤大致如下：

1. 分析经营业务

经营战略的规划过程，始于明确任务。经营任务规定战略经营单位业务和发展方向，明确经营任务首先要考虑总体战略的要求，在此基础上，经营企业要确定业务活动的范围。重点说明3个问题：需求，即本企业准备满足哪些需求；顾客，即本企业重点面向哪些顾客；产品或技术，即企业打算提供什么产品、依靠哪些技术，即从事什么业务能够达到经营目的。

2. 分析战略环境

企业及其经营单位的生存和发展，与环境以及环境的变化有着密切关系。把握环境的现状和趋势，利用机会，避开威胁，是企业及其经营单位完成经营任务的基本前提。战略环境分析必须回答下述问题：有关因素何时发生变化；发生变化的可能性有多大；该变化为企业或该项任务带来的机会或威胁有多大以及应当采取何种对策；等等。

3. 分析战略条件

分析外部环境，是为了从中辨认有吸引力的机会，而利用机会，要具备一定的内部条件。企业和经营单位要分析自己的优势和弱点，预测现有经营能力与将来环境的适应程度。分析的重点，是将现有能力与利用机会所要求的能力进行比较，找出差距，并制定提高相应能力的措施，主要做以下两项分析：分析利用机会所需的能力结构和分析现有能力的实际情况。

4. 选择战略目标

通过战略环境和条件分析，经营任务应当转化为特定目标。经营战略计划的制订和实施，要以特定目标为依据。大多数企业、经营单位或业务单元，可能同时追求几个目标。若干目标项目组成了一个目标体系，一个较大的目标，通常又可分解为若干个较小的、次一级的目标。此过程需要注意两个问题：一是目标体系的层次化；二是目标之间的一致性。

5. 选择竞争战略

目标指出向何处发展，战略思想则说明达到目标的基本打算。美国学者波特提出，有3种一般性竞争战略可供参考：成本领先战略、差异化战略、集中化战略。

6. 形成战略计划

规划经营战略的最后一步，是依据实现目标的战略，形成执行战略的具体计划，保证和支持经营战略的贯彻、落实。

二、知识训练

训练项目1 文献查询训练

（1）找出一家最近改变了企业战略的公司，说明这一转变是规划下的产物还是由于企业未能预见的意外事件导致的突发反应。以小组为单位进行文献和资料的查询，进行归纳、总结和汇报活动。

（2）访问海尔公司网站。找出有关公司历史的部分。运用获得的信息描述该公司自成立至今的战略演变，同时思考：这些变化在多大程度上是具体的战略规划结果，多大程度上是由于环境和条件的变化所做出的反应。

训练项目2　情境设计

全班进行3~5个分组。假设各位是一家高速成长的电脑软件公司的经理。你们公司开发的软件支持用户在互联网上玩互动的角色扮演游戏。过去的3年里，你们公司从最初的10个员工发展到今天的250名员工，年收入达1.6亿规模的企业。由于发展速度过快，你们还没有来得及制定更为具体的战略规划。现在，企业高层管理者决定要制定一项能够指导决策和资源分配的规划，需要你们设计出满足下列要求的规划过程：

（1）尽可能多地吸收更多雇员的意见。

（2）有助于企业愿景的分享，明确下一步应该如何成长。

（3）制定2~3种主要的战略。

设计一个规划过程，报告给其他同学。规划过程中要明确需要哪些参与者，同时描述你的规划过程的优势和劣势，准备为你所选择的方法优于其他方法而辩护。

训练项目3　研究训练

背景：全球化背景下，企业进入海外市场是一种常态。即使是大企业在进入海外市场的时候也需要从小规模做起，如何选择最佳模式进入海外市场是每个进行国际化战略企业要思索的问题。一般来说，企业有5种模式可以选择：出口、许可、特许、同东道国企业建立合资公司、建立全资子公司。

问题：如果你是企业决策管理者，请权衡这5种模式的优劣。你可以查阅《战略管理》课程的相关内容和书籍，以及相关资料，自行归纳和总结出5种模式的含义、优缺点以及适用范围。

三、知识拓展

知识拓展1　零散型产业的战略

零散型产业如干洗店、餐馆、健身俱乐部、律师事务所等由众多小企业构成。它们由于缺乏广泛的规模经济效应，如餐馆，消费者往往喜欢本地流行的风味和独特的食品，而不是某些全国连锁店标准化的菜品。同时产业的进入壁垒很低，新的餐饮企业可以随时加入，经营成本相对较低，个体创业者很容易承受成本。对于类似的零散型产业，企业追求的竞争战略首先选择集中战略。这些企业可以按照消费者群、消费者需求和区域的不同进而实施专业化，于是在市场上便出现了许多小的、专业化的企业在同一地区经营。而服务性企业在其中占据了较大的比例，它们向消费者提供个性化的服务，如洗衣店、餐馆、健身俱乐部等。

这些零散型产业企业也试图尝试转变为合并型产业，希望获得低成本优势和实现差异化来增加其收入。比如，沃尔玛、麦当劳、汉堡王等。它们为了实现成长和产业的合并，创立了新的商业模式，充分运用了特许经营、水平整合、连锁经营等战略方式，同时还利用了互联网，不断地获得成本优势和差异化优势。

知识拓展2　华为的三次战略转型研究

在华为的发展历程当中，在其历次的战略制定与调整当中，"活下去"是华为始终坚持的最高目标，但它同时也是华为战略目标的最低标准。因为，只有活下去，企业才有机会寻求更好的发展。如果企业连活着都成为问题，那么所谓的发展都是空谈。在制定企业战略的过程中，首先企业家必须要有系统思考。要打开"远视镜"，运用逻辑的力量来思考未来的发展规划，这一点是非常关键的。另外，在战略执行层面，要有推动战略落地的系统方法。

虽然战略目标代表了未来,但是战略意味着现在,是现在要做的事情。只有推动了战略的落地,才能实现未来的战略目标。

第一次转型:起步期,农村包围城市

华为在初创期,遵循的是农村包围城市的发展战略。众所周知,华为一直是一个强销售驱动,或者说是由市场驱动经营的公司。它始终强调的是,一定要做满足客户需求的产品和解决方案,永远以市场需求、客户需求为导向,不断牵引公司的研发方向。

所以,尽管华为在成立初期也卖过很多产品,包括代理交换机业务等,并因此而赚到了公司的第一桶金。但是自这个时候起,华为就积极地进行了研发,从一些小型交换机开始,慢慢地进入中型、大型交换机领域。

而之所以要从农村做起,这也是当时的环境因素决定的。因为,在华为初涉通信领域的时候,诺基亚、爱立信、摩托罗拉、西门子、富士通等国际巨头几乎垄断了整个通信市场。同时,任何一个产品从研发到占领市场,都会经历一个非常漫长的过程,包括产品的稳定性,一定是经过很多的实验,包括线网实验、产品验证等环节,才会得到很好的证明。因此,站在客户的角度,那时,一些追求产品稳定性和品牌公信力的企业也不敢轻易使用一家小公司研发出来的交换机。在这种大背景之下,弱小的华为只能从农村市场切入。

但是,华为有一个特点,就是非常重视服务,重视客户的感受。因此,任何一款产品在开发出来之后,首先要得到客户反馈,并据此进行不断的完善与调整。在不断满足客户需求的过程中,华为非常重要的一个核心控制点就是服务。也正因为如此,华为从农村市场逐渐向城市市场拓展的脚步也十分迅速,在几年之内就占有了非常高的城市通信市场份额。

第二次转型:国际化及全球化

华为在1998年左右,启动了第二次战略转型,即差异化的全球竞争战略。国际化战略的形成,是基于这样几个重要的因素:

1. 天花板效应

当时,华为的产品,尤其是交换机产品在国内已经占据了主导的地位,整个行业的国内市场也已经趋于饱和。因此,依托这个产品实现快速增长的天花板已经出现,必须形成新的突破。这时,海外市场就成为最佳的选择。

2. 成熟的产品体系

因为华为的交换机产品经过了国内市场的检验和锤炼,已经非常成熟了,可以直接拿到海外进行销售。

3. 优秀的人才储备

在国内,无论是在客户层面、服务层面还是在产品层面,在共同面对市场的过程当中,一大批优秀的干部已经被培训和训练了出来。华为创造的"铁三角"模式,包括客户经理、解决方案经理、交付专家以及HR经理等人才,完全可以直接走到海外去进行市场的拓展、销售以及产品的服务和维护。

4. 管理体系的提升

不论是在农村包围城市的市场策略当中,还是在整个国际化的进程中,华为引入了很多的咨询公司,包括从IBM引进了IPD/ISC等流程。在1995年前后,华为邀请了华夏基石的彭剑锋等6位人大教授为其提炼出《华为基本法》等企业文化方面的内容,可以说对当时公司思想的统一起到了非常重要的作用。

管理咨询公司的引入，包括华为自身的消化和吸收能力，使得华为的管理系统得到了巨大的提升。应该说，华为的每一次战略转型，都是很多要素的集合，包括人力资源要素、产品和解决方案要素、管理流程要素，等等。如果在国际化的进程中一味大干快上，但是管理流程却没有跟上，很可能会导致管理的混乱。因此，这几个因素促进了华为二次转型的稳步推进。

第三次转型：由运营商客户向运营商 BG（业务组）＋企业 BG＋消费者 BG 转型，即 3 个 BG 业务的分拆。

华为第三次的战略转型，是从单纯面向运营商转向 3 个不同的 BG 业务领域。以前，华为的客户只在运营商层面，包括中国电信、中国移动，等等。在转型之后，华为不仅仅做运营商企业（运营商 BG），而且做了很多的行业客户、企业客户（企业 BG），同时也会面向终端的消费者。其中，面向终端的 BG 主要包括面向手机类产品以及最终面向消费者的一些业务部门（消费者 BG）。

同时向这 3 个 BG 转型，在全球范围内都是很少见的，因为这 3 种 BG 的客户属性差异特别大，彼此的关注点，以及整个供应链的流程，包括研发流程、需求的管理流程、营销等流程的差异都非常之大。因此，目前，全球没有任何一家公司能把这 3 个业务板块、3 类不同类型的客户群同时做好。

而华为在一开始做企业 BG 的时候也并不十分顺畅，也付出了一定的"学费"，可以说是花钱买教训才积累出了一定的经验。近两年来，华为开始逐渐逾越了障碍，能够按照企业 BG 自身的发展规律，并让整个渠道商、代理商都能够获得比较不错的利润空间。目前，企业 BG 业务的增速已经达到了 40%～50%，它的驱动作用可以说是十分明显的。但是，相比于其他两个 BG，企业 BG 的体量相对还是最小的。

同样，消费者 BG 也经过了非常明显的蜕变。因为，华为最初的计划是面向运营商做定制类的手机终端产品，而这类定制产品在当时的市场价格非常之低，利润空间也非常之小。并且，与苹果的精品单机战略迥异的是它还面临产品型号庞杂多样的问题。但是，消费者 BG 在余承东的带领下也做出了非常大的变革，使整个产品体系聚焦 3 大系列，即 MATE 系列、P 系列，以及为应对互联网手机而诞生的荣耀系列。

在这个过程中，消费者 BG 也经历过巨大的阵痛，但是华为在业务设计的核心控制点上的考量是在整个手机终端领域，即使最终在硬件上不能盈利，至少还可以从芯片上寻找利润空间。这是非常重要的一个思考维度。

应该说，华为每次的战略转型其实也都面临着外在的环境，包括客户的变化、机会的变化以及竞争格局的瞬息万变，等等。为了应对这些变化，华为能够将全球顶级专家聚集在一起，共同对其进行研讨、检视和识别，最终，这种集体的智慧可以形成统一的攻势。可以想见，其中的投入也是惊人的。而在执行力的层面，华为之所以能够为企业界甚至是管理学界所称道，主要有两个核心因素：第一取决于各种管理体系所发挥的重大作用，包括各种流程、领导的执行力、人员的调配、干部培养等方面。第二缘自华为自身的企业文化，包括以客户中心、以奋斗者为本等。企业文化的有效落地执行为华为高执行力奠定了强有力的基础。

（资料来源：http：//www.jiemian.com/article/1549045.html）

知识拓展 3　收购、合资、重组战略

1. 收购

企业用合理的价格收购一些有竞争力的企业，可以快速地建立市场份额，形成盈利。通常企业在时间紧迫的情况下会采取这种方法来进入新的或缺乏竞争力的领域。收购被认为是一种比内部创业风险更小的方法。因为，收购时的企业已经是确定有盈利能力和市场份额的企业，这可以大大减少经营的不确定性。当企业要进入一个壁垒较高的行业，收购一个理想的企业可以获得已有的规模经济和品牌忠诚度。当然，收购并非都是成功的，有的收购行为并未给收购方带来价值的增值，未能实现预期的利益。这可能是由于不同的企业文化在整合时候比较困难或是公司过高地估计了收购的经济利益，收购的成本过高或选择的收购对象不合理等。所以，企业在选择收购战略的时候，要具备充分的经验和知识，进行严格的选择和审查，为避免买入可能削弱盈利能力的隐性问题，对收购对象要进行财务、产品市场、竞争环境、管理水平、企业文化等因素全方位的评估，做出理性和科学的战略决策。

2. 合资

合资也是一个企业常见的战略方式，在企业看到萌芽产业或成长产业中的新机会，又不愿独立承担所有成本和风险时，可以选择和另一家企业组建合资公司。要求两个企业具有资源、技能的互补，通过合资两个企业都可以进入新的市场和产业。合资战略的实施要求合资双方可以分摊新业务的利润和风险，分享企业控制权。在此过程中，双方也可能存在价值观、经营哲学、投资偏好的不同和冲突。所以，在实施该战略的过程中需要企业战略决策者权衡，双方必须在合作中实现共赢。

3. 重组

企业在实现盈利的过程中有时候需要选择退出某个市场和产业。而重组是剥离一些不具备竞争优势的业务或退出某一产业的选择，是针对企业产权关系和其他债务、资产、管理结构所展开的企业的改组、整顿与整合的过程，以此从整体上和战略上改善企业经营管理状况，强化企业在市场上的竞争能力，进而推进企业创新。

任务二　掌握 STP 目标市场营销战略

一、知识扫描

知识点一　STP 目标市场营销战略的含义

目标市场营销（STP 营销）是现代战略营销的核心，包括市场细分（Segmentation）、选择目标市场（Targeting）和定位（Positioning）3 个环节，如图 3-3 所示。

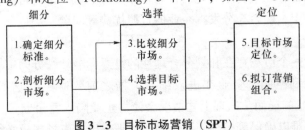

图 3-3　目标市场营销（SPT）

知识点二　市场细分的含义

1. 市场细分的概念

市场细分是20世纪50年代中期由美国市场营销学家温德尔·斯密斯提出。它是指营销者利用一定需求差别因素（细分因素），把某一产品整体市场消费者划分为若干具有不同需求差别的群体的过程或行为。市场细分后所形成的具有相同需求的顾客群体称为细分市场。在同类产品市场上，同一细分市场的顾客需求具有较多的共同性，不同细分市场之间需求具有较多的差异性。

2. 市场细分的作用

随着人们生活水平的不断提高，消费者需求日益多样化，对消费品的要求品位也进一步提高，需求的个性化日益突出。企业面对市场的变化，必须学会"避其锋芒，攻其不备"的竞争策略，学会为不同需要的消费服务。市场细分则可以帮助企业做到有效地服务消费者，其作用有如下几点：

1）市场细分有利于发现市场机会

企业通过市场细分才能发现市场机会，找到整体市场中存在哪些需求相似的消费群体、这些类似的消费群体的具体需求是什么、哪些消费需求已经得到满足、哪些需求还未被满足、满足哪些需求的竞争激烈、哪些需求还有待开发等问题。

2）市场细分有利于企业制定营销组合策略

通过市场细分，针对每一个细分市场的特点，企业可以对现有产品和服务在规格、种类、质量、特性等方面做出进一步的改进。在此基础上，做出完整的价格、营销渠道、促销等完整的营销策略的规划与调整。

3）市场细分有利于提高企业的竞争力

企业通过市场细分更好地了解每一个细分市场上竞争者优势和劣势，环境因素给行业带来的机会能否成为本企业的机会。同时企业结合自己有效的资源，集中优势力量为某个目标市场服务，将有限的资源最大限度地应用并产生效益，促使企业形成优势，从而提高企业的竞争力。

3. 市场细分的原则

1）可衡量原则

细分市场具有明显的特征，企业营销人员能够识别有相似需求的顾客群体。在市场潜力、容量、购买力等方面可以测定和衡量。细分市场的标准要易于统一，难以衡量的细分标准不宜作为依据。

2）可进入原则

企业需要量力而行，在进行细分之后，企业需要考虑这一市场自己是否有足够的能力去占领，在这个子市场上，能否充分发挥企业的资源优势等问题。

3）可盈利原则

能否盈利是判断一个市场存在和划分合理性的重要标准。细分的市场既要有足够的需求量，又要有足够的盈利空间。企业在进入细分市场之前要避免"吃不了，无法消化"和"吃不饱"这两种尴尬的局面。出现上述情况会使得企业陷入竞争弱势、企业现有的资源得不到最佳利用、利润难以确保等多种问题。因此，细分出的市场规模必须恰当，才能使企业得到合理的利润。

4）稳定原则

有效的细分市场需要具有一定的稳定性，如果市场竞争环境和经营条件充满不可确定性或市场变化过快，会使得企业在营销时，策略的制定受到影响，增加企业的经营投入和经营风险。

5）可持续发展原则

市场细分除了具有相对的稳定性以外还必须具有可持续的发展性，即可以为企业带来较长远的利益，这将直接影响到企业未来发展的战略规划。所以，企业在进行细分时必须考虑市场未来发展是否有潜力。

4. 市场细分的标准

企业要进行市场细分，首先就是要确定按照什么样的标准来进行细分。能够影响消费者需求的因素一般都可以作为市场细分的依据。企业可以根据市场情况和自己的经营条件选择适当的变量来对市场进行细分。一般地，可细分的变量可以是地理标准、人口标准、心理标准、行为标准等基本形式，见表3-1。

表3-1 细分市场的标准

划分标准	细分变量		
地理标准	国家	区域	地形
	气候	城乡	城市规模
	人口密度	交通条件	其他
人口标准	年龄	性别	民族
	宗教信仰	职业	教育程度
	种族	社会阶层	收入
	家庭人数	家庭生命周期	其他
心理标准	购买动机	生活方式和习惯	个性
	生活价值观	消费者心理	其他
行为标准	追求利益	购买时机	购买频率
	使用频率	使用情况	品牌忠诚度
	待购阶段	对营销因素的反应	其他

1）地理标准

按照不同地理环境和位置进行顾客群体的划分，叫地理细分。由于气候、城乡差异、生活习惯、经济水平、城市规模等不同，消费者对同一类产品往往会有不同的需求和偏好，故企业在产品、价格、销售渠道及广告等营销措施方面也存在差异。

2）人口标准

按照人口统计变量进行划分叫人口细分。依据年龄、性别、收入、职业、教育程度、宗教、种族、国籍、家庭生命周期的标准，消费者会有不同的价值观念、生活情趣、审美观念和消费方式，因而对同一类产品，必定会产生不同的消费需求。比如，玩具市场，因年龄的不同，应有启蒙、智力、科技、消遣、装饰等功能不同的玩具。再如，男性和女性，在服装市场、化妆品市场上可进行男性市场和女性市场的划分等。

3）心理标准

除了地理因素、人口因素以外，对同一产品的爱好和态度也会受到心理因素的影响。心理因素主要在生活方式和个性上具有显著特征。生活方式是人们生活的格局和格调，表现在人们对活动、兴趣和思想的见解上，人们形成的生活方式不同，消费倾向也不一样。例如，高级白领很少去批发市场购物，这便和他们的生活格调和方式相关。其次是购买动机，即顾客购买行为的直接原因。有些人注重实用，有些人注重价格，有些人则注重产品的流行性等。

4）行为标准

行为因素是按照顾客购买过程中对产品的认知、态度、使用来进行细分。例如，购买时机，以顾客对产品的需要、购买、使用的时机的认知来作为市场细分的标准。如旅游市场中旅行社可在不同的假期中推出不同的旅游路线以供人们选择与消费。再如，公交汽车公司根据上下班高峰期和非高峰期这一标准，把乘客市场一分为二，分别采取不同的营销策略。如在上下班高峰期加派客车，非高峰期减少客车，以降低成本，提高效益。美国学者 Haley 曾根据利益的不同对牙膏市场进行细分而获得成功。他把牙膏需求者寻求的利益分为经济实惠、防治牙病、洁齿美容、口味清爽 4 种。

知识点三　目标市场选择

1. 目标市场

建立在市场细分基础上，企业对不同的细分市场进行评估并最终决定进入的市场即是目标市场。在确定了目标市场之后，企业需要集中优势资源以获得利润，所以，目标市场对于企业后续的营销策略的制定有根本的影响。

2. 确定目标市场的步骤

确定目标市场的步骤如图 3-4 所示。

图 3-4　确定目标市场的步骤

3. 评估和选择细分市场

评估不同的细分市场，企业需要考虑细分市场的总体吸引力、企业的目标与资源。

美国学者迈克尔·波特在其著名的五力模型中分析了行业内竞争者现在的竞争能力、潜在竞争者进入的能力、替代品的替代能力、购买者的议价能力、供应商的议价能力 5 个方面的标准，这个细分的市场在这 5 个标准下得分如何以及这个市场在规模、成长性、利润率、规模经济和低风险等方面评估结果都是首先要考虑的因素。

企业有时会放弃一些有吸引力的细分市场，因为它们不符合企业的长远目标。当细分市场符合企业的目标时，企业还必须考虑自己是否拥有足够的资源，能保证在细分市场上取得成功。即使具备了必要的能力，公司还需要发展自己的独特优势。只有当企业能够提供具有高价值的产品和服务时，才可以进入这个目标市场。

4. 目标市场的选择

企业在进行目标市场的选择时,有以下 5 种类型可供选择,如图 3-5 所示。

1) 产品、市场集中

企业选择一个细分市场作为目标市场,企业只生产一种产品来满足这一市场消费者的需求。在这种策略下,企业集中了有限资源,通过生产、销售和促销等专业化分工,能提高经济效益。这种选择一般适合实力较弱的小企业,与其在市场中面临激烈的竞争,倒不如在小的市场里有一席之地,但存在着较大的潜在风险,如当消费者的爱好突然发生变化,或有强大的竞争对手进入这个细分市场时,企业很容易受到损害。

2) 产品专业化

企业选择几个细分市场作为目标市场,企业只生产一种产品来分别满足不同目标市场消费者的需求。这种策略可使企业在某个产品方面树立起很高的声誉,扩大产品的销售,但如果这种产品被全新的技术产品所取代,其销量就会大幅下降。

3) 市场专业化

企业选择一个细分市场作为目标市场,并生产多种产品来满足这一市场消费者的需求。企业提供一系列产品专门为这个目标市场服务,容易获得这些消费者的信赖,产生良好的声誉,打开产品的销路。但如果这个消费群体的购买力下降,就会减少购买产品的数量,企业就会产生滑坡的危险。

4) 有选择专业化

企业选择若干个互不相关的细分市场作为目标市场,并根据每个目标市场消费者的需求,向其提供相应的产品。这种策略的前提就是每个市场必须是最有前景、最具经济效益的市场。

5) 整体市场

企业把所有细分市场都作为目标市场,并生产不同的产品满足各种不同的目标市场消费者的需求。只有大企业才能选用这种策略。

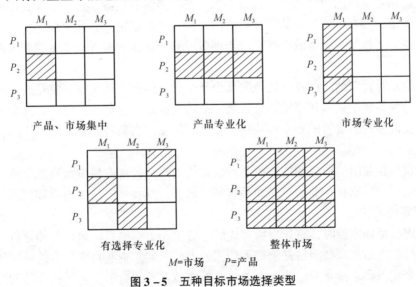

图 3-5 五种目标市场选择类型

5. 目标市场的营销战略比较

目标市场营销战略有 3 种,即无差异性营销战略、差异性营销战略、集中性营销战略。每一种营销战略的特点和适用范围不同,见表 3-2。

表 3-2 目标市场的营销战略比较

目标市场战略	内容	优缺点	适用范围
无差异性营销战略	只推出一种产品、运用一种营销组合、吸引更多消费者	优点:规模生产、平均成本较低; 缺点:营销策略的针对性不强,不易体现竞争优势、不能充分满足需求	规模效益明显的同质性产品
差异性营销战略	针对不同的细分市场生产不同的产品、制定不同的营销策略	优点:满足不同的需求、分散风险、提高市场占有率、增强企业竞争力; 缺点:成本高,经营资源易分散	大企业
集中性营销战略	以一个或少数几个细分市场为目标市场,集中营销力量	优点:营销对象相对集中,企业能够发挥优势、降低成本、提高盈利水平; 缺点:市场风险较大	资源有限的中小企业或大企业初次进入一个新的市场

知识点四 市场定位

1. 市场定位的含义

市场定位是指根据现有产品在市场上所处的地位和顾客对产品某些属性的重视程度,塑造出本企业产品与众不同的鲜明的个性或形象,并传递给消费者,使该产品在细分市场具有竞争力。市场定位具有三个层面的含义:产品定位、品牌定位、企业定位。

产品定位就是将某个具体的产品定位于消费者心中,让消费者一产生类似需求就会联想起这种产品。

品牌定位是对特定的品牌在文化取向及个性差异上的商业性决策,它是建立一个与目标市场有关的品牌形象的过程和结果。换言之,品牌定位是指为某个特定品牌确定一个适当的市场位置,使商品在消费者的心中占领一个特殊的位置,当某种需要突然产生时,随即想到该品牌。

企业定位是企业组织形象的整体或其代表性的局部在公众心目中的形象定位,企业定位是最高层的定位,建立在企业的产品和品牌基础之上,具有更广泛的内容和范围。

2. 市场定位的步骤

企业在进行市场定位时,首先要明确优势。必须先了解消费者对产品的评价,消费者究竟需要什么样的产品,哪些因素是消费者购买的主要因素。企业自身具有何种比较优势和资源。其次,企业需要选择竞争优势。企业需要抓住最重要的竞争优势,将自己的产品和竞争者区分开来。同时注意企业的定位不易被模仿,能够与市场中的竞争者产品的特点相区别,明确目标消费者对产品的具体需求和各种属性的关注程度。市场定位的步骤如图 3-6 所示。

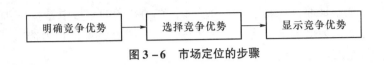

图 3-6　市场定位的步骤

3. 市场定位的策略

1）产品定位策略

（1）产品可以依据属性定位。

因为，产品属性和特色与消费者需求直接联系。如汽车市场，每种不同类型的汽车对应不同的属性特征：大众代表高性价比，沃尔沃代表安全可靠，日本丰田则是经济型汽车的代名词等。

（2）产品还可以依据价格定位。

由于价格是产品最明显、最能反映其质量、档次特征的信息，所以，价格与产品的定位可以表现为高质量、高价格和高质量、低价格两种主要的表现形式。高质高价的产品往往体现在一些高端产品、奢侈产品上。而高质低价的产品定位的选取则可能是一些企业以此作为一种竞争手段，目的在于渗透市场，提高市场占有率。

（3）产品还可以依据功能定位。

企业通过对自己产品各种功能的表现、强调，给顾客提供比竞争对手更多的收益和满足，借此使顾客对产品留下印象，实现产品某类功能的定位。比如，在林林总总的牙膏市场中，有一类药物牙膏，有的生产企业常常突出其防治牙疼的功效，有的更侧重于突出其防治牙周炎的功效，有的更侧重于突出其防治牙龈出血的功效等。

2）品牌定位策略

（1）档次定位。

品牌价值与产品质量和档次紧密联系，高档次的品牌除了传递高产品价值信息以外，还可以给消费者带来心理的满足感和优越感。比如，以路易·威登为代表的奢侈品，对于它的消费和使用代表了财富和地位。在企业要对不同价位和品质的产品进行销售时，就要采取多元化的品牌策略，以避免整体的品牌形象受到低质产品的影响。

杰克·特劳特在其经典著作《定位》中指出，品牌定位就是让品牌在消费者的心目中占据最有利的位置，使品牌成为某个类别或某种特性的代表品牌。这样当消费者产生相关需求时，便会将定位品牌作为首选。因此，企业不仅要学会"产品经营"，还需要学会"品牌经营"，才能获得长远的竞争优势。

（2）类别定位。

依据产品类别建立品牌联想。类别定位试图让产品成为某类型产品的代名词，主要方法是把自身放置在一个有别于竞争对手的类别里。

（3）比附定位。

比附定位即通过与竞争品牌的比较来确定自身市场地位的一种定位策略。其实质是借竞争者之势，衬托自身的品牌形象。企业常常采取比附名牌的方法，如紧随其后、甘居第二或是将自己放置在与市场领导者同等的集团或"圈子"里，以求获得在消费者心中的良好形象。

3）企业定位策略

消费者在购买产品的时候，不仅面对众多的品牌，还常考虑产品的生产者。此时，消费者也倾向于看生产企业是谁。企业作为一个整体，在消费者的心目中是有一定的位置的。如提到空调，消费者立刻会出现格力这一企业名称，因为"好空调，格力造"。所以企业作为整体也需要进行科学的定位，有4种可以选择的策略：

(1) 市场领导者的策略。

企业可以把自己定位为市场中的大企业，依据自身的经济实力和资源，试图占领最大的市场，拥有最高的市场占有率。此时，企业被公认处于市场领导者的地位。在价格变化，新产品开发，销售渠道、分销渠道、促销战略等方面对行业内其他公司起着领导作用，比如，国内的华为、联想电脑、海尔，国外的通用汽车、英特尔、沃尔玛等企业都是市场的领导者。

(2) 市场挑战者的策略。

当自身资源和实力不足以成为第一时，企业可能位于第二、第三的市场位置。它们不甘心被领导，但有抢占市场领导者的想法，并不断努力提高市场占有率，增加盈利。这类企业的市场定位是把自己的整体形象定位在尽量靠近市场领导者的位置，缩小与领导者的差别，便于争夺市场领导者地位。

(3) 市场追随者的策略。

处于市场排名较后的企业以模仿竞争对手先前的创新产品或经营模式为立足点，力求占领部分市场。它们往往居次要地位追随、模仿市场领导者，这类企业一般选择的定位策略有三：一是紧随其后，二是有距离追随，三是有选择追随。

(4) 市场补缺者的策略。

在同一行业中，一些小型企业因为资源有限，无法与大企业相争，只能经营一些被大企业忽视的小市场。这类企业把自己的整体形象定位在远离领导者的位置上，以避免市场竞争，发展自己的事业。

二、知识训练

训练项目1　寻找你的顾客

如果你是某产品的市场营销人员，针对你的产品，分析谁是你的顾客，即找准你的目标市场，并制定市场定位策略。你可以先设计某一类型的产品或品牌，选取你熟悉的产品，以实地调查为主，以互联网资料为辅，注意查找相关资料。

具体要求：依据消费者需求的差异性，或是自己确定一定的标准，将你的产品市场划分为两个或两个以上具有不同特征的子市场。注意遵循市场细分的原则，选择有规模的、可以进入且可以盈利的市场作为自己的目标市场。并根据市场需求特征和竞争者环境分析，对产品进行市场定位。

基本步骤：

(1) 建立在分组基础上，每组成员选择一类产品。

(2) 搜集、选择这类产品的信息，分析市场环境和竞争者现状。

(3) 根据资料，运用市场细分方法，分析细分市场的特征。

(4) 小组讨论后，请进行细分市场的定位策略设计，提交研究报告。

训练项目2　实践与调查

(1) 在市场中（超市或商场）找出5种品牌产品并搜集它们在电视、广播、报纸、杂志、网络、路牌、公交车上的广告，看看它们是如何定位的，并结合前述市场定位的知识，分析其成功的方面和不足之处。

（2）为下列产品选择一个市场细分的有效方法：咖啡、汽车、计算机、运动鞋、保健品、图书。

（3）针对牙膏、洗发水、化妆品、饮料等产品，请思考这些产品分别有多少种细分法，其细分的标准是什么？

训练项目3　阅读与思考

江小白的市场定位与运作

江小白是一款小酒，是中国白酒市场近年来冷不丁冒出来的白酒青春派新锐品牌。在中国群雄并起、门派林立、竞争惨烈的白酒市场，江小白却如一抹亮色，近年来连续保持着80%以上的增长。作为一款既非名酒，也非出自名门，起步资金也并不雄厚的新的小酒品牌，江小白为何能够做出如此业绩？

与传统白酒的运作比较，江小白有几个明显不同：

一是对白酒消费的理解不同。江小白认为，白酒之类的饮品，本质上是文化精神产品，饮酒的重点在情绪的表达与发泄。所以，在品牌策划、营销运作、与目标消费群诉求沟通时，从不强调"老牌""老窖""陈酿""健康"之类历史性、功能性的陈词滥调。重点放在与目标消费群精神文化层面的沟通互动，引发目标消费者共鸣并视为知己。

二是品牌定位重点切割小众市场。江小白锁定文艺小青年、职场菜鸟等竞争压力大、压抑无奈、烦恼苦闷一族为目标市场，为其代言表达，赢得了共鸣喜爱。

三是营销宣传力求创新、精准、生动。江小白很少或者说基本不在传统新闻媒体上烧钱做广告，重点放在网络上沟通吸引。再就是采用年轻人喜爱的"同城约会"之类来开展公关活动，力求营销活动时尚、活力、浪漫、快乐、投入少、效果好。

四是产品包装的新颖化、个性化、拟人化、时尚化。江小白仿佛都不是酒了，而是一个拟人化、生动活泼，一样在城市职场里打拼，一样有着忧郁哀愁，同时也幽默诙谐、惹人喜欢的文艺小青年。如此，就避免了一般成年人饮酒的刻板老套，得到年轻人的喜爱。

除此以外，直捣人心的、由互动而来的另类文案语录完成江小白市场销售的临门一脚。这是江小白对传统中国白酒广告颠覆性的创意运作。每瓶江小白小酒的瓶贴和瓶围上，不仅印有让人忍俊不禁的江小白卡通形象，而且印有能让年轻人兴奋快乐的时尚、流行，且往往不乏哲理的、很个性的生动文案语录。比如："价格不坑爹，品质不打折。我是江小白，小酒中的战斗机！欧耶！""吃着火锅唱着歌，喝着小白划着拳，我是文艺小青年。"

分析任务：

（1）江小白是依据什么来细分白酒市场的？

（2）江小白定位耳目一新的原因有哪些？

（3）江小白的市场定位有什么特色？

三、知识拓展

知识拓展1　市场细分的方法

市场细分有3种主要的方法。企业可以根据顾客能够或愿意为特定产品支付的价格来考虑。在考虑价格之后，还可以根据某一产品所满足的特定需求进行分组，例如，汽车的经济性、豪华程度和速度。

首先，企业可以选择不承认不同群体间需求的差异化，只为普通顾客服务，也就是只有一种产品。在此情境下，企业选择最低限度的顾客响应，市场关注的是价格，而不是差异化。

其次，企业可以选择将细分市场分为不同的顾客群，为每一个顾客群开发一种适用的产品。此时，顾客响应程度很高，通过对产品的定制满足每一群体中顾客的特定需求，关注的重点是差异化而不是价格。

最后，企业可以承认市场细分，但是选择只服务于其中的一个或少数几个细分市场。此时，顾客需求响应程度只在这几个细分市场上达到很高水平，或者只提供一个骨架产品，从下方攻击专注于差异化的企业的价格。

知识拓展2　差异化战略

差异化战略的目标是通过创造一种消费者认为重要的、有差别的或独特的产品或服务来获得竞争优势。差异化企业的能力在于竞争对手做不到，这时企业便可以收取高价来提高收入。而消费者相信产品存在差异化，就愿意付出更高的价格，因为，他们认为差异化品质下的产品值得付出更高的代价。由此，差异化的企业可以按照市场愿意接受的价格进行产品的定价。例如，宝马汽车之所以比竞争对手更贵，是因为消费者相信它拥有更多的性能，可以带给消费者更高的身份认可。所以，在日本宝马入门级的汽车价格非常的克制，企业希望以此与丰田公司争夺年轻的消费者。

差异化除了来源于心理上对消费者的吸引以外，也来源于优质的产品品质。而高品质的产品和服务又来源于企业的不断创新，消费者是愿意付出高价来购买创新性的产品的。此外，差异化还基于顾客响应。例如，汽车产品和家电产品，它们可能常会发生故障，此时，企业需要提供全面的售后服务和产品维修服务。此时，企业也可以凭借优质的服务来收取高于市场的价格从而获利。

企业可以通过多种方式来实现差异化。可以强调物理性能，例如，产品的外表特征。或是强调服务特色，如定价、渠道供给能力等。以下是几个基于重要差异性进行定位的例子：

丰田普锐斯：环保，省油车；联邦快递：快速、及时可靠的速递；EasyJet：欧洲廉价、简朴的空中旅行等。

要注意的是：差异化战略如果基于设计或产品的物理特性，则竞争对手比较容易模仿，顾客会对产品的价格逐渐变得敏感。但如果产品的差异化来源于品质、服务等无形的吸引，则对手很难模仿和超越，此时企业可以长期保持这一战略。

知识拓展3　降低成本与提高本地顾客响应

企业在全球市场上参与竞争往往会面临两种压力：降低成本的压力和当地顾客响应的压力。而这些竞争压力有时候是相互矛盾的。一方面，降低成本意味着企业不得不向全球市场提供标准化的产品；另一方面，提高当地顾客响应要求企业在不同国家和市场间实现产品和市场的差异化，以适用不同地区消费者喜好、分销渠道、政策环境的差别。要做到差异化则会导致成本的增加。

一些跨国企业为了应对削减成本的压力，可能会选择在世界上最理想的地方大规模地生产标准化产品。例如，一些知名的计算机企业把客户服务外包给第三方公司，或是把制造职能转移到欠发达国家去。同时，由于消费者口味和偏好的差异，跨国企业又必须对产品和营销信息进行定制化来满足不同消费人群的需要，这时，企业又需要将制造和营销的职能委托给海外的分支机构。

也有学者认为，本地定制化在全球范围内出现了减弱的趋势。现代通信技术和运输技术为不同国家和地区的消费者口味和偏好趋同创造了条件，结果是巨大的全球性标准产品市场的出现，例如，麦当劳、可口可乐、Gap服装等产品的被广泛接受。

项目小结

1. 核心概念

企业战略（Enterprise Strategy） 　　成本领先战略（Cost leading Strategy）
波士顿矩阵（Boston Matrix） 　　差异化战略（Differentiation Strategy）
GE 矩阵　（GE Matrix） 　　集中化战略（Centralization Strategy）
密集型增长战略（Intensive Growth Strategy） 　　市场细分（Market Segmentation）
一体化增长战略（Integrated Growth Strategy） 　　目标市场选择（Target Market Selection）
多角化增长战略（Diversification Growth Strategies）
市场定位（Market Positioning）

2. 思考与讨论

（1）企业战略的特征有哪些？
（2）简述企业经验战略规划的基本步骤。
（3）市场细分的标准有哪些？
（4）简述品牌定位的几种策略。
（5）简述企业定位的几种策略。

3. 案例分析

OPPO 的华丽转身

纵观中国的手机市场，消费者们对于手机的性能要求越来越高，以至于手机产品的更新换代也日新月异。从一开始风靡中国市场的诺基亚、摩托罗拉等，到今天中国手机市场销量排名前三的华为、OPPO、vivo，这一系列快速的市场变革都说明了产品的更新换代需要不断地迎合消费者的需求，需要紧跟时代的发展不断创新。

"充电五分钟，通话两小时"，这句深入人心的广告词不知道已经给大众洗了多少遍脑。OPPO（即广东欧珀移动通信有限公司），作为一家成立于2004年，全球性的智能终端制造商和移动互联网服务提供商，致力于为客户提供最先进和最精致的智能手机、高端影音设备和移动互联网产品与服务，业务覆盖中国、美国、俄罗斯、欧洲、东南亚等广大市场。因创新的功能配置和精致的产品设计而广受欢迎，并在手机拍照领域拥有突出表现。

近几年来，OPPO凭借其强大的创新实力和独特的销售手段，在手机市场闯出了自己的天地。据中国权威市场调研机构赛诺统计，2014年中国智能手机市场销售额排行中，OPPO排名第四。自从2015年OPPO R7系列上市，OPPO手机凭借极致美颜和VOOC闪充两大特点，在国产手机市场上站稳了脚跟，2016年OPPO R9系列上市，迅速在国内市场掀起一股抢购热潮，在2016年上半年的市场排名中位居国产前三名，也连续多个季度站稳了国产第一集团的地位。而在第三季度的中国手机市场报告中，OPPO、vivo、华为也力压苹果、三星。那么，OPPO 集团是如何在短短的 12 年之间迅速发展，一跃赶超小米成为中国第二大智能手机厂商的呢？除了 OPPO 在技术上充分发挥其极致美颜、VOOC 闪充的特点之外，其独特的销售手段也可圈可点。

OPPO 手机一开始能给消费者留下印象的一个最大的原因就在于其广泛分布于二、三线城市的线下门店，OPPO 门店亮绿色的品牌标识很容易让人对其留下深刻的印象。这也是 OPPO 手机不同于其他国产手机的一大特点，重视线下销售，线上销售次之。据统计，截至 2015 年，OPPO 线下门店已经有二十多万家，同比约为魅族的 10 倍。

准确地找到自己的消费群体，并对消费人群的喜好、经济水平、消费特征、媒介接触习惯等特点做出合理的分析，在准确地把握了这一切之后再去设计产品、制定宣传策略是品牌取得巨大成功的基础。而在此基础上，品牌形象的塑造要伴随自己的品牌拥趸群共同成长，给他们留下来的理由。

OPPO 的创始人陈明永在一开始推出 OPPO 系列手机时，就准确地把品牌的消费者定位为"追求时尚的年轻人"。找到自己的准确定位后，OPPO 在产品的设计上下了很大的功夫，为了契合年轻人的审美和对时尚的追求，OPPO 推出的每一款产品都很大方，简洁时尚，符合年轻人的审美观念。据统计，OPPO 的消费者中所占比例最大的是 20 到 29 岁的年轻人，这类年轻人的消费水平在社会上并不算高，所以，OPPO 手机的价钱也属于中等层次，在其目标受众所能接受的范围之内。

当然 OPPO 的消费者定位并不是一成不变的，它是随着消费者的成长而成长的，当时追求年轻时尚的青年人群随着时间的变化慢慢进入消费成熟期，对手机的性能和品质有了不一样的要求，他们不再是仅在乎手机的外表是否简约大方，他们更关注产品的发展理念是否注重质的改变。这一点也体现在 OPPO 手机代言人的前后变化上，从之前人气十足、颜值爆表的李易峰、杨洋、杨幂、TFBOYS 升级为实力派硬汉张震，并拍摄了以"美因苛求"为主题的视频广告。张震在人物刻画上的投入和精益求精一直被大众所推崇，从年少成名到现在，张震一直坚持着自己的"苛影之路"。这和 OPPO "美因苛求"的理念不谋而合。而且张震的影响人群较之李易峰等当红偶像的粉丝年龄稍大一点，再加上张震本身给人成熟稳重的直观印象，这样 OPPO 便把自己的目标消费人群逐渐往中青年阶层扩展。同时，该广告视频的拍摄风格不同于以往，并没有提到手机的性能和某一特点，视频全程都在突出张震拍戏时对自己的严格要求，直到最后才打出了 OPPO "美因苛求"的理念，是一则典型的品牌形象广告。这则广告不管是在代言人的选择还是拍摄风格上，都显示了 OPPO 由注重外表向注重内涵的转变。粉丝经济虽然能在短时间内给品牌带来极大的效益和知名度，但想要长久地站稳市场，单靠粉丝经济的刺激是不可取的。不得不说，OPPO 是很聪明的，利用粉丝经济为品牌打开知名度，在手机市场上开拓出自己的一片天地，又恰到好处地适可而止，走成熟稳重的内涵路线，所以 OPPO 的成功绝不是偶然。

1. 借势当红明星构建品牌时尚性格

OPPO 集团除利用粉丝追星，邀请当红偶像做代言人外，还为其代言人打造了专属定制机，这自然引发了代言人粉丝购买的消费行为，明星定制机是塑造 OPPO 品牌形象的一种途径，事实也证明 OPPO 的选择是正确的，粉丝经济在极大的程度上促进了 OPPO 飞速上涨的销量和知名度。

另外，明星代替 OPPO 打开知名度的重要途径是新浪微博，OPPO 的官方微博会在 OPPO 集团发出新品，或者举办活动等的时候实时发送相关消息，签约的艺人会跟着转发评论等，而艺人本身在微博上就拥有数量不少的粉丝，粉丝自然也会进行第二次、第三次转载。这样一来，一条微博的传播效果往往比预期的要大得多，当然这也为 OPPO 打造知名度、打开市场做了很好的铺垫。

总之，OPPO 对代言人的选择和制作偶像定制机都充分地利用了粉丝经济的特点和手段，短期内高涨的知名度和销量，也用事实证明了该手段所取得的不俗成绩。

2. 功能性广告语增加品牌内涵

虽然 OPPO 一直把重心放在产品的设计和销售渠道上，但是对消费者的直接吸引应该是其简洁到位又容易让人记住的广告词吧，"充电五分钟，通话两小时"这句耳熟能详的广告词似乎已经变成 OPPO 的代名词，不管是不是对这个品牌有所了解，听到这句广告词都能让人一下想到 OPPO。广告词除了简单易记的特点之外，也能直接地把产品最大的特点和能吸引消费者的地方摆出来，R9 手机最大的特点就是它的 VOOC 闪充技术，当然在推出 R7 系列的时候 OPPO 也打出了臻美自拍的广告，突出产品极致美颜的拍照功能。除了这个，OPPO 的广告词在产品之间的衔接也很明显，R9s 的广告词为"电充满了，这次我们来聊聊拍照"，完美地衔接了 R9 "充电五分钟，通话两小时"突出闪充技能的广告词，这不仅是广告上的策略，也让其粉丝和消费者看到，OPPO 是一个不断进步的品牌，在手机制造行业，OPPO 从未停下其发展的脚步。

不得不说 OPPO 近几年来的迅速发展，除了技术上的不断创新，独特的广告销售也为其加分不少。店铺的广泛分布在很大程度上提高了其知名度，让品牌更大范围地走进大众视野；对品牌准确的定位一直是 OPPO 取胜的关键原因，为了契合 OPPO 的主要消费人群是追求时尚的年轻人，OPPO 邀请当红偶像做代言人，充分地利用了粉丝经济的特点，并推出偶像定制机，把销量再一次推上高峰；简洁易记的广告词遍布大街小巷，即使大众不去主动接收，也会耳濡目染地了解这个品牌。所以说，OPPO 的成功并不是偶然的。我们的确看到了很多独特的理念和销售方式，但要想长期站稳市场，单靠遍布在三、四、五线城市的店铺和粉丝经济带来的短期效益是远远不够的，所以，OPPO 在广告和销售方面做出改革迫在眉睫。

OPPO 的发展历程也让我们看到，一个企业想要在自己所在的行业站稳脚跟，除了在技术上领先，更多的是要准确地找到自己的市场和消费者定位，并以此来制定自己的销售策略。

(案例来源：《销售与市场》杂志管理版 2017 年第 6 期)

请分析和思考以下问题：
(1) 分析 OPPO 是如何进入手机市场的，其细分市场的标准是什么？
(2) OPPO 的市场定位遵循哪些战略，对你有何启示？
(3) 在与苹果、三星、华为等市场领导者的市场竞争中，OPPO 的哪些战略和措施值得我们学习，你认为还有哪些可以改进的方面？

项目四

产品策略

通过对本项目的学习,学生首先对企业营销4P策略中的产品策略有基本的认识。学生需要了解市场营销学中产品的整体概念,掌握产品组合的相关概念。重点掌握产品生命周期理论在营销各阶段的意义和作用,并能够结合不同情境进行理论的运用。在新产品开发这一知识点中,了解新产品的概念、特点、开发的意义和程序,掌握企业新产品开发的流程和方式。最后,对企业品牌建设和包装策略有系统的了解和掌握,熟悉知名企业在产品品牌建设方面的经验并从中总结与归纳产品品牌建设与管理的规律。

知识目标

1. 产品的整体概念、分类。
2. 产品组合的相关概念。
3. 产品生命周期理论。
4. 新产品开发程序。
5. 品牌起源和概念。
6. 品牌的设计和管理。
7. 包装策略。

能力目标

1. 掌握生命周期理论并在不同情境下熟练运用。
2. 掌握品牌命名规则,进行简单的品牌设计。
3. 对世界知名品牌企业的经营经验进行研习并总结规律和原理。

任务一　了解产品与产品组合

一、知识扫描

知识点一　产品的基本概念

产品是市场营销学的基本概念。菲利普·科特勒认为:"产品是指能提供给市场以引起人们关注、获取、使用或消费,从而满足某种欲望或需要的任何东西。"因此,产品不仅是指有具体物质形态的、有形的物品,还包括非物质形态的服务、事件、人员、地点、观念、组织、体验、经历或这些因素的组合。随着世界范围内科学技术、经济的发展和营销实践的推动,产品定义还将不断得到扩展。

完整的产品概念包含 5 个层次,如图 4-1 所示。

1. 核心产品

核心产品指消费者在购买产品时追求的基本效用或利益,即消费者购买产品时为获得能够满足某种需求的使用价值,是消费者真正要购买的东西。核心利益是产品整体概念中最基本和最重要的。因此,企业在设计开发产品时,必须首先界定产品能够提供给消费者的核心利益,以此作为产品设计、开发、销售的立足点。

2. 形式产品

形式产品指消费者在购买产品时看到的产品的外部特征,包括品牌商标、包装、款式、颜色、特色、质量等,是实现核心利益所必备的载体。

3. 期望产品

期望产品指顾客在购买该产品时期望得到的与产品密切相关的一系列属性和条件。例如,酒店的顾客最低希望是有整洁的床位、浴巾以及安静的环境。

4. 附加产品

附加产品是消费者在取得产品或使用产品过程中所能获得的除产品基本效用和功能之外的一切服务与利益的总和。附加产品超过了消费者的期望,它可以使消费者获得运送、安装、调试、维修、产品保证、零配件供应、技术人员与操作人员的培训等更多的服务、利益和更大的满足。品牌定位和竞争就常常发生在这个层次。

5. 潜在产品

潜在产品指产品最终会实现的全部附加价值和新转换价值,是附加产品服务和利益的进一步延伸,指明了产品可能的演变给顾客带来的价值。潜在产品是吸引顾客购买非必需品、非渴求品最重要的因素。比如,人们购买保险产品,在购买当时并未得到可即刻实现的利益,而是一种承诺,即未来可以实现的理赔收益。

知识点二　产品的分类

根据产品的耐用性和有形性,产品可以

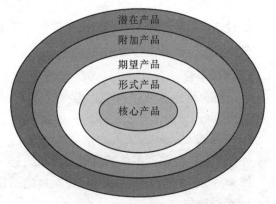

图 4-1　产品概念的 5 个层次

分为：

1. 易耗品

这种产品是有形的，通常一次或几次就用完，如日化用品。这类产品单位价值较低，消耗较快，消费者往往频繁购买、反复购买、随时购买，使用量大。因此，适合的战略是让这种产品在很多地方容易被买到，企业此时需要广泛设置分销网点，方便消费者及时购买、就近购买。多采用随行就市制定价格，企业获利空间较小；多采用拉式促销策略，来吸引消费者购买，并促成他们建立品牌偏好，形成习惯性购买行为，以扩大企业产品的销售。

2. 耐用品

此种产品也是有形的，通常可以使用多次，时间较长，至少在1年以上的物品，如空调机、汽车、机械设备等。此类产品单位价值较高，购买频率较低，往往需要较多的人员推销和服务，销售价格较高，利润空间也较大。通常需要企业面对面地推销和服务，企业需要给消费者更多的保障。

3. 服务

它是无形的，不可分割、不能存储的产品。因而，这类产品的营销需要更多的质量控制、更有效的促销推广和更适用的平衡供求矛盾的措施。

现实经营中，企业提供纯粹的有形产品或无形产品的情况已不多见，更常见的是有形产品与服务的组合，通常有以下3种情况：

1. 附带服务的产品

这种组合形式以实物产品为主，与产品相伴随的服务为辅。如计算机公司销售电子计算机，计算机是人们购买的主要实物产品，但同时还需要安装、调试、培训、咨询等多种技术服务。如果没有这些支持性的服务，电子计算机的功能得不到真正实现。现在，越来越多的企业意识到对产品支持性的服务是取得市场竞争优势的一个重要方面。

2. 产品与服务的混合物

这种组合形式中实物产品和服务同样重要。如人们到餐馆就餐，消费者满意程度的高低既取决于菜肴的好坏，也取决于餐厅的格调、环境、氛围、卫生以及服务员的服务态度与服务技能。

3. 附带产品的服务

这种组合形式以服务为主，支持性的实物产品为辅。如人们乘坐火车、飞机等交通工具所购买的主要是交通运输服务，但整个旅程包括一些有形的物品，如飞机票、火车票、食品、饮料、报纸杂志以及飞机、火车这些交通工具本身。

知识点三 产品组合的相关概念

1. 产品组合

产品组合是指企业生产或经营的全部产品线和产品项目的有机组合方式，又称产品结构。

2. 产品线

一个产品组合包括多条产品线。产品线是一组密切相关的产品，又称产品系列或产品品类。例如，米其林有3条产品线：轮胎、地图和餐饮评级服务。

3. 产品项目

产品项目指在同一产品线或产品系列下不同型号、规格、款式、质地、颜色或品牌的产品。例如，百货公司经营金银首饰、化妆品、服装鞋帽、家用电器、食品、文教用品等，各大类就是产品线；每一大类里包括的具体品牌、品种为产品项目。

4. 产品组合的宽度

产品组合的宽度指企业组合中所拥有的产品线的数量。大中型的多元化经营的企业集团产品组合的广度较宽，而专业化的企业和专营性商店生产和经营的产品品类较少，产品组合的广度较窄。

5. 产品组合的长度

产品组合的长度指企业产品组合中产品项目的总数，即产品线的总长度。

6. 产品组合的深度

产品组合的深度指企业生产经营的每条产品线中，每种产品品牌所包含的产品项目的数量。一个企业每条产品线中所包含的产品品牌数往往各不相等，每一产品品牌下又有不同的品种、规格、型号、花色的产品项目。

7. 产品组合的关联度

产品组合的关联度指各条产品线在最终用途、生产条件、分配渠道或其他方面的关联程度。一般而言，实行多元化经营的企业，因同时涉及几个不相关联的行业，各产品线之间相互关联的程度较为松散；而实行专业化经营的企业，各产品线之间相互关联的程度则较为密切。

知识点四　产品组合策略

产品组合策略指企业对产品组合进行选择既不是一味追求宽、深、长，也不是越专业化越好，而是立足于准确的市场调研，全面考虑市场需求、竞争态势、外部环境以及企业自身实力和营销目标，遵循有利于促进销售、提高总利润的原则，正确决策，慎重行动。常见的产品组合策略有以下 6 种：

1. 全线全面型组合

全线全面型组合即企业生产经营多条产品线，每一条产品线中又有多个产品项目，产品项目的宽度和深度都较大，各条产品线之间的关联度可松可紧。该策略的特点是力争向尽可能多的顾客提供他们所需要的多种产品，满足他们尽可能多的需求，以占领较为广阔的市场。只有规模巨大、实力雄厚、资源丰富的企业才能做到。例如，美国宝洁公司就有洗涤剂、牙膏、洗发水、香皂、除臭剂、润肤液、婴儿尿布和饮料等多条产品线，并且都是日常生活用品，各条产品线之间的关联度较强。

2. 市场专业型组合

市场专业型组合即企业以某一特定市场为目标市场，为该市场的消费者群体提供多条产品线和多个产品项目，以满足他们多方面的需求。这种组合策略的特点是宽度和深度大，而关联度较小，并且能全面了解本企业目标顾客的各类需求，以全面牢固地占领本企业目标市场为目的。这种组合策略仍是规模较大的企业才适合，如金利来主要是专门为成功的男士生产西服、领带、皮具、领带夹、香水等用品。

3. 产品系列专业型组合

产品系列专业型组合即企业生产相互之间关联度较强的少数几条产品线中的几个产品项目，以满足不同消费者对这几类产品的差异需求。这种组合策略的特点是宽度和深度小而关联度密切，产品的技术要求接近，生产专业化程度高，有利于延伸技术优势、提高生产效率。比如，科龙公司一直致力于制冷产品的生产，只拥有空调、冰箱等少数几条产品线，每一条产品线的产品项目也较为有限，然而生产量较大。

4. 产品系列集中型

产品系列集中型即企业集中各种资源,生产单一产品线中的几个产品项目,以便更有效地满足某一部分消费者对这一类产品的需求。该组合策略的特点是宽度最小、深度略大且关联度密切,产品和目标市场都比较集中,有利于企业较好地占领市场。这是中小企业经常采用的组合策略。比如,格兰仕公司在创业初期和早期只生产微波炉这一大类产品,其花色、品种也较为有限。

5. 特殊产品专业型组合

特殊产品专业型组合即企业凭借自己所拥有的特殊技术和生产条件,生产能满足某些特殊需求的产品。这一组合策略的特点是宽度、深度、长度都小,目标顾客具有特殊需求,生产的针对性、目标性都很强。很多情况下是根据顾客特殊的个性化需求定制产品。例如,某企业专门生产残疾人使用的假肢、轮椅、康复器械等。

6. 单一产品组合

单一产品组合即企业只生产一种或为数有限的几个产品项目,以适应和满足单一的市场需求。这一组合策略的特点是产品线简化,生产过程单纯,能大批量生产,有利于提高劳动效率,降低成本;技术上也易于精益求精,有利于提高产品质量和档次。但是由于生产经营的产品单一,企业对产品的依赖性太强,因而对市场需求的适应性差,风险较大。

知识点五 产品组合的调整与优化

1. 扩大产品组合

扩大产品组合即扩展产品组合的广度或深度,增加产品系列或项目,扩大经营范围,生产经营更多的产品以满足市场的需要。当市场需求不断扩大,营销环境有利,企业资源条件优化时,就需要扩大企业产品组合以赢得更大发展。或者当企业预测到现行产品线的销售额和利润率在未来可能下降时,就必须及时考虑在现行产品组合中增加新的产品线,或加强其中有发展潜力的产品线。

扩大产品组合有以下 3 种方式:

(1) 增加新的产品线,增加产品组合广度。

(2) 增加产品线中的产品项目,增加产品组合的深度。

(3) 综合地扩充产品组合,既增加新的产品线,又增加新的产品项目。

2. 缩减产品组合

缩减产品组合即降低产品组合的广度或深度,剔除那些不获利或获利能力小的产品线或产品项目,集中力量生产经营一个系列的产品或少数产品项目,提高专业化水平,力争从生产经营较少的产品中获得较多的利润。当市场不景气或原料、能源供给紧张,企业费用水平太高时,缩减产品线反而能使企业的总利润增加。

缩减产品组合策略有以下 3 种方式:

(1) 取消疲软或企业生产能力不足的产品线和产品项目。

(2) 取消部分产品线,增加关联度较大的产品线。

(3) 取消部分产品线,增加保留下来的产品线中的产品品种。

3. 产品线延伸

产品线需要延伸可能是由于企业生产力过剩,需要满足新的消费者的需要,或是为了填补市场空白,实现较为丰富的产品线,以此来防御同行的竞争。产品线的延伸就是全部和部

分改变原有产品的市场定位,它包括以下 3 种实现方式:

1) 向下延伸

向下延伸指企业需要引入一个价格更低的产品线。企业原本拥有某一高档产品线,据此利用自己高档品牌的声誉,吸引购买力水平较低的消费者购买产品线中的廉价产品。企业使用此种策略原因有如下几种:可能注意到低端市场巨大的市场潜力;希望牵制低端的竞争者,以免其进入高端市场;企业现在的产品线处于停滞或衰退状态。企业使用向下延伸策略时需要谨防风险,如果处理不当,会使现有产品和产品形象受到消极影响。

2) 向上延伸

向上延伸指在原有的产品线内增加高档产品项目。企业希望进入高端市场以实现更大的增长获得更多利润。此时的企业已经具备进入高档产品市场的条件,需要进行重新的市场定位。使用这种策略也要承担风险,因为,改变产品在消费者心目中的地位是比较困难的。有一些企业使用重新命名的方式,例如,丰田给其高档车赋予了全新的品牌名称来区分高档产品和普通产品,其高档产品被命名为雷克萨斯。

3) 双向延伸

双向延伸指定位于中档产品市场的企业,将产品线上下两个方向进行延伸。例如,Purina 狗粮根据狗的利益、产品花色、成分和价格有不同的产品线:有 34.89 美元一袋的可满足小狗丰富营养元素的产品,也有 10.99 美元的仅满足小狗成长需要的一般产品。

二、知识训练

训练项目 1　营销讨论

思考产品和服务差异化的不同方法,你觉得哪一种方式最有效?为什么?请查阅资料或调查,列举在不同差异化方法方面特别突出的企业或品牌。

训练项目 2　产品线调查

每组选择一个企业,对其所处的行业现状和产品线布局进行分析,了解企业的产品组合,计算其产品线的长度、宽度和深度,并分析各产品线间的关联性。

基本程序:首先进行自行分组,分组调研后学生调查分销,提交报告或 PPT。

具体要求:请合理选择一个企业,对其行业特点和产品布局进行较为全面的了解,计算方法要正确。

示例:三星电子的产品线组合

手机产品	电视产品	数码影音	电脑办公	白色家电	商用产品
智能手机 时尚 双卡双待 智能平板电脑 智能迷你本 手机配件	Smart TV LED 液晶电视 等离子电视 电视配件	NX 相机 便携相机 数字摄像机 MP3/MP 播放器 家庭影院 录音笔	笔记本电脑 办公产品 显示器 数据投影机 内存/SD 卡 光存储产品 硬盘	冰箱 洗衣机 空调 空气杀菌器	商用显示器 商用笔记本 商用电视

（1）产品组合宽度：三星电子产品组合宽度为6，分别为手机产品、电视产品、数字影音、电脑办公、白色家电和商用产品6条产品线。

（2）产品组合长度：三星电子的产品线长度为30，其中每条产品线平均长度为5。

（3）产品组合深度：三星冰箱有5个品种，即多门冰箱、双开门冰箱、三门冰箱、两门冰箱和家电下乡特供冰箱。

三、知识拓展

知识拓展1　新闻阅读

资生堂重塑产品线：中低端品牌销售下滑

资生堂在2017年将原本供货于中国三四线市场的品牌怡丽丝尔带到一线城市进行销售。这一销售行为意味着在进行品牌形象的升级后，资生堂也将改革的重点逐步放置在产品线的重塑上。

怡丽丝尔的销售渠道从美容专卖店转向了商超。怡丽丝尔与泊美、悠莱、姬芮（Za）等品牌一样都属大众化妆品线。尽管资生堂对这些产品的柜面形象进行了多方调整，但是从业绩上来看，起到拉动作用的依然是资生堂的高端产品。同时，它还要面对韩妆和国货的冲击。

此前，怡丽丝尔主要在二、三、四线城市，比如，大连、南昌和重庆等城市的美容专卖店销售，专柜渠道是无法见到这一品牌的。北京地区一家资生堂专柜销售人员也表示，怡丽丝尔"完全走经销商渠道"，未涉及品牌直营店。但在日本，怡丽丝尔却拥有很高的知名度。该品牌主打抗衰老的概念以及"骨胶原"的成分，目标消费者是30~59岁的女性。目前，怡丽丝尔遍布日本，在约2.3万家店铺有售。但在进入中国市场十余年的时间里，怡丽丝尔始终没有打开市场。怡丽丝尔计划明年在上海、广州、深圳等主要商圈大举开店，同时，和各大主要电商平台的合作也在积极规划中，陆续会上线进行销售。"这个品牌本来是在专卖店渠道销售，但是为了扩大品牌的知名度，我们进行了深度的消费者调查，所以除了原有的渠道外，再特别选取一线大城市客户群集中的商业圈来继续打造强化品牌。"资生堂相关负责人在接受《北京商报》记者采访时表示。在价格方面，国内的怡丽丝尔化妆售价要高于日本，例如，怡丽丝尔化妆水售价将为280~530元，比日本国内高出30%左右。

除了怡丽丝尔之外，包括主品牌资生堂SHISEIDO及大众产品线上的泊美、悠莱等品牌都进行了产品柜面等多方位的调整。业内认为，目前，资生堂在产品和渠道上的调整也已经显现雏形：力推高端品牌、拯救大众产品。

2015年，资生堂中国市场大众化妆品部收入下降约25%，但高档化妆品部的收入增长了31%。在这样的业绩背景下，资生堂开始力推高端产品：护肤品牌资生堂SHISEIDO、高端定制级品牌茵芙莎（IPSA）和彩妆品牌肌肤之钥（CPB）。目前，资生堂SHISEIDO的国际概念店已经在北京开出，IPSA全国首家全新形象旗舰店也已经落户南京。而CPB则为了更加贴近年轻消费者，选择入驻天猫美妆。

在一系列推广下，根据资生堂集团最新发布的前三季度财报，中国区SHISEIDO、CPB、IPSA等高端品牌切实推动了销售额的增长，最终实现总销售额885亿日元，同比增长16.7%；营业利润也扭亏为盈，达到43亿日元，同比增加62亿日元。

但硬币的另一面，资生堂的大众化妆品线依然没有取得突破。"80后""90后"消费者熟悉的姬芮（Za）、吾诺（Uno）等品牌，正在逐渐淡出商超卖场渠道。日化行业专家赵向晖指出，姬芮、泊美、悠莱等品牌，是资生堂为了拓展中国市场专门开发的中低端产品线，它们通常出现在超市货架上或者低线城市的化妆品专卖店里。对于这些子品牌，资生堂正有意将它们在各自的渠道独立运营，进行"去资生堂化"，只有进口的SHISEIDO品牌仍保留"SHISEIDO"商标。

资生堂旗下中低端品牌现在销售下滑，一方面是因为中国本土品牌和韩妆品牌的崛起加剧了市场竞争，另一方面也和中国市场整体的消费升级有关。

为了重塑中低端品牌，资生堂也付出了努力。资生堂承诺会给予所有代理商至少1~3个点的年终返利，这一政策给代理商提供了公平的发展空间，而泊美则在今年全面升级了柜面形象。其实，这些品牌还需要在广告宣传和品牌形象树立上更主动一些。"在一、二线成熟市场，消费者更偏爱资生堂中高端线产品，如肌肤之钥；而在三、四线城市，这些大众品牌未必有狂砸广告的本土品牌韩束、自然堂深入人心。"

此外，韩妆在中国的流行也抢走了不少市场份额。和其他化妆品品牌相比，韩妆像是以接近快时尚的方式在推出新产品。不过，在这一点上，资生堂也已经开始有所计划，预计将很快开发出面向年轻客户群的品牌。

知识拓展2　产品线分析方法之销售额和利润分析法

产品线销售额和利润分析法是对现行产品线上不同产品项目所提供的销售额和利润水平进行分析和评价，以此为依据制定产品线的调整决策。

图4-2反映了某公司拥有一条5个产品项目的产品线，按各项目的销售额和利润的比例排列。

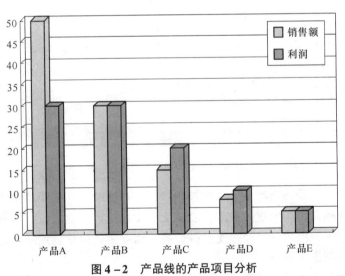

图4-2　产品线的产品项目分析

可以看出，产品项目A的销售额和利润分别占整条产品线销售额和利润的50%、30%，产品项目B的销售额和利润分别占整条产品线销售额和利润的30%，这两个产品项目占了整条产品线销售额的80%和利润的60%，显然是这条产品线中的主要产品。如果这两个产品项目突然受到竞争者的打击或遇市场疲软，产品线的销售额和利润就会迅速下降。因此，该条产品线销售额和盈利高度集中在A、B两个产品项目上，则意味着该产品线比较脆弱。据市场调研和预测显示，由于这两个产品进入成熟期，同行竞争极为激烈，未来的销售额和利润呈下降趋势。为此，企业必须制定强有效的竞争对策，以巩固 A、B 两个产品项目的市场份额和获利水平。同时，还应根据市场需求的发展态势，加强产品项目 C、D 的营销力度。产品项目 E 只占整条产品线销售额和利润的 5%，如无大的市场潜力，可考虑剔除。

任务二　掌握产品的生命周期理论

一、知识扫描

知识点一　产品生命周期的概念

产品生命周期简称 PLC，是指产品从准备进入市场开始到被淘汰退出市场为止的全部运动过程。产品如同人的生命一样，由诞生、成长到成熟，最终走向衰亡，这就是产品的生命周期现象。它是由市场需求和技术的生命周期决定的，对于企业展开营销活动有重要的启示意义，即营销的视角是从需求开始，而非从产品开始。

知识点二　产品生命周期的阶段划分

1. 产品生命周期的一般形态

产品的生命周期分为 4 个阶段：产品的导入期、成长期、成熟期、衰退期，如图 4-3 所示。

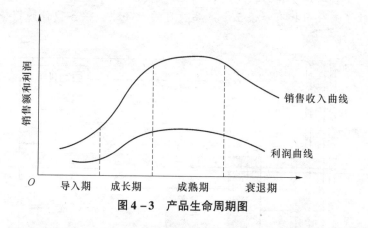

图 4-3　产品生命周期图

导入阶段：企业准备在市场上推出某种新产品，在这一时期该产品销售额非常小。

成长阶段：产品在市场上逐步被消费者接受，市场销售快速增长，利润也显著增加。

成熟阶段：大多数消费者已经接受这种产品，市场销售量达到顶峰，但增长率较低，利润在达到顶点后逐渐走下坡路。

衰退阶段：产品销售量显著衰退，利润也大幅度滑落，产品即将退出市场。

2. 产品生命周期的其他形态

并非所有的产品都会经历完整的生命周期形态，除了一般形态外，还存在以下几种特殊的形态，如图 4-4 所示。

（1）再循环形态

再循环形态又称风格型曲线。该形态是指产品到达成熟期后，并未顺次进入衰退期。经过企业制定合理的营销策略，产品又进入第二个成长期，产品的销量到达新的高峰。很显然，再循环生命周期形态的出现可能是由于企业成功地进行了产品的多功能开发或投入更多促销费用的结果。

（2）多循环形态

多循环形态又称扇贝型曲线，或波浪形循环形态。该形态是指产品在市场上的销售量由一个高峰又达到另一个高峰，不断向上攀升，其生命周期持续向前。这种生命周期形态的产品往往是发现了产品的新特征、用途或用户。如纸的销售就具有这种扇贝型特征。随着人们要求的多样化和科学技术的发展，纸的用途越来越广泛，更多地用于日常生活，相继有了纸杯、纸桌布、纸鞋垫、纸服装等。

（3）流行形态

流行形态又有时尚/流行型和时髦/热潮型两种曲线。主要是指各种流行、热潮产品，一经投放市场便立刻掀起热销高潮，很快进入成熟期，并迅速退出市场。如流行歌曲、时尚服装等产品的市场销售即是如此。时尚/流行型产品比时髦/热潮型产品的生命周期稍长一些。

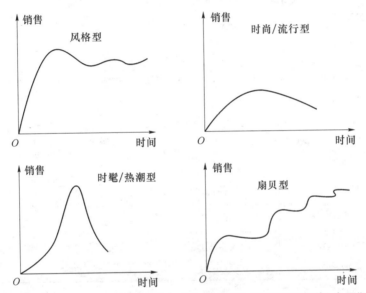

图4-4　风格型、时尚/流行型、时髦/热潮型和扇贝型产品的生命周期

知识点三　产品生命周期各阶段的特征

产品生命周期的每一个阶段有自身的特征，下面就4个不同时期的特征做以下介绍：

1. 导入期

这一时期，产品尚未被消费者接受，有少数追求新奇的顾客可能购买。因此，销售量因此增长非常缓慢。生产的批量小，单位产品的制造成本高，产品面临更多的改进，除此以外，由于新产品的知名度低，企业还需要投入更多的成本进行宣传，促销费用增加。企业这一时期的利润很小，甚至会出现亏损。

2. 成长期

这一时期，产品被更多的消费者熟悉和接受，大量新的消费者开始购买，产品市场得到扩大，企业此时可以较大规模地进行生产，因此单位产品的生产成本降低，产品销售额同时增加，带来企业的利润增加。但此时，竞争者也看到了商机纷纷进入这个市场，市场竞争变得激烈，产品供给量增加带来产品价格下降。此时的消费者也逐渐开始关注产品的性能、质量、特色和品牌等。

3. 成熟期

在成熟市场中，产品的销量增长变缓，市场趋于饱和，生产产量很大，成本降到最低。但此时竞争变得更加激烈，产品的价格下降，此时，企业需要做好产品的服务、广告、推销工作，销售的成本也在不断提高，利润开始下降。

4. 衰退期

产品销售量急剧下降，只有性能更好、质量更好的产品才能吸引消费者的注意。产品价格降到最低，利润迅速下降，企业几乎没有利润，甚至出现亏损。新产品的出现或替代品的出现会使得消费者的消费习惯发生转变，会放弃消费本产品。企业此时也开始逐步减少销售费用和相关产品服务。

产品生命周期各阶段特定与营销目标见表4-1。

表4-1 产品生命周期各阶段特定与营销目标

项目	导入期	成长期	成熟期	衰退期
销售量	低	剧增	最大	下降
销售速度	缓慢	快速	减慢	负增长
成本	高	一般	低	回升
价格	高	回落	稳定	回升
利润	亏损	提升	最大	下降
顾客	求新好奇	早期使用者	一般大众	落伍者
竞争	很少	渐多	众多	减少
营销目标	建立知名度，鼓励试用	最大限度地占有市场	保护市场，争取最大利润	压缩开支，获取最后价值

知识点四　产品生命周期各阶段的营销策略

依据上述知识点，产品的销售额、成本、利润、市场竞争态势及消费者行为等都具有不同的特点。因此，企业应该根据这些特点，制定相应的营销对策，见表4-2。

1. 导入期

企业的总体策略突出"短"字，即在短时期内迅速地占领市场，扩大销售量。在这一时期，主要有4种策略可以采用：

（1）快速掠夺策略

快速掠夺策略也称为快速撇脂策略。企业选择高价格和高水平促销成本的方式快速推出新产品，以快速占领市场。

（2）缓慢掠取策略

缓慢掠取策略也称为缓慢撇脂策略。企业以高价格和低水平促销成本的方式推出新产品。

(3) 快速渗透策略

快速渗透策略指以低价格和高水平促销成本的方式推出新的产品，以低价赢得更多的消费者，提高市场占有率。

(4) 缓慢渗透策略

缓慢渗透策略指以低价格和低水平促销成本的方式推出新的产品，以低价获得市场，以低的销售成本获得更多利润。

表4-2 导入期产品营销策略

策略	含义	使用条件
快速掠夺策略	企业以高价格、高强度促销把新产品推向市场，使消费者尽快熟悉产品，快速打开销路以占领市场	市场需求潜力巨大，目标消费者求新的心理强，急于并愿意出高价购买，产品在质量和性能上优于同类产品，或在某些地方有新奇之处
缓慢掠取策略	企业以高价格和低强度的促销推出新产品	目标市场的潜力和规模有限，大部分消费者了解这种产品，新品牌的独特性、新颖性使得消费者愿意出高价购买，没有激烈的潜在竞争者
快速渗透策略	企业以高强度的促销和低价格把新产品推向市场，以达到快速的市场渗透和高的市场份额	市场规模比较大，市场需求的价格弹性较高，消费者对产品价格比较敏感，且不了解新产品和品牌，企业有充足的资金和较强的营销能力，潜在竞争压力十分强烈且紧迫
缓慢渗透策略	双低策略，以低价格和低促销费用推出新产品	市场容量大，新产品适用面广，消费者已经非常了解这种产品，促销的作用不明显，需求的价格弹性很高，消费者对价格敏感，潜在的竞争对手多

2. 成长期

产品进入成长期已经进入大批量生产阶段，大量的竞争者也开始出现，因此，此时要突出"争"字，即快速地推广，创出品牌，抢占市场。这一时期，企业有主要有4种策略可以采用：

(1) 改善产品品质，增强产品性能，增加花色、品种、式样、规格，并改进产品包装，提高产品质量。

(2) 加强促销，创建名牌，树立良好形象。促销从介绍产品、提高知名度转为突出产品特色，建立良好形象，力创名牌，建立顾客对产品的偏好，提高顾客忠诚度等。

(3) 加强市场细分，拓展市场。同时在大量生产的基础上，适时适度降价或采用其他有效的定价策略，以吸引更多的购买者。

(4) 重视产品价格、渠道与促销方式巧妙组合，开辟新的分销渠道，扩大商业网点，开拓新的市场等。

3. 成熟期

这一时期，营销的总体思路要突出"保"字。即巩固市场地位，延长产品成熟期限，重点是要维持市场占有率并设法扩大销售量，主要分为改进市场的策略和改进产品的策略两个方面。成熟期产品营销策略见表4-3。

表4-3 成熟期产品营销策略

策略	企业的做法
改进市场的策略	（1）争取更多的消费者，说服未使用的消费者，促使潜在消费者接受本产品；进入新的细分市场，努力说服消费者使用该企业产品；争夺竞争对手的消费者，设法让他们使用自己的产品； （2）增加购买和使用数量，说服消费者提高使用本产品的频率；增加每次使用量，增加新的用途
改进产品的策略	（1）改进特性； （2）改进款式； （3）改进服务

4. 衰退期

这一时期，企业的销售量和利润都直线下降，大量竞争者退出市场，消费者习惯发生转变，因此企业也要突出一个"转"字。企业的主要营销目标是尽快退出市场，转向研制开发新产品或进入新的市场。衰退期产品营销策略见表4-4。

表4-4 衰退期产品营销策略

策略	企业的做法
维持策略	企业继续生产衰退期产品，利用其他竞争者退出市场的机会，通过提高服务质量、降低价格等方法来维持销售
集中策略	企业把能力和资源集中在最有利的细分市场上，最有效的销售渠道和最容易销售的产品上，放弃无效产品，从中获得利润
收缩策略	尽量减少各方面如厂房设备、维修服务、研制开发和广告、销售队伍建设等方面的投入，同时继续维持产品销售
果断放弃策略	对于衰退快的产品，放弃经营
转移策略	妥善处理老产品，把企业生产经营的精力转移到新产品市场中去

二、知识训练

训练项目1 营销讨论

背景：有人说，今天企业的营销已经由传统营销的渠道为王演变为目前的产品主义。例如，食品行业大约从2014年开始渐渐进入了疲软的状态，统一、可口、雀巢、娃哈哈都出现了不同程度的下滑。然而总有一些明星企业产品定位精准，深受客户青睐，发展速度异军突起，成为"搅局者"。如洗发水美吾发、滋源，食品业的百草味、三只松鼠、江小白等。

所以，我们在反思这样的问题：在产品趋于同质化和竞争日趋激烈的今天，如何关注产品的创新性？高超的营销手段和高成本的促销方式能否拯救我们的产品？现在还能看到娃哈哈的AD钙奶吗？现在还能看到诺基亚吗？企业的产品有多长时间没有创新了？产品线中有几个明星产品能够感动客群？如果没有，就好好修炼企业的内力，蓄势而发。

任务：假设你是一个企业的营销主管，你的企业也面临这样的险境，你如何向企业的决策层提供一些建议和对策?

提示:可以从产品的去大众化和重新定位的角度或是做好产品深度挖掘的角度去讨论。每组提交一份策略报告。

训练项目2　案例分析

向斑布学习什么?

　　在最近一两年内,消费者在电商平台、市场上、超市内、加油站里,到处都看到"本色纸",尤其是看到一个叫"斑布"的本色纸巾品牌。它是生活用纸行业转型阶段闯出来的一匹黑马。其实本色纸最早的生产者是山东泉林秸秆"本色"。2009年元月诞生的泉林"秸秆清洁制浆新技术"被认定为同行业国际领先水平,是世界上第一张天然秸秆纤维原浆本色纸。"本色"原浆技术是提取天然植物纤维,全程不使用漂白剂等有害制剂,杜绝危害环境及人体健康的持久性有机污染物,如二噁英等的产生,保持植物纤维100%的天然本色,是新一代对环境无污染,对人体无危害,原浆、原色的健康环保型造纸制浆技术。然而,2016年却是一个叫"斑布"的本色纸巾品牌把销售做到了十多个亿,是什么原因让"斑布"在市场上取得如此辉煌的成就?

　　我们知道,市场是按照引入期、成长期、成熟期、衰退期这样的历程进化的。前几年,当泉林"本色"进入市场的时候还在本色纸的引入期,消费者对本色纸的认知还在起始阶段,还没有充分认识。另外,消费者的环保意识、卫生意识也没有今天这么浓厚。但这两年,通过环保教育、微信传导,消费者对于卫生纸的卫生要求已经很高。"斑布"就是抓住了这个好机遇,集中资源,全面发力,从而在线上、线下万箭齐发,万马奔腾,圈城掠地。

　　泉林虽然教育了消费者对本色纸的使用和购买,但却缺失了对市场的布局。"斑布"则不同,今年的"斑布"已经进入了另外一种布局:资本布局。在这方面上,就证明了环龙是走在泉林前列的。本来,北方市场应该是泉林做东的,自己辛辛苦苦耕耘多年,但是,却让"斑布"坐收渔利,后来居上。在中国北方最大的生活用纸集散地保定考察市场后发现保定最大的保百超市里面最大的专架和做得最好的专架是四川环龙的"斑布"。这是什么原因导致的?这是市场布局的结果。

　　市场布局通常按照产品导入期、成长期、成熟期、衰退期进行产品分时间段进行布局以及营销措施的布局,又或者根据渠道、区域进行产品配搭和产品的分隔布局。我们可以看到,"斑布"是具有全国布局的格局的,从四川区域市场出发,到全国市场布局,到线上线下全方位立体式布局,无一不体现出其市场布局的先人一步。

　　除此以外,我们还应该学习"斑布"做好基础工作的耐性。即使有市场机遇把握能力,也善于谋势布局,但如果基础不牢靠,基业也是不稳当的。"斑布"在基础工作上也是可圈可点的。很多消费者对"斑布"有好感,说"斑布"产品有如下优点:吸水性很强、韧性很好、不掉毛屑渣渣、很柔软、吸水后不容易破,等等。这些优点"斑布"也在营销的软文中展示了出来,而且是很有差异化地展示出来的。一篇题为"生活中,斑布纸到底有多强大?"的软文写得相当充分:①可以蔬菜保鲜;②可以锁住鱼的鲜味;③可以吸附肉的血水;④可以去除玉米须;⑤能包住面包使得面包更新鲜;⑥可以吸油;等等。有图有文字有真相,让你无法抗拒。真金不怕火炼,好纸不怕蒸煮。

　　根据以上案例背景,请思考以下问题:

　　(1) 借助于产品的生命周期理论,分析"斑布"是在什么样的阶段进入市场的?

(2) 在进入本色纸巾市场之后,"斑布"又是如何凸显自己产品的差异化赢得市场的?
(3) 你从"斑布"的市场布局中,获得了哪些启示?

三、知识拓展

知识拓展1　反思产品生命周期理论的局限

产品生命周期理论是一种对产品市场表现一般规律的描述,但是它也是一种归纳。在现实中,产品的生命周期未必按照图4-3的模式进行发展。在有的情况下,一个产业成长非常之快,萌芽的阶段可以完全被跳过去,而有的产业一直不能逾越萌芽的阶段。经过长时间的衰退之后,在社会创新力的推动下,产业可能会复苏增长。例如,今天环保意识和健康的生活方式催生下的自行车行业的复苏与发展。

同时,不同产业在每一阶段停留的时间长度也不同。如果这个产品成为生活中的必需品,这些产品可以很长时间地停留在成熟阶段,如汽车产业。而有的产业则有可能跳过成熟阶段直接进入衰退期,如电子管产品,因为晶体管产品很快地替代了电子管成为电子产品中的主要配件,尽管此时电子管产业还处于成长期。有的产业在进入成熟期前则需要反复的震荡,如电信服务业产品。

知识拓展2　中国市场产品管理思维的进化历程

一、产品管理1.0时代:生产驱动(兴盛时期:更早的年代——20世纪80年代末)

在生产力落后、物质匮乏的年代,普通消费者似乎没有太多的可选择权利,能够得到满足基本需求的商品已经是幸运的了,哪里还敢奢求更多。而对于企业而言,原材料的紧缺,技术和生产的瓶颈也限制着他们不能给予消费者更多,更多的企业则是能生产出什么就卖什么,于是便形成了以供给侧为主导的产品开发1.0时代:生产驱动型产品开发模式。

二、产品管理2.0时代:营销驱动(兴盛时期:20世纪90年代)

1994年春节联欢晚会,牛群、冯巩的相声《点子公司》逗乐了亿万观众,即使是20年后的今天提起《点子公司》依旧知者众多,不少观众对里面的精彩桥段仍旧记忆犹新,在相声的最后,更是一段充满正能量、点燃人们创业激情的对白:

一个点子可以创出一个名牌,

一个点子可以救活一个企业,

一个点子可以改变人的一生,

一个点子可以温馨一个家庭,

一个点子可以凝聚一个集体,

一个点子可以使一个国家昌盛……

为了实现"天天在家数钱"的伟大"理想",多少企业和策划人前赴后继,点子大王不断涌现,策划公司更是遍地开花,各种奇思妙想的"点子"如滔滔江水般绵绵不绝,且一发不可收拾。"一管牙膏的改进救活一个工厂""一道粉笔印价值几十万"的例子不绝于耳,靠"点子"出奇制胜似乎成了那段时间产品创新的主流。

理性地回望整个20世纪90年代,随着各行业的持续向前发展,技术的引进,生产流程以及供应链管理的日趋完善,早已打破了技术和生产的瓶颈,企业有能力为消费者生产出更多好的产品来满足不断升级的消费需求,而处在最前沿接触消费者的营销部门,由于东奔西走,见多识广,时常能反馈回在企业内部难以洞察到的机会,因此,营销部门敏锐的市场嗅觉,以及由此衍生出的各种"点子",为生产研发部门提供了至关重要的依据和驱动力量,进而形成了2.0时代的营销驱动型产品开发模式。

三、产品管理3.0时代:内部协同(兴盛年代:21世纪前10年)

在"点子"风潮过后,随着市场竞争的日趋激烈,成本的持续上涨,企业的管理者也清醒地意识到企业的可持续发展绝非依靠一个"点子"就能搞定,策划方案并非是盘活企业的万金油。有效的产品创新和管理需要更多的人、更多部门参与进来。打破原有组织的边界,站在多视角协同开发产品成了提高产品创新和管理效率的关键要素。

在内部协同过程中,可以由任意一个部门发起创新项目的研讨,并由参与部门分派人员组成临时的项目组,分别站在市场、技术、物流、人力、财务、生产、供应等部门的角度来审视创新项目可能存在的问题,如同专家会诊一般共同商讨问题的解决办法,最终共同决定产品创新项目的方向和执行细节。当然,在这个过程中并非完全意义上的闭门造车,项目组也会穿插一些外部的市场调研,但这里的调研主要还是以解决问题为主,甚至会掺杂一些压制异议的不正当考虑,对讨论的结果也有取舍、有权衡、有让步、有妥协。即便如此,内部协同的产品开发模式还是相比此前的方式理性了许多。

四、产品管理4.0时代:用户驱动(兴盛时期:2010年至今)

互联网时代的来临让越来越多的新技术得以普惠大众,随着社会化媒体的兴起,大众个性化的需求多了向外界表达和沟通的渠道,越来越多的消费者愿意为了选购到自己心仪的产品而不吝惜时间,且承担着点击鼠标或触摸屏幕所带来的"劳苦"。企业的产品稍有不足就会被消费者无情地关掉页面,若稍有不慎冒犯到了尊贵的用户,一条负面评论,一段微博,一个朋友圈的吐槽,就真的足够让企业的管理者坐不踏实了。那么,一定会有人说:"既然如此,一定是前期调研工作做得不够细致扎实,项目的成败关键取决于扎实的市场调研。"

其实,我们与消费者的沟通是否真的有效?谁又能确保消费者在调研过程中讲了真话?谁又能担保那些专家"敏锐的洞察力"真的可靠?而这些问题才是真正阻碍产品创新项目向前推进的三座大山。那么,如何化解?

在3.0时代的产品创新有了重大的突破,但也有其弊端,就是"内部协同"拆除的仅是内部的隔断,尽管没人愿意承认,但事实上在内部创新团队和真正的消费者之间还是存在着一道看不见却又难以逾越的屏障,被屏障过滤和粉饰过的声音哪里还靠得住?

4.0时代我们不仅要进一步放大内部协同的效率,更要拆除外部的围墙。导入系统的产品管理方法体系,启动量化评估方法,构筑"天使粉丝团",邀请用户一同深度加入产品开发,听最真的,做最需要的,在过程中迭代演进,似乎不再是一个知易行难的想法,而是一种切实可行的产品开发模式。

(资料来源:中国营销传播网 http://www.emkt.com.cn/article/649/64927.html)

任务三 新产品开发与管理

一、知识扫描

知识点一 新产品开发的概念

产品生命周期理论提示我们:任何产品最终都会走向衰退,企业必须善于开发新的产品来替代老的产品。新产品是指企业自己努力开发出来的创新产品、新品牌及进行的产品改进和产品调整。在市场营销学中，新产品的概念是指首次在市场上出现的，能够满足消费者需求的整体产品。在产品的整体概念中，任何一个层次上的创新、变革和改良都可视为新产品。新产品可以由以下几类构成：

1. 全新产品

指应用新技术、新原理、新工艺、新结构、新材料研制而成的前所未有的产品，是企业率先发明创造出来的。在这种新产品问世之前，市场上没有相同或类似的产品，如汽车、电视机、电灯、计算机等产品最初上市时，均属全新产品。全新产品的研制生产，往往是重大科学技术取得突破的成果，适合于人们的新需求，并且对人类的生产和生活都会产生深远的影响。对绝大多数企业来说，独立自主开发全新产品十分困难，需要耗费较长的时间、巨大的人力和资金投入，成功率较低，风险很大，而且被市场接受和普及需要一个过程。

2. 换代新产品

也称革新产品，指在原有产品的基础上，部分采用新技术、新材料、新结构制成，在性能上有显著提高的产品。如 MP3 音乐播放器升级为 MP4 播放器，微软的操作系统由原来的 XP 系统升级到今天的 Windows 10 系统。开发换代新产品相对容易，并且不需要花费巨额资金，企业风险不大，消费者接受和市场普及的时间也比较短。

3. 改进新产品

指采用各种改进技术，对原有产品的品质、特点、花色、式样及包装等做一定改变与更新的产品。改进后的产品或者性能更佳，或者结构更合理，或者精度更加提高，或者特征更加突出，或者功能更加齐全。如装有鸣笛的开水壶、各式新款服装等。改进新产品与换代新产品都是以原有产品为基础进行研制与开发，对企业各方面资源要求不高，风险较小，开发出的新产品容易为市场所接受，是广大企业特别是中小企业开发新产品的重点。

4. 模仿新产品

指模仿市场上已有的产品而企业自己首次生产，又称为企业新产品。企业对现有产品设计做一点改变，突出某一方面的特点。开发生产仿制新产品可以有效利用其他企业的成功经验和技术，因此风险较小。

知识点二　新产品开发的程序

企业开发新产品首先必须了解它的消费者、市场和竞争对手，否则开发新产品失败的概率就会比较高。在开发新产品之前，做好充分的准备工作可以帮助企业成功地建立系统的、以消费者为导向的新产品开发流程与体系。新产品开发流程主要有以下几个步骤：

步骤一：新产品创意

新产品开发始于创意的产生，即新产品创意系统的构成，此时需要大量的新产品创意。一个成功的新产品，首先来自一个既有创见、又符合市场需求的构思。新产品的构思和创意可以来源于外部也可以来源于内部。一方面营销部门的工作人员需要积极地在不同环境中寻找好的产品构思；另一方面，企业需要积极地鼓励公司内部员工提出产品构思。最后，企业将所汇集的产品构思转达给公司内部有关部门，征求改进意见，使其内容更加充实可行。企业能否搜集到丰富的新产品构思并从中捕捉开发新产品的机会，是成功开发新产品的第一步。新产品开发流如图 4-5 所示。产品创意的来源可以归纳为如下几个方面：

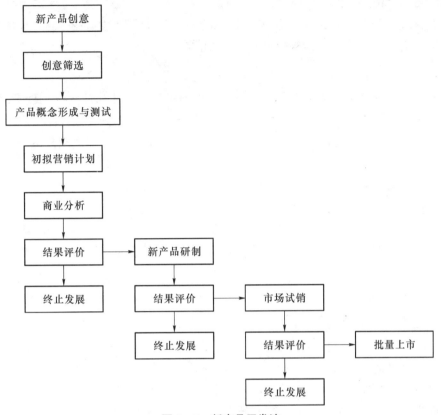

图 4-5 新产品开发流

1. 消费者

消费者需求是新产品构思的主要来源,他们会因为自己的需要希望某种新产品产生。企业可以通过直接向用户进行问卷调查、深度访谈、接待用户来信来访、倾听用户的意见与投诉等途径,来准确把握他们的欲望和需求,从中发现新产品的构思。

2. 分销商和供应商

他们与市场最为接近,与消费者和用户有密切的联系。消费者的新需求,首先会直接反馈给分销商。多数分销商同时销售多类别产品和多种竞争产品,掌握的信息比较丰富,能够提出可行的新产品设想及改进建议。而供应商可以告诉企业开发新产品的新概念、新技术和新材料。

3. 企业内部员工

从企业的中高层管理人员到营销人员、产品研制开发人员,许多创意都来自内部员工。企业通过建立起鼓励创新的企业文化和相关的规章制度充分调动所有员工的积极性和创造性。例如,思科公司设立内部的 wiki,通过内部的"I-Zone"在线交互论坛,鼓励员工提出新产品创意。

4. 竞争对手

竞争对手产品的成败得失可以为企业的新产品构思提供借鉴和参考,也是新产品构思的重要来源之一。企业可以通过各种途径了解竞争对手开发投放的新产品,或购买竞争对手的现有产品进行剖析,找出不足并加以改进,有助于开发出更胜一筹的新产品。

5. 科研机构和高等院校

他们是新技术和新发明的前沿阵地，每年都有大量的科研成果有待于转化为新产品，企业与科研院所合作可以获得许多有创意、有价值的新产品设想。

步骤二：创意筛选

在创意产生阶段有大量的创意涌现，而第二步创意筛选是让如此大量的创意逐步减少，其主要目的是摈弃糟糕的、不合理的创意留下更好的创意。由于开发新产品的成本不同程度地存在，以及企业资源的有限性，所以，企业只希望开发那些有可能获利或市场前景比较好的产品创意。

一般来说，新产品的筛选遵循 R-W-W 的框架，即要实现"real，win，worth it"（现实、胜出、值得）。这个框架告诉我们要考虑以下问题：创意是否现实？是否有真的需求，消费者是不是真的会购买它？产品概念是否清晰？产品能不能满足市场？企业能不能在市场中胜出？该产品是否有持续的竞争优势？企业是否有足够的资源支撑新产品的开发？是否值得去做？产品的开发是否符合企业的战略规划等。在新产品开发之前，企业必须要考虑清楚以上问题并给出肯定的答案。

步骤三：产品概念的形成与测试

好的产品创意需要经过提炼发展成为一个清晰的产品概念。产品创意仅仅是企业关于产品的构思，要准确地传递给消费者就必须以有意义的表述对产品构思进行描述，提炼出产品概念。在进行产品描述的时候，企业可以用文字、图像、模型等加以清晰地描述，使之成为对消费者而言有意义的产品方案，有确定特性的潜在产品形象。一个产品构思能够转化为若干个产品概念。例如，企业可以在燃料电池电动汽车的基础上创造以下产品概念：

概念1：一辆价位中等、为那些想购买第二辆车的城镇周边家庭用户而设计的微型汽车，适合于走亲访友和出去办事。

概念2：一辆价位中等的小型运动汽车，吸引年轻人。

概念3：一种经济型的"绿色"汽车，吸引环保人士，能够实现更低污染的交通工具。

新产品概念形成以后，还需要了解顾客的意见，进行产品概念测试。产品概念测试一般采用概念说明书的方式，说明新产品的功能、效用、特性、规格、包装、售价等，如有需要还应附上图片或模型，连同问卷提交给有代表性的消费者进行测试和评估。测试所获得的信息使企业进一步充实产品概念，以确定吸引力最强的产品概念。

步骤四：初拟营销方案

在营销方案中必须明确目标市场、计划产品的定位、开始几年的销量、市场份额以及利润目标。以上述产品概念为例，燃料电池电动汽车的目标市场是年轻人，他们受过良好的高等教育、收入尚可，或是情侣和小家庭，这些人群更希望获得实用且环保的交通工具。新的燃料电池电动车比现有的混合动力或内燃动力车污染更少且能获得更多的驾驶乐趣。企业的目标是第一年卖出5万辆车，亏损不超过1 500万元；第二年，汽车销售目标是9万辆，盈利2 000万元。

除此以外，方案中还应该明确计划出售的价格、分销的策略、营销预算、长期销售目标、利润目标和营销组合等信息。例如，计划占领汽车市场3%的长期份额，实现15%的税后投资回报率。产品主要有3种颜色的型号，以每辆4万元的价格出售，其中有10%的额度要让利于经销商等，都需要在本方案中明确。

步骤五：商业分析

就是从经济效益方面对新产品概念进行可行性分析，进一步考察新产品概念是否符合企业的营利性目标，是否具有商业吸引力，具体包括预测销售额和推算成本利润两个步骤。

对新产品销售额的预测可参照市场上同类产品的销售发展历史，并考虑各种竞争因素、市场规模、市场潜量，分析新产品的市场地位、市场占有率，以此推测新产品可能获得的销售额。此外，还应考虑产品的再购率，即新产品是一定时期内顾客购买一次的耐用品，还是购买频率不高的产品，或是购买频率很高的产品。不同的购买频率，会使产品销售量在时间上有所区别。

预测产品一定时期内的销售量以后，就可预算该时期的产品成本和利润收益。产品成本主要包括新产品研制开发费用、市场调研费用、生产费用、销售推广费用等。根据已预测出的销售额和费用额，就可以推算出企业的利润收益以及投资回报率等。

步骤六：新产品研制

如果新产品概念通过了商业测试，那么就进入了新产品研制阶段。在这一阶段，企业需要增加投资，用于研发部门或工程部门将产品概念转化为一个实体产品。这时，还要进行包装的研制和品牌商标的设计，对产品进行严格的功能测试和消费者测试。前者主要测试新产品是否安全可靠、性能质量是否达到规定的标准、制造工艺是否先进合理等。后者则是请消费者加以试用，征集他们对产品的意见。在测试的基础上对样品做进一步改进，以确保具有产品概念所规定的所有特征，并达到质量标准。新产品的研制需要经过严格的测试确保其安全，测试的消费者也可以在新产品中发现产品的新价值。企业既可以自己进行产品测试，也可以委托第三方公司进行产品测试。

步骤七：市场试销

在市场试销阶段，产品从营销的方案进入了一个真实的市场环境。新产品试销既能帮助企业了解市场的情况，又能检测产品包装、价格、数量、广告的效果，还能发现产品性能的不足之处，为产品正式投入市场打好基础，为企业是否大批量生产该产品提供决策依据。

每种新产品需要的市场试销量是不同的。开发新产品的成本较低时，企业只需要做少量的市场试销，甚至不做。近年来，一些消费品企业的市场试销量逐年下降，进行简单的产品线延伸或模仿竞争者的成功产品，企业还可以不做市场试销。当然，在企业的新产品经历了大量投资且风险很高的情况下，企业需要做大量的市场试销工作。尽管市场试销也会产生大量的成本，但是与失误和损失相比，市场试销的成本还是比较小的，所以，市场试销是新产品开发不可避免的一个环节。

新产品市场试销的主要决策涉及：

1. 试销地点

应具有企业目标市场的基本特征，地区范围不宜过大。

2. 试销时间

时间长短要综合考虑产品特征、平均重复购买率、竞争者状况和试销费用等因素决定。再购买率高的新产品，试销时间应长一些，至少应经历一至两个购买周期，因为只有重复购买才能说明消费者喜欢新产品。

3. 试销应取得的资料

在试销过程中，企业要注意收集新产品的试用率、再购买率，以及销售趋势，购买者是谁，消费者对产品质量、品牌、包装的意见等。

4. 试销所需要的费用开支

5. 试销的营销策略以及试销成功后应进一步采取的战略行动

步骤八：商品化

新产品试销成功后，就可以进行正式的生产，进入市场。此时，企业要支付大量的费用和成本，在新产品销售的初期可能面临利润微小的情况，所以企业必须首先决定新产品推出的时间。如果新产品的销售会影响到企业其他产品的市场份额，那么，企业就需要考虑是否延迟产品上市的时间。其次，企业需要明确在什么地方推出新的产品。即是在某一单一市场、地区市场还是在全国市场，甚至是国际市场上进行投放。有些情况下，企业需要依次进行市场推广，先在某一地区进行销售，再逐步推广至全国。一些具有国际分销体系的企业则有可能会在全球范围内滚动推出新产品，比如，微软推行 Windows Vista 系统的时候，就是运用广告活动在全球 30 个市场同时发布 Vista 系统的。

知识点三　新产品开发的管理

新产品的开发不仅仅是一个简单的流程，企业必须要经过系统的方法来管理这个过程。企业新产品的开发需要明确以顾客需求为导向，以团队作战为基础，进行系统管理的重要思路。

1. 顾客导向型新产品开发

顾客导向型新产品开发（Customer – Centered New – Product Development）侧重于寻找能解决顾客问题、创造更满意的顾客体验的新方法。新产品开发首先基于对顾客需求和价值的挖掘。成功的产品开发不仅解决顾客的问题，还可以让消费者直接参与到新产品的创新过程中，如宝洁公司，在推出新产品之前，并非只了解消费者需求，还让研发人员与消费者一起生活，以推出新产品创意，这种做法被宝洁称为浸入式的"在生活中体验"法。除此之外，宝洁还让工作人员在商店里进行流连观察，即"在工作中体验"法。今天，无论是在消费品行业还是在金融服务业，与消费者一起寻找新的顾客价值，进而做新产品开发的方法已经非常常见。

2. 基于团队的新产品开发

新产品开发的一般程序如知识点二中所描述的，涉及企业中多个职能部门，这种次序化的开发程序在进行较大项目的开发过程中可以使进程井然有序。但同时，这种稳健而缓慢的开发流程在产品生命周期日益缩短的今天也存在一些弊端，例如，导致产品失败、销售利润变低、市场份额受损等。

为了使新产品快速进入市场，许多企业采用基于团队的新产品开发方法，各部门紧密配合，产品开发的不同阶段可以同时进行，以提高工作效率。产品开发的顺序不再是从一个部门转到另一个部门，而是财务、营销、研发、生产等不同部门的工作人员被抽调到一个工作组中，从开始开发到结束都在一个团队中工作。这种灵活的工作方式能够为新产品进入市场提供极大的竞争优势。

3. 系统的新产品开发

有些企业会建立一个创新管理系统以收集和审查、评估、管理众多的新产品创意。这个创新管理系统基于某个创意管理软件,在这个系统中可以搜集到来自员工、消费者、分销商、零售商等多个群体的新产品创意。企业的创新管理委员会对系统中的新产品创意进行评估,筛选出好的、值得投资的创意并将它们开发出来投放到市场。

借助这个系统,企业可以充分调动各方理论协助企业进行新产品的开发,同时有助于培育企业的创新型文化。企业可以由此获得源源不断的产品创意。当然,企业新产品的缔造不仅要有好创意,同时也需要获得消费者的满意,这也需要企业有一套系统的方法去寻找和创造有价值的顾客体验。

二、知识训练

训练项目1　情境模拟训练

实际体验产品策略的制定。在班级内部自由分组,各小组选择自己熟悉或感兴趣的产品类型,并为该类型的产品推出相关新产品。

(1) 通过调查、分析界定这一新产品的目标市场和主要消费者需求内容。
(2) 界定并明确表述这一新产品应具有的基本属性。
(3) 为这一新产品设计品牌名称和品牌标志。
(4) 为这一新产品设计包装。
(5) 设计新产品的上市销售计划。
(6) 各组对训练结果进行汇报。

训练项目2　案例训练

卡夫的产品更迭

卡夫食品有限公司(Kraft Foods),简称卡夫,是全球第二大的食品公司,在全球145个国家开展业务,是菲利普·莫里斯公司旗下的子公司之一。卡夫的四大核心产品系列为咖啡、糖果、乳制品及饮料。其中包括了6个销售额为10亿美元的品牌和另外50个销售额高达1亿美元的品牌。麦斯威尔、DiGiomo比萨、JELL-O布丁、奥利奥、趣多多等都是消费者耳熟能详的产品。

然而,虽然卡夫有一长串著名的品牌,但最近几年公司的销售额和利润并不是非常理想,其股价也持平。那么,问题出在哪里呢?尽管卡夫有很多好的旧产品,但是好的新产品太少了。于是,卡夫成立了以罗森菲尔为首的新团队,新团队的新产品开发工作并不是开始于试验厨房,而是访问顾客的家。通过消费者的眼睛而不是公司的眼睛来看世界。团队宣称:"我们将在一个新的方向创造伟大产品组合,使其更符合当今消费者生活的现实,我们需要顾客导向型的创新!"在调查过程中,团队发现消费者需要高品质、方便和健康的产品。于是,卡夫重新设计其产品,使之满足消费者不断变化的生活方式,例如,卡夫开发了非常成功的Deli Creations品牌——一种自制的优质三明治,包括面包、奥斯卡麦肉制品、卡夫奶酪和调味品。顾客可以快速地制作三明治,把它们放进微波炉加热一分钟就可以享用热的、餐厅风格的三明治。

除了创建新的产品品类,卡夫还在老品牌名称下迅速推出新产品。例如,推出DiGiorno Ultimate,这是外卖比萨的最佳替代品。它具有优质的自然成熟的西红柿、全脂奶酪、特质肉和蔬菜丝。卡夫已经意识到,一个公司不能在今天的成功产品上养尊处优,持续的成功需要对产品生命周期的娴熟管理和新产品的不断挖掘。

阅读以上案例内容,请思考和讨论:
(1) 通过文献查阅,列举卡夫更多的产品品牌和产品品类。
(2) 卡夫新产品开发管理遵循了哪种开发思路?其做法有哪些值得同类企业学习的?

训练项目 3 体验训练

课后请观看小米 6 手机新品发布会的现场视频,在观看过程中请留意和记录雷军所描述的小米 6 手机在性能、材质等方面的内容,特别是创新设计的小米 MIX,自主研发的澎湃 S1 芯片、专利内容,以此归纳和总结该款手机的市场定位。

由此请概括 3 个方面的内容:
(1) 外观设计的升级。
(2) 性能和硬件的突破。
(3) 拍照功能的 N 种玩法。

据此,对小米手机此款新产品做系统性评述。

三、知识拓展

知识拓展 1 产品创意开发的三维思考

1. 需求点与痛点思维

市场基于需求,需求是产生一切市场行为的基础,没有需求,就没有市场。市场容量由需求容量决定,需求越强烈,市场越容易形成,需求越广泛,市场容量也将越大。

对于需求的判断,市场研究者需要从两个方面出发:

一是目前在消费者中已存在的显性需求和未满足点,这可以通过消费者研究很容易发现与找到。比如,女性消费者经常染发烫发,导致头发干枯毛糙,消费者需要能修复发质问题的洗发水。女性消费者这一需求就是很容易发现的显性需求。

二是未来可能成为发展趋势的需求,市场研究者们往往判断得不准确,甚至出现严重误判,产品研发出来后,给企业带来很大的损失。比如,近年来,中国环境问题日益突出,污染严重,雾霾天气也成为常态,很多企业都认为雾霾这个严重的社会性问题一定能够产生需求,润肺产品将会成为饮料行业的爆点,因此,很多企业推出针对 PM2.5 的饮料产品,以满足和引领需求。

除此以外就够了吗?当然企业还要具有"痛点"思维。

趋势的形成有两种,一种是企业的主动引领,一种是社会大环境的剧烈推动。比如,国外流行的东西,中国的时尚人士将其引进来,并逐渐得到大多数消费者的追捧,形成了一个发展趋势,这就是企业的主动引领。企业主动引领的需求往往是循序渐进的,这中间有一个认知过程,一旦完成认知过程,就会形成了一个稳定而持久的市场。比如,像方便面首先流行于日本、中国台湾,被中国大陆消费者认知并接受后,形成一个稳定而持久的近千亿的市场。

而社会大环境的剧烈推动则带有不得不为之的行为,消费者内心也许是抗拒的,但为了规避或获得什么又不得不为之。比如,中国的中小学教育市场就是在社会大环境的推动下形成的一个稳定而持久的市场。当前中国一方面推行应试的教育机制,另一方面又要求学校对中小学生减负，学业的深度只有从课外补习班中获得。同时，在当今这样一个充满竞争的社会环境下，孩子的综合素质又是竞争力的必要条件。在这三重压力下，中国的父母对孩子的培养从婴儿时期就开始了，从婴幼儿开发智力的启蒙教育开始，到中小学生时代各学科培训班、才艺班都有大量需求。正是这种社会化的推动，催生了中国教育培训的需求，形成了一个稳定而持久的市场。

社会大环境诚然对市场需求有很大的推动作用，这种推动作用形成的需求往往是具有强烈性、稳定性和广泛性。怎样判断社会大环境的推动能否形成强烈的、稳定的和广泛性的需求呢？这就需要看这种社会性问题有没有形成消费者痛点。没有消费者痛点，需求就难以成立，市场就难以形成。就像前述的教育培训市场一样，不接受教育培训的孩子很容易看起来比受过教育的孩子落后一等，未来一定会在竞争中落败，因此具有强烈的消费者痛点，市场才能真正形成。

亚健康类产品为什么不容易成功？有人做过研究，中国30~40岁的人群中绝大部分呈现亚健康状态，按理说蕴含着巨大的商机，但为什么亚健康类产品不容易成功？原因只有一点，亚健康人群没有明显的痛点，对亚健康产品没有产生实际的需求。不少针对亚健康的保健品因此不得不将自己包装成包治百病的药品进行销售。

2. 竞争思维

虽然说需求是形成市场的根本力量，但需求不会为所有品牌带来市场，满足这种需求的品牌多到不胜枚举。因此，需求只是形成市场的基础要素之一。

现代商业社会，产品同质化严重，竞争白热化，企业产品的开发必须导入竞争思维，不仅考虑消费者需求，还要考虑这些需求是否已被竞争品牌满足，考虑消费者的未满足点。未满足点本质上也是满足了消费者的潜在需求，但这种需求是目前市场上其他竞品都不能解决的消费者需求。因此，竞争思维的本质是满足差异化需求，建立差异化价值。

竞争思维并不是一种正向打造产品力的方式，而是一种减小外在竞争阻力，反向打造产品力的方式。在竞争薄弱的地带开发新产品是变相提升产品力的方式。阻力越小，产品力相应就越大。因此，新产品开发一定要考虑竞争导向。不考虑竞争导向，产品就有可能投错了胎，即便付出再多的努力也难以有好的市场表现。

大树之下寸草不生。一旦某行业已经进入垄断阶段，再进去的品牌只能是炮灰的角色。

2012年开始，白象食品集团进军饮品行业，山泉水、绿茶、冰红茶、核桃露、冰糖雪梨等多品类出击，而且是市场上热销的品类。以白象的营销网络和企业实力，渠道建设不是一件很难的事情，关键是消费者能否接受认可产品。我们现在可以看到，经过几年的运作后，白象的饮料事业没有多大起色和风景。

以竞争思维看待白象饮料今天取得的成绩一点都不奇怪。AC尼尔森数据显示，康师傅茶饮料已占据了近70%的份额，加上统一和今麦郎品牌，占据了80%以上的市场份额，呈高度垄断状态。白象跟进的都是与领导品牌同质化的产品，没有创新性的东西，也就是说，消费者对这种产品的需求已经被康师傅、统一等品牌满足，消费者不需要其他品牌来满足这种需求，即便它是白象品牌。跟随者在这样的市场环境下根本就没有发展壮大的空间。同时，白象跟进的时机也不对，白象饮品入市之时，在高度竞争的形势下，品牌排序已然完成，市场已经固化板结，新生品牌不可能插队成功。白象饮品可以凭借其完善的渠道活下来，但活不出精彩来，除非它另辟蹊径开创出新品类。

丝宝集团的顺爽洗发水及感冒药海王银得菲的失败也是因为满足了消费需求但未不符合竞争导向而导致。顺爽满足头发顺滑的消费需求，海王银得菲满足快速治感冒的需求，但两者没有站在竞争的角度进行需求考量。因为，头发顺滑的需求在市场及认知上已被飘柔占据；快速治感冒的需求，在市场及认知上也被泰诺占据，顺爽及海王银得菲的市场机会已微乎其微。

3. 趋势思维

产品创意开发一定要借势，如果能抓住市场先机，把握行业的发展大势，锁定正在或即将大幅上升的市场机会，开发出符合大势的产品，新品上市就很容易成功。相反，逆势而行，新产品的上市离退市只有一步之遥。

2008年9月份，三鹿奶粉三聚氰胺事件爆发，紧接着蒙牛等多个品牌也纷纷陷入危机之中，一时间，动物蛋白市场受到极大的冲击，可谓哀鸿遍野。消费者迫切需要蛋白营养的替代品，这给了植物蛋白极大的市场机会，如果当时露露或椰树能在动物蛋白陷入市场困境的当口振臂一呼，担当领导者的角色，它们远远不止今天的成绩。恰逢六个核桃完成对核桃乳品类价值的构建，于是，果断登临央视平台，振臂高呼，成为植物蛋白的领导者。六个核桃的成功既有品类价值的卓越贡献，也与当时的市场大势有很大的关联。

背离行业发展趋势开发产品也一定会遭到市场的抛弃。摩丝品类是20世纪90年代非常热的美发品类，雅倩曾经是这个品类的代表品牌，然而，到了21世纪初，摩丝品类逐渐萎缩，被新兴的美发品类啫喱膏和啫喱水取代。雅倩作为美发类产品的领导品牌，不仅没有主动引领美发市场，而且在行业发展趋势面前反应迟钝，坚守摩丝品类，最终，雅倩美发市场领导品牌的地位被美涛取代，摩丝品类也没有因为雅倩一个品牌的努力而生存下来。

知识拓展2　新产品开发的起点要定位正确

曾经的健力宝第五季、娃哈哈牌儿茶爽为什么失败了？农夫山泉的打奶茶、可口可乐的零度为什么不温不火？这些产品不缺少品牌，品牌的市场价值不容置疑，但是为什么推出创新的产品后，产品没有实现畅销，甚至滞销、落败？

品牌不是问题，渠道不是问题，广告不是问题，问题出现在产品的定位上面，这是失败的原因。很多一线品牌认为自己是大品牌，对于新品的开发认知不足，对于产品的定位策划更是自负。所以，导致创新产品上市后，没有赢得消费者的认可。

同样，江中的猴菇饮料、蓝枸为什么不成功？也是由于产品定位不对，饮品的本质是解渴的，不是用来治病的，不要拿饮料来当药卖。不光是江中猴菇饮料，很多类似的草本饮料也是如此，认为喝了我的产品，就能保健治病。这些企业犯了一个严重的错误，有病的人从不喝饮料，其产品价值不会得到消费者的认可。

恒大冰泉为什么沦落为2元的低端水？恒大冰泉不缺钱，一年投入十多个亿的广告费，聘请代言人也是一线巨星，但是最终从6元直线降到2元，成为低端的矿泉水。其主要原因也是恒大冰泉从一开始定位就不清晰，产品定位没有差异性，没有一个正确的定位口号。广告语"天天饮用，健康长寿"到"健康美丽"再到"长白山天然矿泉水""我们搬运的不是地表水""做饭泡茶""我只爱你"，中间再穿插"一处水源供全球""出口28国""爸爸妈妈我想喝"，让人眼花缭乱，不聚焦，导致浪费了大量的广告费，只让人知道了恒大冰泉，而没有说服消费者购买恒大冰泉的理由。

以上就是缺少产品定位所导致的结果，从企业内部来看，都认为自己的产品是创新的，没有任何问题,但是从市场消费者的角度来看,未必是正确的定位选择。

所以,产品不迎合大众习惯,创新也是昙花一现。如今,一些非常个性的产品不断涌出,有果茶饮料、功能性饮料、矿泉水、乳饮料、休闲食品等,产品名称个性创新。一些看似个性的名字和个性的包装,都在自我吹捧,行业内的一些企业老板和所谓专家也在拍手叫好,貌似这些产品不火就没有天理。

很多所谓的创新产品是哗众取宠,从产品的内容物上没有创新,换一个包装,换一个名字,来一轮招商,产品推到市场上面,不动销,死得很惨,坑的是经销商朋友,厂家也只是昙花一现。如果产品不是健康的、经不起消费者的检验,就只能是一次性的购买,形不成长期的产品力。企业的心态必须是某种战略定位,如果没有把产品当作5年乃至10年的品牌路线来运作,只是想用产品概念的创新来吸引市场,是无法实现新产品的持续销售的。

创新产品之前要研究好消费者的习惯,根据消费习惯来开发产品,让产品成为消费者持续消费的产品,才是成功的产品。正如华为的任正非曾经在企业内部展开过"反幼稚运动"。它坚决摒弃、反对为了技术开发而开发的产品。因为,这样只会由于设计人员不贴近市场,最终变成了玩技术,开发出了一堆"废品"。所以,创新不是没有目的、没有战略思考的创新,更不能是主观的随意性创新,而是要站在市场的角度、企业角度、竞争的角度去思考,做到"知行合一"。

任务四　品牌与包装

一、知识扫描

知识点一　品牌的起源和基本含义

品牌即帮助企业识别其产品和服务的一系列名称与标志,包括文字、标记、符号、图案、颜色等多个要素。产品品牌对产品而言,包含两个层次的含义:一是指产品的名称、术语、标记、符号、设计等方面的组合体;二是代表有关产品的一系列附加值,包含功能和心理两方面的利益点,如产品所能代表的效用、功能、品位、形式、价格、便利、服务等。

品牌的广泛建立伴随着商品交换的广泛进行。人们在消费过程中逐渐发现同种商品由于生产者的不同,其质量也存在着较大差异。由此,部分高质量产品生产者的声誉建立起来了。人们在选择商品时会有意识地选购较有声誉的生产者的产品。在此背景下,部分有声誉的生产者借鉴了以烙印区分私有物品的做法,在自己的产品或产品包装上采用独特的标记来显示其生产者。这便是品牌的雏形。

随商品经济范围的进一步扩展,采取独特的标记标明生产者的做法得到广泛的应用,并发展成为某一生产者的产品起一个独特名称的做法。如中国大多百年老字号"张小泉""茅台""王致和""同仁堂"等著名品牌都源于此。品牌在工业革命发生之后得到了迅速发展,并开始具有现代品牌的特征。许多现在仍然流行于世界各地的著名品牌如"可口可乐""雀巢"就是在工业革命之后迅速成长起来的。

知识点二　品牌的内涵

品牌不仅仅是一组符号的组合,还代表着更丰富的产品信息和市场信息。因此,品牌是

一个复杂识别系统,其内涵包括6个方面的内容:

1. 属性

属性是指品牌所能够带来的、符合消费者需要的产品特征。属性是消费者判断品牌接受性的基本要素。

2. 利益

消费者购买某一品牌产品,购买的并不是该品牌所提供的属性,而是该产品属性所能转化而来的功能或利益。例如,消费者在消费奢侈品时的"昂贵",这一属性可以带给消费者受人羡慕的情感利益。因此,企业应该明确品牌带来的产品属性能否给消费者提供功能性或是情感性的利益。

3. 价值

品牌提供的价值包括营销价值和顾客价值。营销价值,是通常所说的"品牌效应",即品牌若在市场上被广泛接受,则可以为企业节省更多的广告促销费用,带来更多的利润。顾客价值,主要指品牌的声誉及形象可满足的消费者的情感需求。

4. 文化

消费者对品牌的偏好反映了他们对品牌中所蕴含的文化的认同。品牌中所蕴含的文化因素是品牌获得市场较高深层次认可的前提。每个优秀的品牌都有自己独特的文化。

5. 个性

品牌个性的塑造是为了使消费者产生一种认同感和归属感。不同的品牌有着不同的个性联想。例如,奔驰车总是彰显消费者"雍容华贵、沉稳"的个性特点。

6. 使用者

上述5个品牌层次的综合已经基本界定或暗示了购买使用该品牌产品的消费者类型。

知识点三　品牌的作用

品牌的作用可以从企业和消费者两个方面去探讨。

首先,正如菲利普·科特勒在其著作《营销管理》(第九版)中所指出的,品牌给企业带来的利益有:

(1) 由于其高水平的品牌知晓度和消费者忠诚度,企业营销成本降低。

(2) 由于顾客希望分销商与零售商经营这些品牌,加强了企业对他们的讨价还价能力。

(3) 由于该品牌有更高的认识品质,企业可比竞争者卖出更高的价格。

(4) 由于该品牌有高信誉,企业可以较容易地开展品牌拓展。

(5) 在激烈的价格竞争中,品牌给企业提供了某些保护作用。

其次,品牌给消费者带来的利益主要体现在:成功的品牌能够引导消费者逐渐建立对品牌的忠诚,从而节省营销成本,还可以利用消费者良好的口碑效应,不断增加企业的忠诚顾客,提升企业品牌价值。除此以外,品牌代表着特定的品质和价值。消费者借助品牌去识别产品和选择产品,否则他们就需要阅读大量产品的标签和说明,花大量时间去比较和选择。品牌不仅可以帮助消费者处理与产品有关的信息,降低购物风险,使购物决策更容易,还可以帮助消费者表现个性、体验生活品位。概括地说,品牌给消费者带来的利益表现为8项功能,同时也向我们显示了品牌价值的最终来源,见表4-5。

表 4–5 品牌为消费者带来的利益

功能	消费者利益
识别	识别产品
切实可行	节省时间和精力，帮助选择
保证	无论何时何地购买同一种商品，确保质量
优化	购买该类产品中的最佳品牌
特色	代表特定的形象
连续性	多年使用同一品牌，熟悉并提高产品满意度
愉快感觉	感受产品的魅力
伦理	生态平衡、就业、公益广告

知识点四　品牌的分类

1. 按使用主体不同划分

品牌按使用主体不同可以分为制造商品牌、服务商品牌和中间商品牌（自有品牌）。制造商品牌是由制造商对其产品自行命名的品牌，如"苹果""海尔"。我国知名品牌中大多数都是制造商品牌。服务商品牌是指服务商对其服务产品自行命名的品牌，如"联邦快递""中国工商银行"等。中间商品牌（又称自有品牌），是专门为制造商或服务商提供销售服务的企业自行命名的品牌，如沃尔玛。

2. 品牌按辐射区域不同可以划分为：区域品牌、国内品牌、国际品牌

区域品牌指一个区域内的产品品牌，只在该区域地域范围内享有盛誉和拥有较高的地区性市场占有率。国内品牌指在一国境内享有较高知名度及美誉度的品牌，相对于区域品牌而言，国内品牌具有更强的市场竞争力，比如，"红塔山""春兰""双星""致美斋"，等等。国际品牌指在国际市场上拥有较高知名度和美誉度的品牌，此类品牌具有很强的市场竞争力。例如"资生堂""三星""万宝路"，等等。有些品牌甚至具备全球范围的知名度及影响力的品牌，比如，"可口可乐""麦当劳""IBM""微软"，等等。

3. 品牌按其统分策略的不同可以分为：统一品牌、个别品牌、分类品牌、统一的个别品牌 4 种类型

统一品牌，又称家族品牌，即企业的所有产品组合都统一采用同一个品牌名称。即"品牌名＝企业名"，例如，美国通用电气公司，对其产品就只采用一个品牌"GE"；西门子公司的所有产品（冰箱、电视机、洗衣机等）都以"西门子"为品牌。企业采用统一品牌可以降低新产品的营销成本，有利于展示企业的整体实力和进行统一的形象塑造。

个别品牌，指企业对不同产品分别使用不同的品牌。比如，美国大型日化企业宝洁公司的洗发水产品就有"海飞丝""飘柔""潘婷""润妍"等多种不同品牌。企业采取这种方式的原因往往是避免企业某种产品声誉不佳而影响其他产品声誉。这种品牌策略能够分散风险，为每种产品进行不同的市场定位还有利于市场竞争。

分类品牌，又称个别的统一品牌或系列品牌，是指为各类产品分别命名，即一类产品使用一个品牌的方法。这种方法使得不同类别的产品在各自的领域中有各自的品牌形象。比如，健力宝集团的饮料类使用品牌"健力宝""第五季"，服装类使用"李宁"。

统一的个别品牌，是企业对各种不同产品分别使用不同的品牌，但做法上通常是将个别品牌与企业的名称标记联用。也就是，"个别品牌＋企业名称"。比如，海尔集团的冰箱依据其目标市场的定位不同而分别命名为"海尔双王子""海尔小王子""海尔帅王子"等，洗衣机则有"海尔小小神童"等，这些都是统一的个别品牌。

知识点五 品牌决策流程

品牌决策就是决定企业是否使用品牌、使用哪种类型的品牌，以及使用什么形式的品牌的一系列决策的过程。品牌决策过程见图4-6。

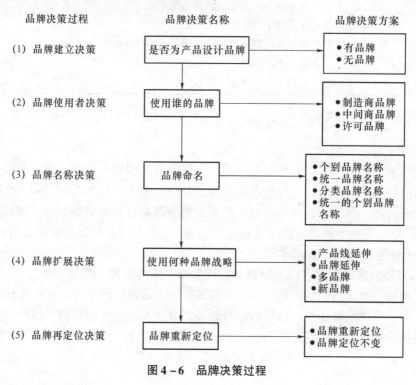

图4-6 品牌决策过程

知识点六 品牌拓展决策

当企业决定品牌扩展时，有4种方案可供选择，分别为产品线延伸、品牌延伸、多品牌、新品牌。

1. 产品线延伸（Product Line Extension）

产品线延伸指企业在同样的品牌名称下面，在相同的产品名称中引进增加的项目内容，如新的口味、形式、颜色、成分包装规格，等等。产品线扩展可以是创新、仿制或填补空缺等。企业要充分利用自己的制造能力扩大产品生产，或是满足新的消费需求，或是与竞争者进行竞争，因此，企业大部分的产品开发活动都是围绕产品线扩展进行的。例如，宝洁公司的产品线包括了飘柔、海飞丝、沙宣等。产品线延伸是一种较低成本和低风险的新产品方法。但是过度的延伸会使得品牌失去特定内涵，让消费者混淆或产生不满。

2. 品牌延伸（Brand Extension）

品牌延伸是企业对新的产品类别中使用过去成功品牌名称推出新的或改进过的产品。使用品牌延伸战略可以使新产品较快地打入市场，消费者容易识别和接受；可以节约新产品的推广费用。使用品牌延伸战略也有风险，倘若原有品牌名称不适合新产品，将会引起消费者的误解以及对品牌核心价值产生稀释作用，例如，亨氏曾经推出过宠物食品，就很快失败了，因为它混淆了主品牌的形象。

3. 多品牌（Multi-brands）

多品牌指企业在相同的产品目录中引进多个品牌。使用多品牌战略不但可以为不同质量的产品确定不同的品牌，还可以为不同类型的顾客和细分市场确立不同的品牌，具有较强的营销针对性。例如，宝洁公司在美国本土销售的洗衣粉品牌就有6个之多（汰渍、奇尔、格尼、时代、卓夫特、象牙），多品牌策略的实施有助于迎合消费者不同的购买动机。

4. 新品牌（New Brand）

当企业发现现有品牌日趋衰落，或在新产品目录中推出新产品时发现原有的品牌名称不太适合新产品，这时就有可能为新产品进行新品牌名称的命名。需要注意的是，新品牌建立过多也会导致企业资源过于分散，所以，类似宝洁这样的企业也开始放弃一些弱小品牌，把企业资源更多地投入市场份额较大的品牌上。

知识点七 品牌名称设计

品牌命名既是一种艺术，也是一种科学。好的品牌名称可以大大提高产品的成功率，给产品进行品牌名称设计，应该遵循以下几个原则：

（1）好的名称设计有助于人们联想到产品的某些利益和质量。

（2）好的名称设计让消费者容易识别、记住和容易读。

（3）好的名称设计应该是独特的。

（4）好的名称设计容易拓展，可以由一个行业拓展到其他领域。

（5）好的名称设计应该容易较好地翻译成其他语言。

（6）好的名称设计应该能够注册和获得法律保护。

知识点八 包装

1. 包装的含义

包装是指对某一品牌商品设计并制作容器或包扎物的一系列活动。也可以说，包装有两方面含义：其一，包装是指为产品设计、制作包扎物的活动过程；其二，包装即是包扎物，包括商标、品牌、形状、颜色、图形、材料等。

2. 包装的作用

1）保护商品

包装保护商品的作用主要表现在两个方面：其一是保护商品本身。有些商品怕震、怕压需要包装来保护；有些商品怕风吹、日晒、雨淋、虫蛀等，也需要借助包装物来保护。其二是安全（环境）保护。有些商品是属于易燃、易爆、放射、污染或有毒物品，对它们必须进行包装，以防泄漏造成危害。

2）方便储运

有的商品外形不固定，或者是液态、气态，或者是粉状，若不对此进行包装，则无法运输、储藏和运输，从而使商品保值，同时加快交货时间。

3）促进销售

商品给顾客的第一印象，不是来自产品的内在质量，而是它的外观包装。产品包装美观大方、漂亮得体，不仅能够吸引顾客，而且还能激发顾客的购买欲望。据美国杜邦公司研究发现，63%的消费者根据商品包装做出购买决定。所以说，包装是无声的推销员。

4）增加盈利

由于装潢精美、使用方便的包装能够满足消费者的某种心理要求，消费者乐于按较高的价格购买，而且，包装材料和包装过程本身也包含着一部分利润。因此，适当的、好的包装能够增加企业的利润。

3. 包装的类型

包装是产品生产过程在流通领域的延续。产品包装按其在流通过程中作用的不同，可以分为运输包装和销售包装两种。

1）运输包装

运输包装又称外包装或大包装，主要用于保护产品品质安全和数量完整。运输包装可细分为单件运输包装和集合运输包装。

2）销售包装

销售包装又称内包装或小包装，它随同产品进入零售环节，与消费者直接接触。销售包装实际上是零售包装，因此，销售包装不仅要保护产品，而且更重要的是要美化和宣传商品，便于陈列展销，吸引顾客，方便消费者认识、选购、携带和使用。近些年来，随着超级市场的发展，销售包装的发展趋势日益呈现出小包装大量增加，透明包装日益发展，金属和玻璃容器趋向安全轻便，贴体包装、真空包装的应用范围越来越广泛，包装容器器材的造型结构美观、多样、科学，包装画面更加讲究宣传效果等发展趋势。这些都是营销企业应研究的内容。

4. 包装策略

符合设计要求的包装固然是良好的包装，但良好的包装只有同科学的包装决策结合起来才能发挥其应有的作用。可供企业选择的包装策略主要有以下几种：

1）类似包装策略

类似包装策略是企业对生产经营的所有产品，在包装外形上都采取相同或相近的图案、色彩等共同的特征，使消费者通过类似的包装联想起这些商品是同一企业的产品，具有同样的质量水平。类似包装策略可以节省包装设计成本，树立企业整体形象，扩大企业影响；可以充分利用企业已有的良好声誉，消除消费者对新产品的不信任感，带动新产品销售。它适用于质量水平相近的产品，但由于类似包装策略容易对优质产品产生不良影响，所以，对多数不同种类、不同档次的产品不宜采用。

2）等级包装策略

等级包装策略是企业对自己生产经营的不同质量等级的产品分别设计和使用不同的包装。这种依产品等级来配比设计包装的策略可使包装质量与产品品质等级相匹配，其做法适应不同需求层次消费者的购买心理，便于消费者识别、选购商品，从而有利于全面扩大销售。当然，该策略的实施成本高于类似包装策略也是显而易见的。

3）分类包装策略

分类包装策略指根据消费者购买目的的不同，对同一产品采用不同的包装。如购买商品用作礼品赠送亲友，则可精致包装；若买来自己使用，则简单包装。此种包装策略的优缺点与等级包装策略相同。

4）配套包装策略

配套包装就是指将几种关联性较强的产品组合在同一包装物内的做法。这种策略能够节约交易时间，便于消费者购买、携带与使用，有利于扩大产品销售，还能够在将新旧产品组合在一起时，使新产品顺利进入市场。但在实践中，要注意市场需求的具体特点、消费者的购买能力和产品本身的关联程度大小，切记任意配套搭配。

5）再使用包装策略

再使用包装策略也称双重用途包装策略，即指包装物在被包装的产品消费完毕后还能移作他用的做法。我们常见的果汁、咖啡等的包装即属此种方式。这种包装策略增加了包装的用途，可以刺激消费者的购买欲望，有利于扩大产品销售，同时，也可使带有商品商标的包装物在再使用过程中起到延伸宣传的作用。

6）附赠品包装策略

附赠品包装策略是指在包装物内附有赠品以诱发消费者重复购买的做法。在包装物中的附赠品可以是玩具、图片，也可以是奖券。该包装策略对儿童和青少年以及低收入者比较有效。这也是一种有效的营销推广（促进销售）方式。

7）更新包装策略

更新包装就是改变原来的包装。更新包装策略是指企业包装策略随着市场需求的变化而改变的做法。一种包装策略无效，依消费者的要求更换包装，实施新的包装策略，可以改变商品在消费者心中的地位，进而收到迅速恢复企业声誉的效果。

二、知识训练

训练项目 1　调查训练

对身边的品牌进行调研，选择几个熟悉的品牌，统计一周内该品牌出现的次数和宣传媒体的类型，从品牌名称和品牌标志两个方面分析该品牌宣传的优缺点。

记录看到品牌的时间、地点、次数以及宣传媒体，做成表格后提交。

应该选择熟悉的、身边容易见到的品牌，可以多人统计同一品牌，然后进行汇总分析。

训练项目 2　创意训练

在小组中集思广益，为一个新品牌的能量饮料想 5 个不同的名字。根据品牌名称应该具备的性质，评估每个名字。

训练项目 3　案例训练

可口可乐：用公益塑造品牌人格

在你心目中，可口可乐是什么样子的？活泼、亲和、有爱心？还是快乐、健康、有活力？这些拟人化的品牌印象，正是通过一系列传播活动形成的品牌人格。

在媒体环境大变化的今天，品牌的 CSR（企业社会责任）的内涵和传播方式也被重新定义。一方面，品牌越来越了解到 CSR 的影响力，以及 CSR 对品牌形象塑造的重要意义；同时，有些企业已经从单纯做慈善转向可持续发展思维。

作为一个全球知名的品牌，可口可乐在 CSR 上的努力与它的品牌地位和形象是相符的。早在 2011 年底，可口可乐大中华及韩国区专门成立了可持续发展部，以便更好地践行一系列可持续发展的承诺。

近日，可口可乐中国发布了《可口可乐中国可持续发展报告 2012—2013》。在报告中，可口可乐用了"在乎"这一温情的词，"我们在乎公众健康""在乎社区发展""在乎与环境和谐共生"，这一陈述赋予品牌充满爱意的人格——如何对待社会、对待环境、对待人，都映照出了一个企业的本心。

在社会化营销中，像可口可乐"昵称瓶"这样的精彩案例，能够取得出色的传播效果，其中一个重要原因是可口可乐对社交内涵的精准把握——人。关注人，说人话，才能让消费者愿意倾听品牌，愿意跟品牌交流。

CSR营销也是一样。在传统媒体时代，企业的CSR不接地气，缺乏与消费者沟通互动。此次可口可乐发布的"可持续发展报告"，虽然内容已经力求生动，但依然无法摆脱"报告"这一严肃的身份。

为了让这次CSR传播更符合可乐的调性，让厚重的报告更适合阅读，可口可乐做了一个新的尝试。除了在官方网站上发布完整版报告外，可口可乐还利用时下流行的Html5，将把这样一个企业层面、内容颇为严肃的报告成功"瘦身美容"，变成适应网络传播特点、特别是移动端观看及分享需求的形式；这一Html5报告由15页单独的画面组成，选取报告中的部分核心数据，直观展现了可口可乐在"可持续发展"项目中做出的努力，更易于消费者理解和分享；与Html5形式的报告一起，还有一张基于Html5设计的信息图和一套"卖萌"的九宫格GIF图，分别用于不同的传播渠道，适应各平台受众的阅读习惯。

传播形式的改变不仅仅是为了更好地进行传播。事实上，这一改变也是与可口可乐的品牌人格相符的，轻松、活泼、有趣。对品牌而言，形象的塑造不仅仅存在于品牌广告中，更应该贯彻到企业的每一次传播活动中，从内容到形式。

"去严肃化"还体现在报告中对人的关注。报告不再单是由冷冰冰的数字、表格构成，它也包含了很多感人至深的故事。报告中提到了一个叫陈玉霞的女孩。10年前，她是河北省赞皇县石嘴头可口可乐希望小学的学生，10年后的今天，她成为这里的特岗教师，这是一个美好的故事，也是一份爱和责任的延续。

数字背后如果缺乏关于人的故事，一定是单薄的，这些普通人的故事让这份报告筋骨之中增添了血肉，容易为消费者理解和接纳。

以"人"为核心，塑造健康、关爱的企业形象——可口可乐通过一系列"可持续发展"项目等贴合自身品牌定位的公益活动，塑造了更加完善的品牌人格，使品牌更加贴近消费者，也更容易获得消费者的信任。

请思考以下问题：

（1）可口可乐的品牌管理突破了传统的宣传、广告等营销手段，其新的品牌管理思想和方式给你什么样的启示？

（2）品牌形象和企业社会责任之间存在什么样的关系？

三、知识拓展

知识拓展1　构建品牌的时机

企业何时才能构建品牌，取决于以下几个方面：

第一，产品本身是否具有独到的价值。产品是品牌的载体，没有好的产品是不可能产生品牌的。好的产品能够满足顾客的需求，能够提供可靠性和可追溯性，能够在相同的产品中给顾客独特的享受。

第二，能否实现个性与可见度。当企业产品和企业的形象在个性化和可见度上都能够有所建树的时候，企业为品牌的构建奠定了一个基础，例如，可口可乐虽然一直保持不变的口感,但是不断推出新的包装,不断与各种活动紧密结合,迎合了消费者的眼光,成为人们无法忘怀的品牌。

第三,是否拥有稳定可靠的渠道。品牌的构建在更大程度上取决于渠道的可靠性和稳定性。因此,构建品牌的企业必须能够解决渠道的问题。好的品牌都是渠道的创新者、渠道的建设者。它们能够与渠道分享和创造价值,能够与渠道一起满足顾客的需求,渠道也因为品牌企业而充满活力。例如,奔驰、宝马、奥迪都是与渠道深度合作,从而获得稳定而持续的市场占有率的佼佼者。

第四,是否具有向顾客递交并沟通价值的整个业务系统。这是最后一个关键条件,因为,品牌本身意味着顾客的忠诚度、顾客的价值定位、顾客对于产品价格的敏感性等。这些要素的获得不是企业哪一个方面做好就可以得到,需要企业整个业务系统的支持才可以得到。海尔的服务、新产品研发、物流、供应链管理、市场化能力、传播以及顾客的沟通,这一切的综合才构建了海尔的品牌。

构建品牌需要时机,需要基于上述4个条件,违背这些条件或不能够满足这些条件的,构建品牌只会把企业葬送,例如,秦池酒业、三株口服液等一大批曾经辉煌的企业。所以,构建品牌不是简单地做广告,品牌也不是企业的目标,而是企业的一个结果,企业只有满足上述4个条件之后,寻找自己的一条品牌发展道路,当时机成熟之时,品牌自然会被顾客所认可。

(资料来源:陈春花. 经营的本质 [M]. 北京:机械工业出版社,2016.)

知识拓展2 品牌营销的误区

误区一:做品牌就是做销量。在很多企业营销主管的营销计划中,常常一味强调销售量的提升,把产品销量作为企业追求的最大目标。他们大都有一个"共识":做销量就是做品牌,只要销量上来了,品牌自然会得到提升。这是非常错误的观点。片面追求销量的结果往往导致对品牌其他要素(品牌的知名度、美誉度、忠诚度、品牌联想等)的建设视而不见。有人说哈药集团凭借铺天盖地的广告轰炸,赢得了销售额的增长,据称哈药的广告投入每增加一倍,销售额便要翻一番。其实,广告应该达到两个目的:一是销量的增长,二是品牌形象的提升和品牌资产的积累。如果只是满足了其中一个目的,都不能说是成功的广告。纵观一些成功品牌,它们不仅注重销量,更注重建立一个永续经营的品牌。可口可乐、海尔、美的等从来都是既要眼前利益,更要长远利益;既要销量,更要品牌积累。也只有这样的品牌才可以纵横驰骋、长盛不衰。

误区二:做广告创意就是做品牌。许多企业都认为:好的广告创意就能树立起品牌。这就陷入了一个为创意而创意的误区。这种观念之下的诟病一是脱离了市场背景和企业的实际情况。一个好的广告创意,应该建立在一个正确的策略基础之上,如目标市场、品牌状况、竞争品牌、产品特点、目标人群、品牌定位、广告目的、诉求重点,等等。遵循这一策略发展而成的创意才是正确、有效的,任何为创意而创意、脱离策略的"好创意",除了拿去获奖,对品牌是不能做出有效贡献的。二是忽略了营销其他环节的配合。品牌营销中的每一块"木板",只有环环相扣、紧密配合,才能使品牌营销发挥最大作用,仅仅依靠广告创意这块木板,而忽视其他方面的建设和配合,最终品牌的创建便会成为"水中月"般的梦幻。

误区三:品牌可以任意延伸。品牌在什么情况下可以延伸?品牌延伸决策要考虑的因素有:品牌核心价值与个性、新老产品的关联度、行业与产品特点、产品的市场容量、企业所处的市场环境、企业发展新产品的目的、市场竞争格局、企业财力与品牌推广能力等。而上述众多因素中,品牌核心价值与个性又是最重要的。不恰当的品牌延伸只会给企业带来损失,如美国的派克笔,一直以价高质优著称,是上层人士身份的象征。后来生产每支仅3美元的低档笔,结果不但没有顺利打入低档笔市场,反而丧失了一部分高档笔市场,其高贵的品牌形象受到损伤。一个成功的品牌有其独特的核心价值与个性,若这一核心价值能包容拓展产品,就可以大胆地进行品牌延伸。品牌延伸应尽量以不与原有核心价值与个性相抵触为原则。

知识拓展3 小企业的定位与品牌化

小企业的品牌化是一项具有挑战性的工作,在有限的企业资源下,如何建立自己的品牌呢?一般来说,营销项目的聚焦和连贯性非常重要。创意也是非常重要的,寻找新的方式将有关产品的新想法出售给消费者,以下是一些具体的方法:

集中于一两个关键联想的基础上建立一个或两个强势品牌。小企业必须依赖仅有的一个或两个品牌和关键联想作为品牌的差异点。这些联想必须在整个营销活动中被不断强化,而且要做到一致地强化。

创建口碑和忠诚的品牌社区。小企业往往必须依靠口碑来建立它们的定位,公关关系、社交网络以及低成本的促销和赞助可以成为不贵的替代性选择。

或是使用整合良好的品牌元素集。在战术上,小企业应该使3种主要的品牌资产驱动因素中每一种的贡献都达到最大。首先,小企业应该发展一个能够提高品牌知晓度和品牌形象的有区别的、整合良好的品牌元素集。品牌元素应该容易记忆并富有意义,含有尽可能多的创意潜力。创新性包装可以代替广告战役,在销售点获得注意力。

尽可能多地利用次级联想。次级联想——具有潜在的相关联想的任何人物、地点或事物——常常是建立品牌资产的一个划算的捷径,尤其是那些有助于传达质量和可靠性的联想。

项目小结

1. 核心概念

产品(Product)   服务(Service)
核心产品(Core Product)   形式产品(Actual Product)
期望产品(Expected Product) 延伸产品(Augmented Product)
潜在产品(Potential Product) 产品线(Product Line)
产品项目(Product Item)   产品种类(Product Categories)
产品形式(Product Form)   品牌产品(Brand Product)
产品组合(Product Mix or Product Association)
产品组合的长度(Product Mix Length) 产品组合的宽度(Product Mix Width)
产品组合的深度(Product Mix Depth)   产品组合的关联度(Product Mix Consistency)
产品生命周期(Product Life Cycle)   开发期(Development Stage)
引进期(Introduction Stage)   成长期(Growth Stage)
成熟期(Maturity Stage)   衰退期(Decline Stage)

新产品开发（New Product Development）　　产品概念（Product Concept）
包装（Package）　　包装策略（Packaging Strategy）
品牌（Brand）　　品牌命名（Brand Naming）
品牌决策（Branding Decision）　　统一品牌（Blanket Family Brand）
品牌使用者决策（Brand–Sponsor Decision）　　个别品牌（Lndividual Brand）
分类品牌（Separate Family Brands）　　多品牌（Multibrands）
品牌设计（Brand Designing）　　品牌延伸（Brand Extension）

2. 思考与讨论

（1）如何理解市场营销学中产品的内涵？
（2）整体产品概念包括哪几个层次？
（3）什么是产品组合？它可以从哪几个方面进行分析？
（4）怎样理解产品生命周期？针对不同产品生命周期阶段如何实施营销策略？
（5）怎么理解市场营销学中新产品的定义和类别？
（6）什么是产品的包装？包装策略主要有哪些？
（7）开发新产品应遵循哪些基本原则？
（8）新产品开发程序包括哪几个阶段？
（9）什么是品牌？品牌的含义可以分为哪几个层次？
（10）举例说明统一品牌、个别品牌、分类品牌及统一的个别品牌几种决策的特点及适用条件。
（11）品牌命名及设计的原则是什么？

3. 案例分析

海尔的全球化品牌战略

海尔集团是世界第四大白色家电制造商、中国最具价值品牌，旗下拥有240多家法人单位，在全球30多个国家建立了本土化的设计中心、制造基地和贸易公司，全球员工总数超过5万人，重点发展科技、工业、贸易、金融四大支柱产业，已发展成全球营业额超过1 000亿元规模的跨国企业集团。自2002年以来，海尔品牌价值连续7年蝉联中国最有价值品牌榜首，2008年海尔品牌价值高达803亿人民币。

曾经一个亏空147万元的集体小厂如何迅速成长为拥有白色家电、黑色家电和米色家电，产品包括86大门类13 000多个规格品种，冰箱、冷柜、空调、洗衣机、电热水器、吸尘器等产品市场占有率均居全国首位的中国企业。在短短的20多年时间中，海尔是如何做到如此飞跃的呢？从探析海尔的成长历程以及海尔品牌战略制定实施过程我们或许可以找到答案。

1. 名牌战略阶段（1984—1991年）

这一阶段海尔的名牌战略的提出是当时企业内部和市场外部的客观条件造成的。海尔1984年起步时是一个濒临倒闭的集体小厂，海尔艰难起步并确立冰箱行业的名牌地位，其代表事件就是"砸冰箱"，通过砸掉76台有问题的冰箱砸醒职工的质量意识，树立名牌观念。海尔决定引进世界上最先进的电冰箱生产技术，生产世界一流的冰箱，创出冰箱行业的中国名牌。

1988年海尔获得了中国冰箱行业历史上第一枚国家级质量金牌，标志着名牌战略初步成功。这一阶段在海尔的发展史上有一点不可磨灭的是通过专心致志做冰箱,做世界一流的冰箱,积累了丰富的管理经验和技术人才,初步形成了海尔的管理模式,为第二个阶段的腾飞打下了基础。自1990年以来,海尔采取"先难后易"的出口战略,即首先进入发达国家建立信誉,创出牌子,然后再占领发展中国家的市场,取得了显著成效,因而出口量逐年翻番。海尔以产品的高质量树立了国际市场信誉,并坚持在发展中对国际市场布局进行多元化战略调整,因此,创出了在国内市场稳固发展的同时,有力地开拓了国际市场的大好局面。海尔在走向国际市场时由于坚持了创中国自己的国际名牌的战略,因此,出口产品都打海尔自己的品牌,并努力通过质量、售后服务等树立海尔品牌的国际形象。

2. 多元化战略阶段(1992—1998年)

海尔从1984年到1991年做了7年冰箱,从1992年开始,海尔充分利用世界家电产业结构调整的机遇以及国内的良好发展时机,在国内家电企业中率先开始了多元化经营。

1997年,海尔从白色家电领域进入黑色家电领域,如电视机等,随后又进入电脑行业。然后进入了冷柜、空调、洗衣机等白色家电领域,从一个产品向多个产品发展,以"吃休克鱼"的方式进行资本运营,以无形资产盘活有形资产,在最短的时间里以最低的成本把规模做大,把企业做强,并取得了辉煌的业绩。

与此同时,产品开始大量出口到世界各地。这期间,海尔为国际化经营打下了坚实的基础。有了名牌战略和多元化战略打下的基础,海尔集团作为国内家电知名品牌的生产厂家,在国内市场上占据了明显的优势。但它认为,正是由于有了较高市场份额,才是形成了积极向外扩张发展跨国经营的最好时机与重要条件,内在动力已经具备。

3. 国际化战略阶段(1998—2005年)

海尔的产品批量销往全球主要经济区域市场,有自己的海外经销商网络与售后服务网络,Haier品牌已经有了一定知名度、信誉度与美誉度。在这一阶段,海尔提出由海尔的国际化向国际化的海尔转变,海尔的国际化是国际化海尔的一个基础,只有先做到了海尔的国际化才能去做国际化的海尔。国际化是海尔的目标。

在做海尔的国际化时,就是要海尔的各项工作都能达到国际标准:质量要达到国际标准,财务的运行指标、运行规则应该和西方财务制度一致起来,营销观念、营销网络应达到国际标准。"出口"是针对海尔的国际化而言,但国际化的海尔就不同了,"海尔"已不再是青岛的海尔,设在中国的总部也不再仅仅是向全世界出口的一个产品基地。中国的海尔也将成为整个国际化的海尔的一个组成部分,还会有美国海尔、欧洲海尔、东南亚海尔,等等。国际化的海尔是三位一体的海尔,即设计中心、营销中心、制造中心三位一体。最终成为一个非常有竞争力的具备在当地融资、融智功能的本土化的海尔。

海尔国际化战略最终目的就是成为一个真正在每一个地方都有竞争力的,而且辐射到全世界各地的国际化海尔。

4. 全球化品牌战略阶段(2006—今)

"创新驱动"型的海尔集团致力于向全球消费者提供满足需求的解决方案,实现企业与用户之间的双赢。

面对新的全球化竞争条件,海尔确立全球化品牌战略,启动"创造资源、美誉全球"的企业精神和"人单合一、速决速胜"的工作作风,为创出中国人自己的世界名牌而持续创新。

全球化品牌战略和国际化战略有很多类似，但是又有本质的不同。国际化战略阶段是以中国为基地向全世界辐射，但是全球化品牌战略阶段是在当地的国家形成自己的品牌。国际化战略阶段主要是出口，但现在，海尔努力在每一个国家的市场创造本土化的海尔品牌。

请分析和思考以下问题：

（1）海尔是如何对其产品进行塑造的？其产品质量的追求和产品线开发与海尔品牌建设存在什么样的关系？

（2）海尔集团作为中国目前为数不多的国际化经营较为成功的企业，其名牌的形成过程可以分为哪几个阶段？

（3）请查阅相关文献并思考海尔按照国际化品牌的质量与标准来生产、制造、营销产品的历程。

价格策略

通过对本项目的学习,学生对定价策略有理性的认知。要求学生了解影响企业定价的因素、企业定价的目标与意义。学生在掌握定价方法的基础上,具备通过知识训练结合企业经营状况及外部市场环境灵活运用定价导向法进行合理定价的能力。在案例辅助和实操训练的帮助下认知价格调整策略及企业面对竞争者调价时的应对措施。

知识目标

1. 理解企业产品定价的意义和目标。
2. 掌握影响企业产品定价的因素。
3. 掌握企业产品定价的基本导向法。
4. 了解企业产品价格调整策略。

能力目标

1. 能够识别企业产品定价考虑的因素。
2. 能够独立运用不同方法进行定价决策。
3. 具备进行产品定价时所需要的市场调查能力和资料整理分析能力。

任务一 了解影响定价的因素

一、知识扫描

知识点一 产品定价的意义

价格策略的研究是市场营销理论中"4Ps"之一。价格策略是指工商企业为其产品制定的定价方针、方法和措施的总称。价格策略在企业市场营销及其经济活动中占据着十分重要的地位，主要表现有：

1. 价格是企业收入和利润的源泉

企业的收入等于出售的产品与服务的数量与其单价的乘积。利润是收入扣除所有成本后的剩余。所以说，价格是企业收入的关键，是利润的源泉。

2. 价格是获得最大消费者剩余的关键

消费者剩余是指消费者为获得一种商品愿意支付的价格与他取得该商品而支付的实际价格之间的差额。为了尽可能地获得更多的利润（即最大消费者剩余），企业需要选择一个适当的价格，使其最接近目标客户的预期。若价格定得过高，企业就会因此而失去客户；若价格定得过低，企业则会失去本应获得的收入。

知识点二 影响定价的因素

价格作为营销因素组合中最活跃的因素，应对整个市场变化做出灵活的反应。这种变化受到多种因素的影响与制约。

1. 定价目标因素

1）维持生存目标

当企业产品在市场上严重滞销、大量积压、资金周转不灵、企业陷入困境时，企业就不得不以维持企业生存为定价目标。此时，企业可能压低定价，以迅速减少库存、收回资金、克服财务困难为目标，价格甚至可低于成本。

2）利润导向目标

利润导向目标是指企业在定价时，直接以利润高低作为企业的定价目标。

（1）短期利润最大化目标。

短期利润最大化指企业以通过最大可能抬高价格的形式，在短期内获得最大利润。

（2）获取预期收益目标。

预期收益即是预计的总销售额减去总成本额的差额，可以用两个指标表示：投资收益率、销售收益率。

（3）获得适当的利润目标。

适当的利润指中等程度的平均利润，或者说与企业的投资额及风险程度相适应的平均利润。

3）销售导向目标

销售导向目标是指企业以商品销售额作为定价目标，通过销售额的增长来提高企业市场占有率，提高利润。

（1）以促进销售额作为定价目标。

以促进销售额作为定价目标即通过价格手段扩大销售。在价格合适时，销售额增加，利润增加；价格低于成本时，销售额增加，利润反而会减少。在价格不变时，销售额增加，市场份额增加；价格降低时，销售额增加，市场份额不一定增加，甚至会减少。

（2）以提高市场占有率（份额）为目标。

市场占有率是指企业的产品销售量占市场上同一种产品全部销售量的百分比。市场占有率高，在价格不变的情况下，销售额就高，利润也高；而且，市场占有率高的企业，在市场定价方面更有发言权。

(3) 以达到预期销售额为定价目标。

事先制定一个预先想达到的销售额目标，然后确定价格。价格可以高也可以低。

4) 竞争导向目标

在市场竞争中，企业以保持或巩固企业的竞争地位为定价目标。

(1) 稳定价格目标。

为保护自己，打算长期经营，巩固市场占有率，用稳定价格的形式避免竞争，稳定利润。这种形式适用于实力雄厚、规模较大、在同行业中处于领先地位的大公司，公司的产品供求正常，市场竞争不激烈。

(2) 应付市场竞争目标。

以同行业的大企业的价格为标准，与之保持一定的水平差距，以免在竞争中失败。这种形式适用于难以和大企业竞争的中小企业。

(3) 战胜竞争对手目标。

通过制定价格，使本企业销量迅速扩大，以占领市场、战胜竞争对手为目标。这种形式适用于产品质量好、产量高、有实力与竞争者抗衡的企业。

美国8家著名大公司定价目标见表5–1。

表5–1　美国8家著名大公司定价目标

公司名称	定价主要目标	定价附属目标
通用汽车公司	20%资本回报率（缴税后）	保持市场份额
固特异公司	对付竞争者	保持市场地位和价格稳定
美国罐头公司	维持市场销售份额	应付市场竞争
通用电气公司	20%资本回报率（缴税后），增加7%销售额	推销新产品，保持价格稳定
西尔斯公司	增加市场销售份额（8%～10%为满意的份额）	10%～15%传统的资本回报率
标准石油公司	保持市场销售份额	保持价格稳定，一般资本回报率
国际收割机公司	10%资本回报率	保持市场中第二位的位置
国民钢铁公司	适应市场竞争的低价	增加市场销售份额

对一家公司来说最难办的事情之一就是给一种产品或服务制定适当的价格。在定价方面，公司的相对竞争处境、公司的有关产品或产品种类的战略目标，以及产品在自身生命周期中所处的阶段，这些都是重要的宏观决定因素。

如果公司的主要战略目标是提高盈利能力，而不是增加市场份额，就不宜杀价，而是应当寻求那些愿意接受公司要价的顾客所占的市场部分，而不是为了吸引更大市场部分而降低价格。当然，市场竞争激烈，利润最大化与获取最大限度的市场份额，往往是不切实际的期望。

2. 商品价值与成本因素

价值是形成价格的基础，而成本又是价值的重要组成部分。因此，价格的制定必须考虑这两个重要因素。

1) 商品价值

商品价值量的大小决定商品价格的高低。价值反映社会必要劳动消耗，而社会必要劳动消耗是由生产资料消耗价值（C）、活劳动消耗的补偿价值（V）、剩余产品价值（M）所组成，即商品价值 = $C + V + M$。因此，企业制定营销价格时必须首先考虑商品价值的3个组成因素。但是，在一定时期内，价格与价值并不总是相一致的，而是围绕着价值上下波动，当商品供过于求时，价格下降；当商品供小于求时，价格上升。因此，不能把价值看成定价的唯一因素。

2）商品成本

成本是商品价格构成中最基本、最重要的因素，也是商品价格的最低经济界限。在一般情况下，商品的成本高，其价格也高，反之亦然。商品的成本因素主要包括生产成本、销售成本、储运成本和机会成本。

（1）生产成本。

生产成本是企业生产过程中所支出的全部生产费用，是从已经消耗的生产资料的价值和生产者所耗费的劳动的价值转化而来。当企业具有适当的规模时，产品的成本最低。但不同的商品在不同的条件下，各有自己理想的批量限度，其生产超过了这个规模和限度，成本反而增加。

（2）销售成本。

销售成本是商品流通领域中的广告、推销费用。在计划经济体制下，销售成本在商品成本中所占比重很小，因而对商品价格的影响不大。但市场经济下，广告、推销等是销售的重要手段，在商品成本中所占的比重也日益增加。因此，在确定商品的价格时必须考虑销售成本这一因素。

（3）储运成本。

储运成本是商品从生产者到消费者手中所需的运输和储运费用。商品畅销时，储运成本较少，商品滞销时，储运成本增加。

（4）机会成本。

机会成本是从事某一项经营活动而放弃另一项经营活动的机会、另一项经营活动所应取得的收益。但是，商品的成本不是个别企业的商品成本，而是所有生产同一产品的生产部门的平均生产成本。在通常情况下，机会成本对个别企业的商品成本影响比较大，对平均生产成本的影响比较小，因而对商品价格的影响也很小。

3. 市场需求与竞争因素

商品价格，除了成本和价值因素外，在很大程度上还受商品市场供求状况、市场竞争状况以及其他因素的影响。

1）商品市场供求状况

成本为企业制定其产品的价格确定了底数，而市场需求则是价格的上限。价格受商品供给与需求的相互关系的影响，当商品的市场需求大于供给时，价格应高一些；当商品的市场需求小于供给时，价格应低一些。反过来，价格变动影响市场需求总量，从而影响销售量，进而影响企业目标的实现。因此，企业制定价格就必须了解价格变动对市场需求的影响程度。反映这种影响程度的一个指标就是商品需求的价格弹性。所谓需求的价格弹性（Price Elasticity of Demand），通常简称需求弹性，是指一种物品需求量对其价格变动反应程度的衡量，用需求量变动的百分比除以价格变动的百分比来计算。其公式为：

$$Ed = 需求量变动百分比/价格变动百分比$$

$$= \frac{\Delta Q/Q}{\Delta P/P}$$

$$= \frac{\dfrac{Q_2 - Q_1}{Q_1}}{\dfrac{P_2 - P_1}{P_1}}$$

公式中：Ed 代表需求的价格弹性，即弹性系数，ΔQ 代表需求量的变动，Q 代表需求量，ΔP 代表价格的变动，P 代表价格。

不同物品的需求弹性存在着差异，特别是在消费品的需求弹性方面。造成不同物品需求弹性差异的主要因素有：

(1) 产品对人们生活的重要性。

通常情况下，米、盐等生活必需品需求弹性小，奢侈品的需求弹性大。

(2) 商品的替代性。

如果一种商品替代品的数目越多，则其需求弹性越大。因为价格上升时，消费者会转而购买其他替代品；价格下降，消费者会购买这种商品来取代其他替代品。

(3) 消费者对商品的需求程度。

需求程度大，弹性小。如当医药价格上升时，尽管人们会比平常看病的次数少一些，但不会大幅度地改变他们看病的次数。与此相比，当汽车的价格上升时，汽车的需求量会大幅度减少。

(4) 商品的耐用程度。

一般而言，使用寿命长的耐用消费品需求弹性大。

(5) 产品用途的广泛性。

用途单一的需求弹性小，用途广泛的需求弹性大。在美国，电力的需求弹性是 1.2，这就与其用途广泛相关，而小麦的需求弹性仅为 0.08，就与其用途单一有关。

(6) 产品价格的高低。

价格昂贵的商品需求弹性较大。

由于商品的需求弹性会因时期、消费者收入水平和地区而不同，所以，我们在考虑商品的需求弹性到底有多大时，往往不能只考虑其中的一种因素，而要全面考虑多种因素的综合作用。在我国，彩电、音响、冰箱等商品刚出现时，需求弹性相当大，但随着居民收入水平的提高和这些商品的普及，其需求弹性逐渐变小了。

2）市场竞争状况

一般来说，竞争越激烈，对价格的影响也越大。

(1) 完全竞争对价格的影响。

在完全竞争状态下，企业几乎没有定价的主动权。各个卖主都是价格的接受者而不是决定者。在实际生活中，完全竞争在多数情况下只是一种理论现象，因为，任何一种产品都存在一定的差异，加之国家政策的干预以及企业的不同营销措施，完全竞争的现象几乎不可能出现，但是，如果出现了完全竞争，企业可以采取随行就市的价格策略。

(2) 完全垄断对价格的影响。

完全垄断是指一种商品完全由一家或几家企业所控制的市场状态。在完全垄断状态下，企业没有竞争对手,可以独家或几家协商制定并控制市场价格。在现实生活中,完全垄断只有在特定条件下才能形成,然而,由于政府干预(如许多国家的反垄断立法)、消费者的抵制以及商品间的替代关系,一个或几个企业完全垄断价格的局面一般不易出现。但是,如果出现了完全垄断,则非垄断企业在制定价格时一定要十分谨慎。

4. 国家政策因素

多数国家(包括发达资本主义国家)对企业定价都有不同程度的约束。定价时,企业除了考虑市场调节因素之外还要考虑国家指导性计划因素。

1)企业定价的范畴

(1)国家指导性定价。

国家指导性定价是指国家物价部门和业务主管部门规定定价权限与范围,指导企业价格制定和调整的定价方式。其定价方式有以下3种:浮动定价,即国家规定商品基准价格、浮动幅度和方向,企业在规定范围自主定价;比率控制定价,即国家规定商品差价率、利润率与最高限价范围,由企业自行灵活地确定价格;行业定价,指为了避免同行业企业在生产和流通中盲目竞争,国家采取计划性指导,由同行业者共同协商制定商品的统一价格,并共同遵守执行。

(2)市场调节定价。

市场调节定价指在遵守政策和法规的前提下,根据市场供求状况、市场竞争程度、消费者行为及企业自身条件等因素的变化趋势,由营销者自行确定商品价格。这种定价主要适用于生产分散、量大、品种多、供求复杂、难以计划管理的商品,且主要依靠价值规律自发调节商品价格。市场调节定价有两种形式:一种是在不受第三方影响下,相互协商议定价格;另一种是企业议价,指商品实行部分指令性计划价格的企业在完成国家任务后的超产部分,企业根据市场状况确定其价格。

2)商品差价与商品比价

商品差价与商品比价,是价格体系的重要组成内容,也是国家价格政策的组成部分。

(1)商品差价。

商品差价指同一商品由于销售地区、流转环节、销售季节、质量高低、用途等不同而形成的价格差额。商品差价形成的主要理论依据是上述各种情况下耗用的劳动量不同,形式有地区差价、批零差价、季节差价、平议差价和用途差价等。

(2)商品比价。

商品比价指在同一条件下不同商品价格的比例。它由不同商品之间价格量的比值和不同商品的供求状况所决定。比价形式主要有制成品与投入要素比价、替代品比价和连带品比价。

5. 消费行为与心理因素

消费者行为,尤其是心理行为,是影响企业定价的一个重要因素。无论哪种消费者,在消费过程中,必然会产生复杂的心理活动来指导自己的消费行为。面对不太熟悉的商品,消费者常常从价格上判断商品的好坏,认为高价高质。在大多数情况下,市场需求与价格呈反向关系,即价格升高,市场需求降低;价格降低,市场需求增加。但在某些情况下,由于受消费者心理的影响,会出现完全相反的反应。如"非典"初发期,白醋、板蓝根等商品的大幅涨价反而引起了人们的抢购。因此,在研究消费者心理对定价的影响时,要持谨慎态度,要仔细了解消费者心理及其变化规律。

> **故事链接——一幅画**
>
> 在比利时的一间画廊里,一位美国画商正和一位印度画家在讨价还价,争辩得很激烈。其实,印度画家的每幅画底价仅在 10~100 美元。但当印度画家看出美国画商购画心切时,对其所看中的 3 幅画单价非要 250 美元不可。美国画商对印度画家敲竹杠的宰客行为很不满意,吹胡子瞪眼地要求降价成交。印度画家也毫不示弱,竟将其中的一幅画用火柴点燃,烧掉了。美国画商亲眼看着自己喜爱的画被焚烧,很是惋惜,随即又问剩下的两幅画卖多少钱。印度画家仍然坚持每幅画要卖 250 元。从对方的表情中,印度画家看出美国画商还不愿意接受这个价格。这时,印度画家气愤地点燃了火柴,竟然又烧了另一幅画。至此,酷爱收藏字画的美国画商再也沉不住气了,态度和蔼多了,乞求说:"请不要再烧最后这幅画了,我愿意出高价买下!"最后,画作以 800 美元的价格成交。

影响企业商品定价的因素非常多,除上述的因素以外,还包括产品的特性、宏观经济环境、货币的价值、汇率、货币流通量、消费者的认知价值等。

二、知识训练

训练项目 1 能力训练

市场价格调研

将班级学生分小组,利用双休日,选择某类商品,进行市场定价调查,了解同类商品定价的价格区间,认知影响该类商品价格的因素,撰写影响此类商品定价的因素为主旨的调查报告及市场调查心得体会。

训练任务:

(1) 将学生分组,分为服装组、家电组、小商品组、食品组,分组进行价格调研。
(2) 学生就调研过程进行心得体会交流。
(3) 根据调研情况,每组形成调研报告,小组选派代表就调研成果进行汇报。
(4) 将所有小组调研成果进行总结,评选出最佳小组。

训练项目 2 案例训练

观看《大宅门》片段,内容为:七爷一行人在药材市场先是高价购买黄连 50 公斤,继而放出口风说还需要 500 公斤,并持币待购,各药商见有利可图纷纷收进黄连,结果几天内市场上黄连泛滥,价格狂降,七爷等人此时购买进大宗黄连,节省了大批银两。

从此案例,请同学们思考并讨论问题:

(1) 案例中七爷为何放出口风说还需要 500 公斤黄连?为什么几天后市场上黄连多了,价格降了?
(2) 黄连的价格能否有可能高过人参价格或低过萝卜的价格?
(3) 影响价格的因素有哪些,是如何影响价格的?
(4) 商品的价格到底由哪些要素决定,受哪些因素影响?请举出生活中价格变化的例子。

训练项目 3 案例训练

案例 1:海南的菠萝今年获得了丰收,但由于受气候与销售环境的影响,果农找不到市场销售。菠萝平均收购价卖不到 2 元/公斤，次品收购平均 4 角/公斤。

案例 2：2018 年 2 月 28 日，记者走访鲜花市场发现，情人节期间 10 元/枝的玫瑰花，现在零售价 3 元，康乃馨价格变化不大。据鲜花行业人士预测，即将到来的三八节，鲜花价格又将上涨，情人节期间价格没有变化的康乃馨将要价格上涨。

案例 3：国家发展改革委员会价格司负责人 15 日就成品油降价答记者问时表示：油价下调符合当前刺激经济增长的政策。

案例 4：受钢铁厂产能及当地铁矿石生产能力和进口矿石到达该地区的运输条件的影响，铁矿石价格差异是很大的。如河北省南部因钢铁厂产能大于矿石供给，且进口矿石运输困难，故铁矿石价格长期处于国内的高位。

通过以上案例，请同学们思考并讨论以下问题：
(1) 这 4 个案例中，分别是什么因素导致了价格的变化？
(2) 上述因素是否直接发挥作用，通过何种途径来影响商品价格，都有什么共同点？

三、知识拓展

知识拓展 1　目标价格制度

产品目标价格是农产品目标价格制度中的一个核心概念。从经济学角度看，对农产品目标价格的合理解释是一种市场损失补助价格标准，本质上是一种合约价格，是在农产品市场全面放开条件下，政府代表国家，为保护社会特殊群体的合理利益，在公共财政可支付能力和行政可管控能力范围内核算和发放临时补贴的一种价格计算标准。

农产品目标价格制度在形式上是对农产品目标价格的一种制度安排，在性质上是有特殊针对性的一种农业补贴制度，基本目的是要解决市场机制在利益分配上的失灵问题，实行信号的归信号（由市场供求决定）、利益的归利益（由政府补贴调节）。建立这种制度具有很多隐含假设和前置条件，需要政府本身进行改革创新并做艰苦细致的努力。但目前学术界对农产品目标价格的基本解释是将其作为与农产品市场价格相对应的一种目标价格或预测价格及参考价格来对待。

知识拓展 2　药品定价

政府在药品定价方面采取了积极干预的政策。根据《中华人民共和国药品管理法》，我国药品定价原则为依法实行政府定价、政府指导价的药品，政府价格主管部门应依照《中华人民共和国价格法》规定的定价原则，依据社会平均成本、市场供求状况和社会承受能力合理制定和调整价格，做到质价相等，消除虚高价格，保护用药者的正当利益；依法实行市场调节价的药品，药品的生产企业、经营企业和医疗机构应当按照公平、合理和诚实信用、质价相符的原则制定价格，为用药者提供价格合理的药品。

知识拓展 3　飞跃鞋价格的飞跃之路

在 20 世纪的中国，飞跃鞋是疯狂流行过的一款小白鞋。但是，即便被疯狂追捧，这鞋在中国也只卖二十几块钱。如今，飞跃鞋却摇身一变，价格飙涨 20 倍，成为可以卖到 500～1 000 元的欧洲潮品。这款"复古风潮""墙内开花墙外香"的小白鞋——飞跃鞋，又经历了怎样的凤凰涅槃呢？

飞跃鞋的历史，追溯到 1931 年的大孚橡胶厂，当时为私人创立。中华人民共和国成立后，经公私合营成为地方国营的工厂。1958 年，大孚橡胶厂根据军用解放鞋研制出一种民用的运动鞋，取名为"飞跃"。因为又轻又软、经久耐穿，飞跃鞋受到人们的普遍欢迎，而白底红蓝条纹的配色，让飞跃鞋成为 20 世纪七八十年代大众追捧的"时尚品"，最高峰时，飞跃鞋一年的销量曾达到1 000多万双。

20世纪90年代,整个上海正在面临城市经济转型,高污染、高能耗的橡胶行业逐步迁出上海。在抓大放小的改革思路之下,拥有飞跃品牌的上海大孚橡胶厂将生产主力放在利润更大的轮胎上,而单价低、利润单薄的飞跃牌运动鞋则不被重视,在改制中几易其主。

1993年之前,飞跃鞋的生产和管理权一直都归属于大孚橡胶厂。之后,大孚橡胶厂将FEIYUE鞋的商标使用权授权给上海大博文鞋业有限公司。这是FEIYUE品牌的第一次使用权变更。但严格来说,大博文鞋业有限公司仅具有FEIYUE鞋的商标使用权,而FEIYUE商标的专有权仍然归大孚橡胶厂所有。

在2007年之前,市售的飞跃鞋只有两种经典款式,一白一黑。直到酷爱复古中国文化的法国人尼古拉斯找到大博文鞋业有限公司,大博文将FEIYUE的商标口头授权给了法国人(法国人由此注册了FEIYUE的国际商标,但纠纷也由此产生,且无法在短时间内解决商标争议)。

对于"70后""80后"男孩来说,曾经记载了他们年轻时候的时尚的一款鞋,最近又火了起来。而且,这双当年的年轻人曾经都拥有过的"臭球鞋",竟然火到被摆放在巴黎香榭丽舍大道著名的体育用品商店Quarterback,售价则高达上百欧元。当年中国流行过的飞跃牌"民用解放鞋",经过风雨蜕变,如今华丽转身,成了国际时尚界的宠儿。今天飞跃在中国依旧几十元左右定价,但是FEIYUE价格千元左右,可以说价格进行了"飞跃"。

任务二　掌握定价方法

一、知识扫描

知识点一　定价程序

1. 确定定价目标

包括主要投资收益率目标、市场占有率目标、防止竞争目标、利润最大化目标等。

2. 测定需要

企业商品的价格会影响需求,需求的变化影响企业的产品销售以及企业营销目标的实现。因此,测定市场需求状况是制定价格的重要工作。在对需求的测定中,首要的是了解需求对价格变动的反应,即需求的价格弹性。

3. 估算成本

企业在制定商品价格时,要进行成本估算。企业商品价格的最高限度取决于市场需求及有关限制因素,而最低价格不能低于商品的经营成本费用,这是企业价格的下限。

4. 分析竞争状况

对竞争状况的分析,包括3个方面的内容:分析企业的竞争地位,协调企业的定价方向,估计竞争企业的反应。

5. 选择定价方法

定价策略中,常见的定价方法有3类:成本导向定价法、需求导向定价法、竞争导向定价法。

6. 选定最后价格

在最后确定价格时,必须考虑是否遵循4项原则:①商品价格的制定与企业预期的定价目标的一致性,有利于企业总的战略目标的实现;②商品价格的制定符合国家政策法令的有关规定；③商品价格的制定符合消费者整体及长远利益；④商品价格的制定与企业营销组合中的非价格因素一致、互相配合，为达到企业营销目标服务。

知识点二　定价方法

在影响定价的几种因素中，成本因素、需求因素与竞争因素是影响价格制定与变动的最主要因素。企业通过考虑这3种因素的一个或几个来定价，但是，在实际工作中企业通常根据实际情况侧重于考虑某一方面的因素并据此选择定价方法，此后，再参考其他方面因素的影响对制定出来的价格进行适当的调整。因此，企业的定价导向可以划分为三大基本类型，即成本导向、需求导向和竞争导向。

1. 成本导向定价法

所谓成本导向定价法，就是企业以成本费用为基础来制定价格，主要包括成本加成定价法、目标利润定价法和边际贡献定价法。

1）成本加成定价法

成本加成定价法即根据单位成本与一定的加成率来确定产品的单位价格，具体有如下两种方式：

（1）成本加成定价。

即企业在产品的单位总成本（包括单位变动成本和平均分摊的固定成本）上加一定比例的利润（即加成）来制定产品的单位销售价格。

成本加成定价法中的加成率的计算式：加成率 = 毛利/销售成本

产品单价计算公式为：产品单价 = 单位成本 × (1 + 成本加成率)，$P = C(1+R)$

式中：P——产品价格；C——单位产品成本；R——加成率。

（2）售价加成定价法。

是以产品的最后销售价格为基数，按销售价格的一定比率来计算加成，然后得出产品的价格。

计算公式为：产品单价 = 单位成本/(1 - 成本加成率)，$P = C/(1-R)$

式中：P——产品价格；C——单位产品成本；R——加成率。

例如，某手机厂商的成本和预计的销售量如下：总固定成本 3 000 000 元，单位变动成本 1 000 元，预计销售量 5 000 部，若该制造商的预期利润率为 20%。如果用成本加成定价法，每部手机确定价格的过程如下：单位成本 = 单位变动成本 + 固定总成本/销售量 = 1 000 + 3 000 000/5 000 = 1 600 元，产品价格 = 单位成本 × (1 + 加成率) = 1 600 × (1 + 20%) = 1 920 元。如果用售价加成法，则每部手机售价为 1 600/(1 - 20%) = 2 000 元。

由此可以看到，成本加成定价法的关键是加成率的确定。在这方面，企业一般是根据某一行业或某种产品已经形成的传统习惯来确定加成率。但是，不同商品、不同行业、不同市场、不同时间及不同地点的加成率是不同的，甚至同一行业中不同的企业也会有不同的加成率。一般地说，加成率应与单位产品成本成反比；加成率应和资金周转率成反比；加成率应与需求价格弹性成反比（需求价格弹性不变时加成率也应保持相对稳定）；零售商使用自己品牌的加成率应高于使用制造商品牌的加成率。加价定价法是一种传统的定价方法，优点是计算简便。但由于只是从企业角度出发，而没有考虑市场需求和竞争对手的情况，加成定价法经常被认为是落后的，是生产者导向观念指导下的产物。

2)目标利润定价法

目标利润定价法也称为目标收益定价法、投资报酬定价法,这是制造企业普遍采用的一种定价方法。该方法的操作过程是企业在单位总成本、预计销售量等指标的基础上,考虑企业的投资所能获得的投资报酬率来制定价格。

公式为:价格 = 单位成本 + (总投资额 × 投资利润率)/预计销售量

假设上述手机厂投资1 000万元,想要获得20%的投资报酬率,则其目标收益价格应 = 1 600 + (10 000 000 000 × 20%)/5 000 = 2 000(元)。

如果企业对成本和预测的销售量都计算得较准确,采用这种方法确定的价格能实现20%的投资收益,且计算非常简单。但是,销售量要受到市场需求、竞争状况等诸多因素的影响,企业还应考虑销售量达不到5 000部的状况。我们可以绘制一张保本图来了解其他销售水平的情况。假设固定成本始终保持为300万元,在固定成本上附加上变动成本,总成本随着销售量增加而直线上升,总收入曲线从零开始,以价格为斜率,随市场销售量而上升。盈亏平衡如图5-1所示。

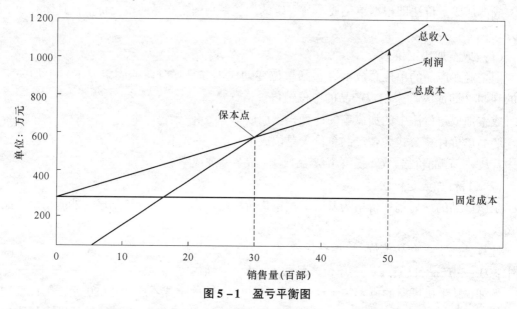

图5-1 盈亏平衡图

总收入曲线和总成本曲线在3 000部处相交,则3 000部为保本销售量,也就是目标利润为零时的销售量。

保本销售量的计算公式为:

保本销售量 = 固定成本/(价格 - 变动成本) = 3 000 000/(2 000 - 1 000) = 3 000(部)

以每部2 000元销售,至少要销售3 000部手机才能保证企业不发生亏损,即总收入可弥补总成本。若企业希望在市场上能以2 000元的价格销售5 000部手机,此时1 000万元的投资将获利200万元。然而,这在很大程度上取决于价格弹性和竞争者的价格。

成本导向定价法曾一度为多数企业所推崇,因为它简单易行。但是,这种定价导向存在很明显的缺陷。在大多数行业中,要在产品价格确定之前确定产品单位成本是不可能的,这是因为单位成本随产品的销量而变化。为了解决确定单位成本的问题,成本导向的定价者,只能假设产品价格不影响销售数量,销售量也不影响成本,这显然与实际情况相违背。成本导向定价往往容易导致在市场疲软时定价过高,在市场景气时定价过低。"王氏试验室"

(Wang Laboratory)生产的世界上第一台文字处理机的定价经历就很具有代表性。1976年，王安公司成功地推出这种产品，并很快占领了市场，这使公司得以迅速地成长。然而，到了20世纪80年代中期，带有文字处理软件的个人电脑逐渐成为该产品的强大竞争对手。在竞争加剧、增长放慢的环境下，公司所信奉的成本导向定价哲学使其逐渐丧失了市场优势。由于价格随经常性费用的不断增加而上升，公司销售额持续下降，许多老顾客纷纷"背叛"了王氏公司，转而选择其他公司更便宜的替代产品。

从国际上看，近年来，定价问题的特点有了相当大的变化。除了极少数企业外，都废弃了单纯的成本导向定价法，而转变为需求导向定价法和竞争导向定价法，基于竞争和消费者心理的定价策略越来越受到重视。

2. 需求导向定价

现代市场营销观念要求，企业的一切生产经营必须以消费者需求为中心，并在产品、价格、分销和促销等方面予以充分体现。只考虑产品成本，而不考虑竞争状况及顾客需求的定价，不符合现代营销观念。根据市场需求状况和消费者对产品的感觉差异来确定价格的方法叫需求导向定价法，又称"市场导向定价法""顾客导向定价法"，主要包括认知价值定价法、反向定价法、需求差异定价法、价值定价法、集团定价法等，其中需求差异定价法将在定价策略中专门论述。

1）认知价值定价法

认知价值（Perceived Value）定价法是指企业依据消费者对商品价值的理解，而不是依据企业的成本费用水平来定价，通过运用各种营销策略和手段，在消费者心目中建立并加强认知。认知价值定价法的关键和难点，是获得消费者对有关商品价值认知的准确资料。企业如果过高估计消费者的认知价值，其价格就可能过高，难以达到应有的销量；反之，若企业低估了消费者的认知价值，其定价就可能低于应有水平，使企业收入减少。因此，企业必须通过广泛的市场调研，了解消费者的需求偏好，根据产品的性能、用途、质量、品牌、服务等要素，判定消费者对商品的认知价值，然后据此来定价。如假设某家庭一个月用两瓶酱油，其单价为4.5元，现有一种浓缩酱油，一瓶可让同样的家庭使用一个月，则对其定价为7元一瓶是可被消费者接受的，因为每月可为消费者节省2元。该浓缩酱油的定价是以消费者的认知价值为基础的，而不是以产品的实际成本为基础。认知价值定价法的关键在于提供并向潜在顾客展示比竞争者更高的价值。

故事链接——影响顾客价值观念的定价

美国卡特彼勒公司是生产和销售牵引机的一家公司，它的定价方法十分奇特，一般牵引机的价格在2万美元左右，该公司却以每台牵引机高出竞争者同类型产品4 000美元的价格，成功地推销了它的产品。该公司在宣传推销中影响用户价值观念的主要内容是：①本企业产品与竞争者产品型号相同，价值20 000美元；②耐用性高于竞争者产品，应加价3 000美元；③可靠性高于竞争者，应加价2 000美元；④维修服务措施周到，应加价2 000美元；⑤零部件供应期较长，应加价1 000美元；⑥此外，为顾客提供价格折扣，企业减利4 000美元；⑦所以，牵引机实际售价为24 000美元。这样一算，加深了客户对该公司产品性能价格比的理解，使众多消费者宁愿多付出4 000美元购买产品，结果是卡特彼勒公司的牵引机在市场上十分畅销。

2）反向定价法

反向定价法主要不是考虑产品成本，而是重点考虑需求状况，依据消费者能够接受的最终销售价格，反向推算出中间商的批发价和生产企业的出厂价格。反向定价法被分销渠道中的批发商和零售商广泛采用。该方法的特点是：价格能反映市场需求情况，有利于加强与中间商的良好关系，保证中间商的正常利润，使产品迅速向市场渗透，并可根据市场供求情况及竞争状况及时调整，定价比较灵活。

3）价值定价法

价值定价法的实质，就是重新发现产品的价值，为利润战略寻找站得住脚并且能够实施的依据。企业根据其产品的差异性、所面临的竞争、细分市场等状况，决定其产品在市场中的认知价值，以该认知价值作为定价的基础，制定价格。

企业成功制定更高价格是价值定价法的一种。因为，企业的终极目标是利润最大化，而价格对利润有着比其他因素（单位变动成本、固定成本、销售量等）大得多的杠杆效应。在其他利润要素不变的情况下，将价格提高 10%，企业的利润增幅将达到 100%。而单位变动成本下降 10%，只能带来 60% 的利润增幅；销量 10% 的增加，只能带来 40% 的利润增加。由此可见，价格的杠杆效应，远高于同等幅度的销量或者成本的改善所能带来的效应。

星巴克成功地把原来只卖 40 美分一杯的咖啡卖到 4 美元一杯，这 4 美元正是包含了"体验"的价值；可口可乐将那种造价非常便宜的棕色液体卖得与牛奶价格相差无几，也是因为顾客接受了可口可乐所代表的"文化"价值。化妆品企业正是成功使用了价值定价法，把制造成本 30 多元的产品卖到 100 元，创造了超过 60% 的毛利率和 18% 的运营利润率，这是它为所有女性营造了一种"良好感觉"而应得的回报。同样，石油的制造成本也就每桶 3~5 美元，但为什么能卖到每桶 100 美元？这就是价值定价法的威力。某吸尘器公司生产的彩虹吸尘器不需要使用常规吸尘器所需要的纸袋，而是利用水来完成吸尘。实际上彩虹吸尘器的造价并不见得比普通吸尘器高多少，如果采用常规的成本加成法，彩虹吸尘器不可能定高价。但实际上，彩虹吸尘器的价格高达每台 700 美元，远远高于常规吸尘器。这种吸尘器的销售人员是这样为顾客计算价值的：彩虹吸尘器不需要使用普通吸尘器的纸袋，每周吸尘两次，1 年就可以节省 104 个纸袋，每个纸袋 53 美分，一年可以节省 50 美元，10 年就可以节省 500 美元。顾客接受了这种价值宣传，于是高价买下彩虹吸尘器。

一般来说，价值定价法常常是通过差异化的产品或服务、技术创新等竞争力实现的。当年的微软，今天的苹果、星巴克、可口可乐等公司，莫不如此。有时候，垄断地位也能给价值定价带来便利。达美航空公司曾经第一个在从波士顿到纽约的航线上提供每小时一班的往返服务，而其他公司还没有获得这个飞行权。当时，波士顿到纽约的其他交通工具有公交车、小汽车和火车，对于许多客户来说，达美航空公司就具有很高的顾客认知价值，此时便能收取高价。后来各大航空公司纷纷获得往返波士顿和纽约的飞行权，达美的垄断地位丧失，价格便迅速下跌。

另一方面，顾客都希望从购买的商品中获取高价值，所以，采用以低价出售高质量供应品的价值定价法在某种程度上可获得顾客忠诚。其主要的表现形式就是天天低价（Everyday Low Pricing，EDLP）定价法，被许多零售商采用。4 个最成功的美国零售商 Home Depot、沃尔玛、Office Depot、Toys"R"Us 公司都使用天天低价定价法。这种定价方法强调把价格定得较低，但它们的定价并非总是市场上的最低价。因此，从某种意义上说，"天天低价"中的"低"并不一定最低。对这种定价方法更准确的表述应该是"每日稳定价"，因为它防止了每周价格的不稳定性。成功运用天天低价法会使零售商从与对手的残酷价格战中撤出。一旦顾客意识到价格是合理的，他们就会更多、更经常地购买。天天低价法下的稳定价格还减少了高/低定价法中的每周进行大量促销所需要的广告，而是把注意力更多地放在塑造企业形象上。另外，天天低价法的销量和顾客群都较稳定，不会因贱卖的刺激而产生新的突发消费群，因而销售人员可以在稳定的顾客身上花更多的时间，多为顾客着想，提高企业整体服务水平。

价值定价法基本程序是企业分析其产品的差异性及目标细分市场的特点，为产品找准市场定位，然后围绕着这一定位制定促销、宣传、分销等营销战略，达到预期中的顾客认知价值，这一价值就是顾客愿意支付的价格。然后根据这一价值来定价，并根据定价来决定成本和利润的比例。

4）集团定价法

为了给顾客以更多的实惠，不少企业制定了一系列团购价，尤其是对一些金额较大的商品如小汽车，顾客自发组织起来以团购价购买，可以大大降低购买价格。互联网的兴起更加便利了这种方式，毫不相识的顾客通过互联网，可以加入企业已有购买意向的顾客当中，当购买量达到一定标准后，顾客便可以理想的价格进行购买。当然这种方式对顾客的耐性是一种挑战，因为有些顾客可能等不到集团价格实行的时候就退出了。

3. 竞争导向定价

竞争导向定价是指在激烈的竞争性市场上，企业通过研究竞争对手的生产条件、服务状况、价格水平等因素，依据自身的竞争实力，参考成本和供求状况来确定商品的价格。其特点是：价格的制定以竞争者的价格为依据，与企业自身商品的成本及市场需求状况不发生直接关系。竞争导向定价主要包括：

1）通行价格定价法

通行价格定价法（Going – Rate Pricing）也称随行就市定价法、流行水准定价法，是指企业按照行业的现行平均价格水平来定价，利用这样的价格来获得平均报酬。在企业难以估算成本，打算与同行业竞争对手和平共处，另行定价时很难估计购买者和竞争者对本企业价格的反应，经营的是同质产品，且产品供需基本平衡时，采用这种定价方法比较稳妥。这样定价易于被消费者接受，可以避免激烈竞争特别是价格竞争带来的损失，同时，可以保证适度的盈利。另外，由于企业不必去全面了解消费者对不同价差的反应，可为营销、定价人员节约很多时间。

采用通行价格定价法，最重要的就是确定目前的"行市"。在实践中，"行市"的形成有两种途径：第一种途径是在完全竞争的环境里，各个企业都无权决定价格，通过对市场的无数次试探，相互之间取得一种默契而将价格保持在一定的水准上。第二种途径是在垄断竞争的市场条件下，某一部门或行业的少数几个大企业首先定价，其他企业参考定价或追随定价。

2）封闭式投标拍卖定价法

许多大宗商品、原材料、成套设备和建筑工程项目最终的买卖和承包价格就是通过此方法确定的。其具体操作方法是首先由采购方通过刊登广告或发出函件说明拟采购商品的品种、规格、数量等具体要求，邀请供应商在规定的期限内投标。供应商如果想做这笔生意就要投标，即在规定的期限内填写标单，填明可供应商品的名称、品种、规格、价格、数量、交货日期等，密封送给招标人（采购方）。采购方在规定的日期内开标，选择报价最合理的、最有利的供应商成交并签订采购合同。一般说来，招标方只有一个，处于相对垄断地位，而投标方有多个，处于相互竞争地位，因此，最后的价格是供应商根据对竞争者报价的估计制定的，而不是按照供应商自己的成本费用或市场需求来制定的。

二、知识训练

训练项目1 产品定价游戏训练

为玩具枪定价

游戏目的： 为了解一种产品的定价技巧，实操一种产品的定价过程，将学生分成若干组对某一产品定价。指定产品为气爆玩具枪。气爆玩具枪是一种专利新产品，可在枪口打出各种颜色的气球，直到爆响，虽声如爆竹，却对人毫无伤害，即使枪口面对脸部，爆响时也只是一种微风扑面的感觉。一次装弹可击发200响以上。产品荣获第四届国家专利技术优秀发明奖一等奖、第四届国家科学技术最佳成果进步奖二等奖、纽伦堡国际发明先锋奖、日内瓦国际发明金奖、第三届亚洲国际发明金奖、香港国际专利技术金奖。该产品的成本为50元/支，2元/盘（子弹）。请为该产品定价。

游戏过程：

（1）将同学分为若干组对该产品进行定价（建立在调研的基础上），小组通过讨论，确定本组此款气爆玩具枪的价格。

（2）各小组将最终定价写在纸条上，折好上交。

（3）各小组阐述各自的定价方法。

训练项目2 营销游戏

让经销商乐于经销你的高价产品

高价产品是企业重要的利润来源，但很多高价产品尚未与消费者谋面就已被经销商封杀在渠道中，因为，经销商对经销高价产品总是有太多的顾虑。如何让经销商接受高价产品，是许多企业非常关心和头疼的事。其实"价格没有高低之分，只要你让购买者觉得值"这个原则，不仅适用于说服消费者，也适用于说服经销商。如何消除经销商的顾虑，让其觉得经销你的高价产品很值呢？这是需要一些技巧的。

游戏目的： 让同学们掌握"高价"产品的推销技巧。

游戏方法： 班里的学生分为两部分，一部分扮演经销商，一部分扮演生产高价产品企业的推销员。一个经销商、3个推销员为一组，每组选定一种产品。游戏之前，双方都要对该产品的市场进行调研，避免游戏过程的空洞。游戏时，经销商对于经销高价产品提出自己的担心，由生产该高价产品企业的3个推销员分别解答。解答需要建立在分析的基础上，做到有理有据，并有一定的语言技巧。经销商可对3个推销员的回答进行打分，以评判优劣。

示例与提示：

例如，经销商提出："你们的产品太贵了，人家同样的产品比你们的便宜多了！"

推销员分析： 客户认为产品价格高，很多时候是因为没有选对参照物，因为价格高低都是相对的。例如，在方便面行业，客户拿双料包产品与三料包产品进行比较，拿低档面与中高档面进行比较，这种比较势必得出错误的结论。

推销员可采取的应对方法：

（1）先让客户讲，看看他认为我们企业的产品"价格高"，是在与哪家企业的产品进行比较。

分析：如果客户拿我们大企业的产品与小企业的产品相比，就应向客户说明两者的价格是不能相提并论的，因为品牌的知名度和市场定位不一样。

如果客户拿我们企业的产品同主要竞争对手的产品相比，那么，首先应将客户所说的竞争产品的价格和售卖情况调查清楚；然后对号入座，看看竞争产品相当于我方产品的哪个品类；最后，向客户说明他是在拿低档竞争产品的价格与我方高档产品的价格相比。

（2）把本企业产品和竞争产品的各种优劣势进行详细比较，用对比数据、展示证书等直观的方式，从企业的状况和产品的定位、包装、质量等方面向客户说明。如在质量方面：①向客户说明我们企业的生产和质量管理情况，必要时可向客户出具企业获得的 ISO 9000 等质量保证体系的证明文件。②与竞争产品进行相关质量指标的对比。③请第三方进行盲测。在第三方事前并不知道所测产品属什么牌子的情况下，让其自然而然地说出我方产品与竞争产品相比有何长处。

（3）告诉客户我们的高价产品背后，有着优于竞争对手的完善的服务体系，它是厂商持久发展的重要保障。

注意：不要蓄意攻击竞争产品，这样很容易引起客户的反感，一定要拿数据和事实说服客户。而且，在评价竞争产品的时候，先说优点后说缺点；评价自己产品的时候，先说缺点后说优点。

三、知识拓展

知识拓展1 4种最基本的拍卖类型

1. 英式拍卖（English Auction）

英式拍卖也称增价拍卖。这是最常用的一种拍卖方式。拍卖时，由拍卖人提出一批货物，宣布预定的最低价格，然后由竞买者相继叫价，竞相加价，有时规定每次加价的金额额度，直到无人再出更高的价格时，则用击槌动作表示竞买结束，将这批商品卖给最后出价最高的人。在拍卖出槌前，竞买者可以撤销出价。如果竞买者的出价都低于拍卖人宣布的最低价格，或称价格极限，卖方有权撤回商品，拒绝出售。购物者彼此竞标，由出价最高者获得物品。当前的拍卖网站所开展的拍卖方式以"英式拍卖"为主。二手设备、汽车、不动产、艺术品和古董等商品常以这种方式进行拍卖。

2. 荷兰式拍卖（Dutch Auction）

荷兰式拍卖也叫降价式拍卖。这种方法先由拍卖人喊出最高价格，然后逐渐减低叫价，直到有某一竞买者认为已经低到可以接受的价格，表示买进为止。这种拍卖方式使得商品成交迅速，经常用于拍卖鲜活商品和水果、蔬菜、花卉等。荷兰阿姆斯特丹的花市所采用的便是这种运作方式，通用电器公司的"交易过程网络"（Trading Process Network）也是如此。

3. 标单密封式拍卖（Sealed-bid Auction）

这是一种招标方式，在这种拍卖方式中，买方会邀请供应商前来进行标单密封式投标，最后，由买方选择价格合理的供应商来成交。目前，这种方式在建筑市场、大型设备市场及药品的成批买卖中较为普遍。

4. 复式拍卖（Double Auction）

在这种方式中，买卖方的数量均较多。众多买方和卖方事先提交他们愿意购买或出售某项物品的价格，然后通过电脑迅速进行处理，并且就各方出价予以配对。复式拍卖的典型例子是股票市场，在该市场上，许多买方和卖方聚集在一起进行股票的买卖，价格也会随时发生变化。

知识拓展2 虚拟定价

市场上的虚拟有很多种，如虚拟经营、虚拟销售等，但与广大消费者联系最为密切的就是虚拟价格。顾名思义，虚拟价格就是事先虚构的，与实际价格不符的虚假价格。虚构价格的目的是为了与实际价格形成一种对比，用虚构的高价做映衬，使实际价格显得低廉、便宜、实惠，从而形成一种虚拟价格效应，促进消费者的购买行为，进而增加产品的销量。可见，虚拟价格是一种定价策略。

泰国曼谷有一家专门经营儿童玩具的商店，有一次购进了造型极为相似的两种玩具小鹿，一种日本产、一种中国产，标价都是0.39元一只。想不到的是，两种小鹿都卖不动。店员们纷纷建议老板降价，但精明的老板却没有采纳大家的建议，而是把中国产的小鹿提价为0.56元，并与定价为0.39元日本产的小鹿放在一起，形成对比。许多顾客看到两种相似的小鹿，价钱相差如此悬殊，忍不住询问，售货员按照老板的安排，告诉顾客：价钱不同是因为产地不同，进货渠道不同，其实质量并没有什么区别。经过仔细比较，顾客确认两种小鹿差不多，自然觉得买日本产的特别合算，并有一种买了便宜、实惠的商品的得意心理。不出半个月，日本产的小鹿就卖光了。老板又把中国产的小鹿标上原价0.56元，现价0.39元，减价出售。后来的顾客看到减价，也以为捡到了便宜，于是很高兴地把这些小鹿也买光了。

虚拟定价可以针对两个或多个不同厂家生产的同一种商品，使它们的价格有虚有实，以虚衬实。也可以针对一个厂家的某一种商品，借助包装、分级等方法，把这种商品拉成不同的价位，以高价映衬实价。不过，虚拟价格定价法用得过多过滥，也会引起消费者的反感。因此，要适度使用虚拟定价方法。

知识拓展3 选择成本导向定价法还是价值导向定价法

美国一家服装店的老板新推出了自己刚设计的系列服装，这些服饰都采用昂贵的丝绸、羊毛等材料制作，不仅质量好，款式也非常新潮。老板并不担心自己的产品卖不出去，但是他想让这些货物尽快地销售出去，于是就刻意压低了价格，将价格水平控制在与普通服饰一样的范畴内。结果一段时间后，老板郁闷地发现，这些物美价廉的服饰的销量并不是很好。这让老板觉得非常失望。就在他十分颓丧时，一个远房侄子来看望他。得知他的近况之后，年轻人给他出了一个主意："既然你的这些服饰本身价值就很高，就应该给他们一个值得的价格而不是这样的低价。"老板听了之后，半信半疑地进行了尝试——将价格提高到了原本的3倍，结果在半个月之内，这些衣服就销售一空。因为人们认为，这才是货真价实的好东西，好东西就是值这个价位的，太低价反而让他们怀疑产品质量，不敢购买。

由此可见，在给商品定价的时候，并非一味选择低价就是好的定价方法，如果你总是陷入低价误区，很可能在失去利润的同时也不能提升销量。你的商品应该定什么样的价格，应该由市场和客户决定。

我们想要提高市场占有率，最好参考顾客的价格观来定价。顾客的价格观是什么呢？就是顾客认为你的这款商品值什么价，我们可以将其命名为顾客的期待价格。我们的定价范围往往就介于成本价到顾客的期待价格之间，只要你的价格能低于顾客的期待价格，产品就会让顾客产生"值得"的感觉。相反，如果你的产品定价远低于顾客的预期，顾客就很有可能产生"是否我对这个商品的质量判断有误""也许它的质量并没有我想的那么好"这一类负面的想法。毕竟在中国人的传统观念中，"一分价钱一分货"绝对是个颠扑不破的真理。

如果你在定价时完全参考市场上其他同类产品，也就是根据你的竞争对手的情况来定价，则又很有可能会失去一些价格上的优势，比如，定价过高或者利润太低。但如果你按照顾客的期待价格来定价，不仅能让自己赚钱，而且还能让这钱转得更快、更简单，也让顾客心理更加舒服。

还有一些产品不仅不能打低价战，就连促销活动也应该有严格的价格掌控，这样的产品一般都是面向中高端市场、礼品市场或者是非常讲究质量的用户群体的。就拿几年前派克钢笔曾经犯过的错来说，一提"派克"的名字，大家就知道这是高端钢笔中响当当的品牌。当时派克钢笔想进驻低端市场，为了快速抢占市场，就推出了一系列低价产品。然而，这些价格只有高端笔1/3的低端笔，并没有真正打开新市场，反而影响了派克笔在高端市场上的形象，丢掉了原有的用户。

这种错误的判断，就是来源于对价格和客户群体的不正确判断。有些时候，在客户心里，价格正是质量、品质的价值代表，适当降低价格会让客户产生愉悦感，但大幅度地降价就会让顾客的心理产生动摇，对产品定位有所怀疑。此时，我们不仅丢失了利润，还不能获得客户的支持，可谓是两面不讨好。

那么，想同时抢占中高端市场与低端市场，应该怎样定位商品的价格？我们需要在不影响顾客选择的情况下，满足不同阶层用户的需求，有针对性地推出高配置与低配置的产品，在定价和产品质量上都产生一定差异，让所有的顾客都能满意。为了避免出现派克钢笔这样的问题，你完全可以将不同价格范围的产品，归类到不同的子品牌或不同系列中，彼此之间有一定的品牌联系，但是相互又是独立的，给消费者留下独立的品牌印象。这样就不容易让买家因为价格的高低而产生对产品的误解，还可以真正囊括不同阶层的顾客。

归根到底，我们的定价策略都是围绕产品、针对顾客来推行的，不要一味地认为低价就好卖，这是一个容易白费功夫还无法获得利润的错误想法。

知识拓展4　案例拓展

Conputron 公司成本加成定价走麦城

Conputron 公司是一家美国公司，其在美国和欧洲的主要产品是 X 计算机，这是一种专门为程序控制应用设计的中型数字式计算机。X 计算机主要用于化学工业和其他加工工业，也用于发电厂，尤其是核动力发电厂。

2000 年 7 月，Conputron 公司欧洲销售部正准备向德国最大的化学公司 KC 销售该产品，但在报价时却遇到了问题。按照 Conputron 公司的一贯定价原则，在成本上加 33% 的加成率（含有 11% 的税前毛利、8% 的折旧和 6% 的销售和广告费用津贴），然后再加上运费和进口税形成最终的售价。这样，该产品的报价就是 31 万美元。但是 Conputron 公司欧洲销售部意识到这个报价是 KC 公司无法接受的。

德国 KC 公司是 Conputron 公司在欧洲最重要的客户，这次招标的计算机主要用于新化学工厂的人员培训。这一培训活动将持续 4~5 年。培训活动结束后，计算机将被废弃或者易手。因而，这次对计算机的要求只是要求其具有高度的执行功能。KC 公司在招标书中也明确说明，它主要关心计算机的可靠性和合理的价格。这次投标的厂家很多，Conputron 公司得知，一家竞争公司的报价为 22 万美元，Conputron 公司的价格高出其 43%。但是，据可靠消息，只要 Conputron 公司的价格不超过最低报价的 20%，那获得 KC 公司订单的可能性还是很大的。

Conputron 公司在业内一直致力于塑造在数字计算机行业中高质量、一流公司的形象。公司引以为自豪的是在同类计算机中，其产品在精确度、可靠性、适应性和易操作性方面处于领先地位。经过谨慎思考后 Conputron 公司认为，如果降价，影响的不仅是利润，更是公司的形象。于是，Conputron 公司最后坚持使用 31 万美元的报价。当然，这次它失败了，那家竞争公司最终取得了成功。

（资料来源：费朗. 营销一点通 [M]. 北京：中国商业出版社，2002.）

Conputron 公司的定价方法是：成本＋适当利润＝适当价格。这种定价方法是一种以生产为导向的模式，有局限性。更为先进的做法是：消费者接受的价格－适当的利润＝成本上限。这是一种定价思维上的革命，这种定价模式将消费者列为主要决定因素，是符合现代营销观念的。

任务三 运用定价策略制定与调整价格

一、知识扫描

知识点一 新产品定价策略

企业在向市场上推出新产品时，首先要考虑的便是新产品的定价问题，新产品的定价策略选择得正确与否，将直接关系到新产品能否顺利地打开和占领市场，能否获得较大的经济效益。新产品的定价策略主要有 3 种：撇脂定价、渗透定价和满意定价策略。

1. 撇脂定价

撇脂定价又称取脂定价、撇油定价，该策略是一种高价格策略，是指在新产品上市初期，将新产品价格定得较高，以便在较短的时间内获取丰厚利润，尽快收回投资，减少投资风险。这种定价策略因类似于从牛奶中撇脂奶油而得名，在需求缺乏弹性的商品上运用得较为普遍。

一般情况下，撇脂定价适用于如下情形：①流行商品、全新产品或换代新产品上市之初。在这个时期，顾客对新商品尚无理性的认识，此时的购买动机多属于求新求奇。利用这一心理，企业通过制定较高的价格，不但获利颇丰，还可以提高产品身份，创造高价、优质、名牌的印象。例如，圆珠笔在 1945 年发明时，虽然一支成本才 0.5 美元，但发明者却利用广告宣传和消费者的求新求异心理，将圆珠笔以 20 美元一支销售，仍然引起了人们的争相购买。②受专利保护的产品、难以仿制的产品。由于在市场上该企业是独家经营，没有其他竞争者，此时的高价比较容易被消费者接受。③新产品与同类产品、替代产品相比具有较大的优势和不可替代的功能。④新产品采取高价策略获得的利润足以补偿因高价造成需求减少所带来的损失。

撇脂定价的优势非常明显，在顾客求新心理较强的市场上，高价有助于开拓市场；主动性大，产品进入成熟期后，价格可分阶段逐步下降，有利于吸引新的购买者；价格高，限制需求量过于迅速增加，使其与生产能力相适应。

当然，运用这种策略也存在一定的风险，高价虽然获利大，但不利于扩大市场、增加销量，也不利于占领和稳定市场；价格远远高于价值，在某种程度上损害了消费者利益，容易招致消费者的抵制，甚至会被当作暴利来看待，损坏企业形象；容易很快招来竞争者，迫使价格下降，好景不长。

因此，在消费者日益成熟、购买行为日趋理性的今天，采用这一定价策略必须谨慎。柯达公司生产的彩色胶片在 20 世纪 70 年代初突然宣布降价，立刻吸引了众多的消费者，挤垮了其他国家的同行企业，柯达公司甚至垄断了彩色胶片市场的 90%。到了 20 世纪 80 年代中期，日本胶片市场被"富士"所垄断，"富士"胶片压倒了"柯达"胶片。对此，柯达公司进行了细心的研究，发现日本人对商品普遍存在重质而不重价的倾向，于是制定高价政策打响牌子，保护名誉，进而实施与"富士"竞争的策略。他们在日本发展了贸易合资企业，专门以高出"富士" 1/2 的价格推销"柯达"胶片。经过 5 年的努力和竞争，"柯达"终于被日本人接受，走进了日本市场，并成为与"富士"平起平坐的企业，销售额也呈直线上升。

案例链接——雷诺兹的"厚利多销"

薄利多销是人人皆知的销售高招，近年来，厂家、商家竞相降价，无数残酷的价格战便是这一高招的体现。那么，与它相反的"厚利"能够"多销"吗？

美国人雷诺兹便是靠"厚利多销"这一策略取得了成功。20 世纪 30 年代，正值美国经济萧条时期，有一天，雷诺兹发现一家制造铅字印刷机的厂子破产待售。这种印刷机的用途之一是能够为百货公司印刷展销海报。雷诺兹瞅准这一点，立即借款买下该工厂，然后把机器重新命名为"海报印刷机"，专门向百货公司推销。当时各百货公司都在大力推销自己的产品，而"海报印刷机"正好能够满足它们的这一需要。雷诺兹认为，越是独特的东西，定价越高越好销售，因此他将销售价格由原来的每台 600 美元提高到 2 500 美元。果然，"海报印刷机"销路颇好。

雷诺兹在赚了一笔后，立即寻找新的"摇钱树"。1945 年 6 月，他到阿根廷商谈生意时，发现了目标，就是今天的圆珠笔。他看准了圆珠笔的市场潜力，立即赶回国内昼夜不停地研究。不到一个月，他便拿出了改良产品，并利用当时人们对原子的热情，美其名曰"原子笔"。之后，他立即拿出仅有的一支样笔来到纽约最大的百货公司，向百货公司主管展示它的不凡之处：可以在水中写字，也可以在高海拔地区使用。这些都是雷诺兹根据圆珠笔的特性和美国人追求新奇的性格，精心策划的促销手段。果不其然，该公司一下子购买了 2 500 支"原子笔"。

当时，这种圆珠笔的生产成本仅 0.8 美元，但雷诺兹在产品定价时认为，只有较高的价格才能让追求新奇的美国人感觉到这种笔的奇妙，故果断地将圆珠笔定价在 12.5 美元。1945 年 10 月 29 日，在百货公司首次销售雷诺兹圆珠笔时竟然出现了 5 000 人争购"奇妙原子笔"的壮观景象。此后，大量的产品订单像雪片一样飞来，短短半年，雷诺兹为生产圆珠笔投入的 26 万美元的资本，竟然为其带来 155 万美元的税后利润。这也成为美国商界采用"厚利多销"策略最成功的范例。

2. 渗透定价

与撇脂定价策略相对立的是渗透定价策略，这是一种低价策略，又称薄利多销策略，指在新产品投入市场时，利用消费者求廉的消费心理，有意将价格定得很低，以吸引顾客，迅速扩大销量，提高市场占有率。这种定价策略适用于新产品没有显著特色、产品存在着规模经济效益、市场竞争激烈、需求价格弹性较大、市场潜力大的产品。低价可以有效地刺激消费需求、阻止竞争者介入从而保持较高的市场占有率、扩大销售而降低生产成本与销售费用。如日本精工手表采用渗透定价策略，以低价在国际市场与瑞士手表角逐，最终夺取了瑞士手表的大部分市场份额。

对于企业来说，撇脂策略和渗透策略何者为优，不能一概而论，需要综合考虑市场需求、竞争、供给、市场潜力、价格弹性、产品特性、企业发展战略等因素才能确定。在定价过程中，往往要突破许多理论上的限制，通过对选定的目标市场进行大量调研和科学分析来制定价格。

3. 满意定价

满意定价策略也叫适价策略，是一种介于撇脂定价和渗透定价之间的价格策略。该策略是指企业将新产品的价格定得比较适中，以便照顾各方面的利益，使各方面都满意。由于撇脂定价策略定价过高，对消费者不利，可能遇到消费者拒绝，具有一定风险；渗透定价策略定价过低，虽然对消费者有利，但容易引起价格战，且由于价低利薄，资金的回收期也较长，实力不强的企业将难以承受；而满意价格策略采取适中价格，基本上能够做到供求双方都比较满意，因此，不少企业采取满意定价策略。有时，企业为了保持产品线定价策略的一致性，也会采用满意定价策略。通用汽车公司的雪佛兰汽车（Chevrolet Camaro）采用的就是满意定价策略，该品牌汽车的价格为绝大部分市场所能承受，其市场规模远远大于高价的"运动型"（Sporty）外形的细分市场。在雪佛兰汽车的样式十分流行、供不应求时，公司仍采用满意定价策略数年不变。原因在于，通用汽车跑车生产线上已经有一种采取撇脂定价的产品——Corvette，若对雪佛兰汽车也采取撇脂定价，会影响原来高价产品的销售。

满意定价策略由于获得的是平均利润，既可吸引消费者，又可避免价格竞争，从而能在市场上站稳脚跟，获得长远发展，但要确定企业与顾客双方都比较满意的价格比较困难。

知识点二 折扣定价策略

折扣定价策略是指销售者为回报或鼓励购买者的某些行为，如批量购买、提前付款、淡季购买等，将其产品基本价格调低，给购买者一定的价格优惠。具体办法有：现金折扣、数量折扣、功能折扣、季节性折扣、促销折扣等。

1. 现金折扣

现金折扣是为了鼓励顾客尽早付款，加速资金周转，降低销售费用，减少企业风险，而给购买者的一种价格折扣。财务上常用的表示方式为"2/10，n/30"，其含义是双方约定的付款期为30天，若买方在10天内付款，将获得2%的价格折扣，超过10天，在30天内付款则没有折扣，超过30天要加付利息。现金折扣的前提是商品的销售方式为赊销或分期付款，因此，采用现金折扣一般要考虑3个因素：折扣比例、给予折扣的时间限制、付清全部货款的期限。

2. 数量折扣

数量折扣是因买方购买数量大而给予的折扣，目的是鼓励顾客购买更多的商品。购买数量越大,折扣越多。其实质是将销售费用节约额的一部分以价格折扣方式分配给买方。目的是鼓励和吸引顾客长期、大量或集中向本企业购买商品。数量折扣可以分为累计数量折扣和非累计数量折扣两种形式。累计数量折扣规定顾客在一定时间内,购买商品若达到一定数量或金额,则按其总量给予一定折扣,其目的是鼓励顾客经常向本企业购买,成为可信赖的长期客户。非累计数量折扣也称一次性数量折扣,该折扣规定一次购买某种产品达到一定数量或购买多种产品达到一定金额,则给予折扣优惠,其目的是鼓励顾客批量或集中购买,促进产品的快速销售,加快资金周转。

3. 功能折扣

功能折扣又称交易折扣、贸易折扣,是企业根据其中间商在产品销售中所承担的功能、责任和风险的不同,而给予的不同价格折扣,以补偿中间商的有关成本和费用。对中间商的主要考虑因素有:在分销渠道中的地位、对生产企业产品销售的重要性、购买批量、完成的促销功能、承担的风险、服务水平、履行的商业责任以及产品在分销中所经历的层次和在市场上的最终售价,等等,目的在于鼓励中间商大批量订货,扩大销售,争取顾客,与生产企业建立长期、稳定、良好的合作关系。一般而言,给予批发商的折扣较大,给予零售商的折扣较少。

4. 季节折扣

季节折扣是企业为在淡季购买商品的顾客提供的一种价格折扣。由于有些商品的生产是连续性的,而其消费却具有明显的季节性,通过提供季节折扣,可以鼓励顾客提早进货或淡季采购,从而有利于企业减轻库存,加速商品流通,迅速回收资金,促进企业均衡生产,充分发挥生产和销售潜力,避免因季节需求变化所带来的市场风险,如商家在夏季对冬季服装进行的打折促销便是季节折扣。

5. 促销折扣

促销折扣指企业在进行促销活动的过程中给顾客价格上的优惠。由于促销活动往往是在一定期限内进行,因此,这种折扣一般有时间上的限制。如日本东京银座"美佳"西服店采用了一种折扣销售方法,颇获成功。具体方法是这样:先发一公告,介绍某商品品质性能等一般情况,再宣布打折扣的销售天数及具体日期,最后说明打折方法:第一天打九折,第二天打八折,第三、四天打七折,第五、六天打六折,依此类推,到第十五、十六天打一折。这个销售方法的实践结果是:第一、二天顾客不多,来者多半是来探听虚实和看热闹的。第三、四天人渐渐多起来。第五、六天打六折时,顾客像洪水般地拥向柜台争购。以后连日爆满,没到一折售货日期,商品早已售缺。

这是一则成功的促销折扣定价策略,妙在准确地抓住了顾客购买心理,有效地运用了折扣售货方法销售。人们当然希望买质量好又便宜的货,最好能买到以二折、一折价格出售的货,但是有谁能保证到你想买时还有货呢?于是出现了头几天顾客犹豫,中间几天抢购,最后几天买不到者惋惜的情景。

知识点三 心理定价策略

心理定价策略是企业针对消费者的不同消费心理,制定相应的商品价格,以满足不同类型消费者的需求的策略。常用的心理定价策略一般包括以下几种:

1. 尾数定价

尾数定价又称"奇数定价""非整数定价",是指企业利用消费者求廉、求实的心理,故意将商品的价格带有尾数,以促使顾客购买商品,这种定价方法多用于中低档商品。心理学家的研究表明,价格尾数的微小差别,能够明显影响消费者的购买行为。如将肥皂的零售价定为 3.9 元而不是 4.1 元。虽然前后仅相差 2 角钱,但会让消费者产生一种前者便宜很多的错觉。有时价格为尾数让消费者觉得真实,如 98.95 元一瓶的葡萄酒,让消费者觉得其价格是经过企业仔细算出来的,给人以货真价实的感觉。有时候尾数的选择完全是出于满足消费者的某种风俗和偏好,如西方国家的消费者对"13"忌讳,日本的消费者对"4"忌讳。美国、加拿大等国的消费者普遍认为单数比双数少,奇数比偶数显得便宜。我国的消费者则喜欢尾数为"6"和"8"。

当然,企业要想真正地打开销路,占有市场,还是得以优质的产品作为后盾,过分看重数字的心理功能,或流于一种纯粹的数字游戏,只能哗众取宠于一时,从长远来看却于事无补。

2. 整数定价

整数定价是指针对消费者的求名、求方便心理,将商品价格有意定为以"0"结尾的整数。在日常生活中,对于难以辨别好坏的商品,消费者往往喜欢以价论质,而将商品的价格定为整数,使商品显得高档,正好迎合了消费者的这种心理。如将一套西服定价为 1 000 元,而不是 998 元,尽管实际价格仅相差 2 元钱,给人的感觉却是这套西服上了一个档次,因为它的价格是在 1 000 元的范围内,而不是 900 元的范围内。因此,对那些高档名牌商品或消费者不太了解的商品,采用整数定价可以提高商品形象。另外,将价格定为整数还省去了找零的麻烦,提高了商品的结算速度。

3. 声望定价

声望定价策略是指根据消费者的求名心理,企业有意将名牌产品的价格制定得比市场中同类商品的价格高。由于名牌商品不但可减轻购买者对商品质量的顾虑,还能满足某些消费者的特殊欲望,如对地位、身份、财富、名望和自我形象的彰显等,因而消费者往往愿意花高价来购买它们。如德国的奔驰轿车、巴黎时装中心的服装以及我国的一些国产精品等,虽然价格偏高,但仍然畅销无阻。这一方面也反映了企业创名牌、树商誉的重要性。

声望定价往往采用整数定价方式,这更容易显示商品的高档。当然,声望定价策略切不可滥用,一般适用于名优商品,如果企业本身信誉不好、商品的质量也不过硬,采用这一策略反而容易失去市场。另外,为了使声望价格得以维持,有时需要适当控制市场拥有量。英国名车劳斯莱斯的价格在所有汽车中雄踞榜首,除了其优越的性能、精细的做工外,严格控制产量也是一个很重要的因素。在过去的 50 年中,该公司只生产了 15 000 辆轿车,美国艾森豪威尔总统因未能拥有一辆金黄色的劳斯莱斯汽车而引为终生憾事。

4. 招徕定价

招徕定价是指将某几种商品的价格定得非常之高,或者非常之低,在引起消费者的好奇心理和观望之后,带动其他商品的销售。这一定价策略常为综合性商店、超级市场,甚至高档商品的专卖店所采用。招徕定价运用较多的方法是将少数产品价格定得较低,吸引顾客在购买"便宜货"的同时,购买其他价格比较正常的商品。将某种产品的价格定得较低,甚至亏本销售,而将其相关产品的价格定得较高,也属于招徕定价的一种运用。比如,在选购这些特价商品时,往往还会光顾店内其他价格正常或偏高的商品,这实际上是以少数商品价格的损失来扩大其他商品的销售,增加企业的总体利润。

如日本"创意药房"在将一瓶 200 元的补药以 80 元超低价出售时，每天都有大批人潮涌进店中抢购补药，按说如此下去肯定赔本，但财务账目显示出盈余逐月骤增，其原因就在于没有人来店里只买一种药。人们看到补药便宜，就会联想到"其他药也一定便宜"，促成了盲目的购买行动。美国"99 美分商店"，不仅一般商品以 99 美分标价，甚至每天还以 99 美分出售 10 台彩电，极大地刺激了消费者的购买欲望，商店每天门庭若市。一个月下来，每天按每台 99 美分出售 10 台彩电的损失不仅完全补回，企业还有不少的利润。美国柯达公司生产一种性能优越、价格低廉的相机，市场销路很好。这种相机有一个特点，即只能使用"柯达"胶卷。"堤内损失堤外补"，销售相机损失的利润由高价的柯达胶卷全部予以补偿。在实践中，也有故意定高价以吸引顾客的。珠海九洲城里有种 3 000 港元一个的打火机，引起人们的兴趣，许多人都想看看这"高贵"的打火机是什么样子。其实，这种高价打火机样子平常，虽无人问津，但它边上 3 元一个的打火机却销路大畅。

采用这种策略要注意以下几点：商品的降价幅度要大，一般应接近成本或者低于成本。只有这样，才能引起消费者的注意和兴趣，才能激起消费者的购买动机；降价品的数量要适当，太多商店亏损太大，太少容易引起消费者的反感；用于招徕的降价品，应该与低劣、过时商品明显地区别开来。招徕定价的降价品，必须是品种新、质量优的适销产品，而不能是处理品，否则，不仅达不到招徕顾客的目的，反而可能使企业声誉受到影响。

知识点四　差别定价策略

差别定价是指企业对同一产品或劳务制定两种或多种价格以适应顾客、地点、时间等方面的差异，但这种差异并不反映成本比例差异。差别定价主要有以下几种形式：

1. 顾客细分定价

即企业按照不同的价格把同一种产品或劳务卖给不同的顾客。比如，对老客户和新客户、长期客户和短期客户、女性和男性、儿童和成人、残疾人和健康人、工业用户和居民用户等，分别采用不同的价格。我国的火车票对学生的售价就是半票，比售给一般人的价格要低。

2. 产品式样定价

即企业对不同花色品种、式样的产品定不同的价格，但这个价格对于它们各自的成本是不成比例的。如新潮服装与普通式样的服装虽然成本近似，但价格差异较大。

3. 渠道定价

指企业对经不同渠道出售的同一商品制定不同的价格。如出售给批发商、零售商和用户的价格往往不同。在图书城出售的书与在网上书店出售的书的价格也不一样。

4. 地点定价

即对处于不同地点的同一商品收取不同的价格，即使在不同地点提供的商品的成本是相同的。比较典型的例子是影剧院、体育场、飞机等，其座位不同，票价也不一样。这样做的目的是调节客户对不同地点的需求和偏好，平衡市场供求。

5. 时间定价

即企业对于不同季节、不同时期甚至不同钟点的产品或服务也分别制定不同的价格。如在节假日，旅游景点的收费较高。又如哈尔滨市洗衣机商场规定，商场的商品从早上 9 点开始，每 1 小时降价 10%。特别在午休时间及晚上下班时间商品降价幅度较大，吸引了大量上班族消费者，在未延长商场营业时间的情况下，带来了销售额大幅增加的好效果。

差别定价可以满足顾客的不同需要，能够为企业谋取更多的利润，因此，在实践中得到了广泛的运用。但是，实行差别定价必须具备一定的条件，否则，不仅达不到差别定价的目的，甚至会产生负作用。这些条件包括：

（1）市场能够细分，且不同细分市场之间的需求存在差异。这样顾客就不会因为价格不同而对企业不满。

（2）企业实行差别定价的额外收入要高于实行这一策略的额外成本，这样企业才会有利可图。

（3）低价市场的产品无法向高价市场转移。

（4）在高价市场上，竞争者无法与企业进行价格竞争。

（5）差别定价的形式合法。

案例链接——美国通用公司的差别定价

美国运通公司1992年曾对所有的客户，包括餐馆、服装店、航空公司、酒店等都实行3%的服务提成比率，这遭到了它们的联合抵制。于是美国运通公司求助于咨询专家麦肯锡公司，麦肯锡给美国运通公司开出的"药方"很简单，就是采取一级差别定价策略：把餐馆行业的服务提成比率降低到2%，把服务行业的提成比率降低到2.5%，与此同时，把航空公司和酒店的服务提成比率提高到3.5%。运通公司采纳了麦肯锡的建议，结果获得了丰厚的利润。有趣的是，美国运通公司就这项建议而支付给麦肯锡的酬劳高达300万美元，就麦肯锡公司而言，这本身也是一种差别性定价，因为麦肯锡公司知道运通公司可以出这么高的价格，未超出其心理承受能力。

知识点五　产品组合定价策略

一家企业往往并非只提供一种产品，而是提供许多产品。产品组合定价策略的着眼点在于制定一组使整个产品组合利润最大化的价格。常用的产品组合定价有以下几种形式：

1. 产品线定价

产品线定价是指根据产品线内各项目之间在质量、性能、档次、款式、成本、顾客认知、需求强度等方面的不同，参考竞争对手的产品与价格，确定各个产品项目之间的价格差距，以使不同的产品项目形成不同的市场形象，吸引不同的顾客群，扩大产品销售，争取实现更多的利润。如某服装店对某型号女装制定3种价格：260元、340元、410元，在消费者心目中形成低、中、高3个档次，人们在购买时就会根据自己的消费水平选择不同档次的服装，从而消除了在选购商品时的犹豫心理。企业以保本甚至微亏的价格来制定低价产品的价格，往往可增加顾客流，使生产与销售迅速达到一个理想的规模，遏制竞争。高价产品则可树立企业的品牌形象，以超额利润迅速收回投资，增强企业的发展后劲。中价产品通过发挥规模效益可为企业带来合理的利润，维持企业的正常运行。企业采用这一策略要注意档次的划分要适当，商品档次既不要分得过细也不要过粗，价格档次的差距既不要过大也不要过小。

2. 选择特色定价

选择特色定价是指企业在提供主要产品时，还提供各种可选择产品或具有特色的产品。比较典型的例子如餐馆、酒吧等。餐馆的主要提供物为饭菜，另外，顾客还可要烟、酒、饮料等。有的餐馆将食品的价格定得较低，而将烟酒类商品的价格定得较高，主要靠后者赢利；有的餐馆则将食品的价格定得较高，将酒类商品的价格定得较低，以吸引那些爱酒人士。

3. 附属产品定价

附属产品，又称受制约产品，是指必须与主要产品一同使用的产品。例如，照相机的附属品是胶卷，剃须刀的附属品是刀片，机械产品的附属品是配件。大多数企业采用这种策略时，将主要产品定价较低，而附属产品定价较高。以高价的附属品获取高利，补偿主要产品因低价造成的损失。例如，柯达公司给照相机定低价，胶卷定高价，增强了照相机在同行业中的竞争力，又保证了原有的利润水平。然而，将附属品的价格定得太高也存在一定风险，容易引起不法分子生产低廉的仿制品，反过来与正规商品竞争。

4. 两段定价

服务性企业常常采用两段定价策略，为其服务收取固定费用，另加一笔可变的使用费。如电话用户每个月的话费为月租加上按通话时间计算的通话费。景点的旅游者除了支付门票费外，还要为其娱乐项目支付额外的费用。企业一般对固定费用定价较低，以便吸引顾客使用该服务项目，而对使用费定价较高，以保证企业充足的利润。关键是确定固定费用和可变费用的相对比例，考虑怎样设置能获得整体收益的最大化。

5. 副产品定价

在生产加工石油、钢铁等产品的过程中，常常会产生大量的副产品。有些副产品本身对顾客就有价值，因此企业切不可将它们白白浪费掉，而应对它们合理定价，销往特定市场。这可为企业带来大量收入，同时也有利于企业为其主要产品制定低价，提高主要产品的竞争力。如炼铁过程中产生的水渣，是水泥工业的主要原料。

6. 产品捆绑定价

企业常常将一些产品捆绑在一起进行销售，捆绑价低于单件产品的价格总和。如化妆品公司将润肤露、洗发水、啫喱水、防晒霜等捆绑在一起进行销售，虽然有的消费者并不需要其中的某项，但看到价格比单件购买便宜很多，便买下了。因而，在一定程度上，这种价格可推动消费者购买。然而，在捆绑定价时要注意使用这一策略的灵活性，因为有些理智的消费者往往只是按需购买，他们只需要捆绑组合中的某一种或几种商品，这时企业要能满足他们的要求。

案例链接——日本富士公司藤野先生的定价策略

1984年7月，日本富士公司业务主管藤野先生飞抵东南亚的一个国家，计划与该国B公司签订一个关于从日本进口复印机的合同，当他抵达时却被告知该公司不打算签合同了。藤野先生感到其中定有原因，就速回日本了解情况。3天后，他再次坐在B公司老板的面前开门见山地说："我们提供的B型复印机价格比另一家供货商的价格低三成。"原来，藤野回日本后经调查得知，另一家日商以较低的价格抢走了他们的生意。B公司老板暗喜，重新与富士公司签订了进口1 500台B型复印机的合同。此后，藤野先生立即飞回日本，以再加一成价格的优惠条件，与专门生产B型复印机的厂家签订经销权合约，同时，签订了由富士公司独家经营该公司B型复印机辅助材料和设备的协议。1 500台复印机如期运往东南亚的B公司，由于价格低廉，富士公司这笔生意亏了不少。就在B公司出售这1 500台复印机时才恍然大悟，用户不仅要购买复印机，而且还需要大量的辅助材料和设备，B公司只好再次与富士公司合作。这回富士公司主动权在握，其售出的辅助设备和材料不仅弥补了先前的亏损，还取得了可观的盈利。富士公司的这一高招，正是组合定价策略及促销定价策略的具体应用。

知识点六　价格调整策略

1. 价格调整策略

1）降价策略

企业降价可能有如下一些原因：

（1）企业生产能力过剩，急需要扩大销量来缓解库存压力，但此时通过加强推销、改进产品或者其他措施都不能达到目的。不过，企业降价容易引起价格战。

（2）企业希望通过降价来夺取竞争者的市场份额。日本汽车工业的杰出代表丰田公司在20世纪50年代初，为了打开销路，占领市场，在同行业中以最高的广告费用和最低的价格出售产品。在美国市场上，丰田汽车平均价格比美国车便宜1 300美元，以低价竞争的姿态出现在各大竞争对手面前，先后击败福特汽车公司、克莱斯勒汽车公司。到20世纪90年代，丰田公司位居世界汽车工业公司第二位，仅次于通用汽车公司。

（3）企业的成本降低，使产品有降价的空间。或者是企业希望通过降价来扩大市场份额，进而达到成本降低的目的。因为，有些产品的潜在顾客由于受其消费水平的限制而放弃购买，企业降价无疑可使这一部分顾客转化为现实顾客，从而增大企业的销量。但此时降价的风险也较高：首先，顾客可能会误认为是产品的质量降低；其次，价格降低在一定时期可买到市场份额，但买不到顾客忠诚，随着竞争者的价格降低，顾客又会转向竞争者。

（4）在经济萧条时期，消费者的购买力下降，他们只愿意买较为便宜的东西，此时企业不得不降价，以适应消费者的购买力水平。

企业降价既可直接将企业产品的目录价格或标价绝对下降，也可灵活地采用变相降价的方式。如通过提供各种折扣、优惠；提供多种免费服务；在价格不变的情况下，提高产品质量、增加产品的性能、增大单位包装的产品含量；允许顾客延期付款；等等。由于这种价格策略较为灵活与隐蔽，不会很快招致竞争者的攻击。

2）提价策略

提价往往容易给企业带来不利影响，如竞争力的下降、消费者的不满、经销商的抱怨等，甚至还会受到政府的干预和同行的指责。然而，一次成功的提价却能大幅度地提高企业利润。

企业提价的原因往往有以下几个：

（1）为了缓解成本攀升的压力。企业成本的提高或者是由于单方面的原材料价格上涨，或者是由于生产或管理费用提高，或者是由于通货膨胀引起的普遍物价上涨。为了保证利润率不因此而降低，企业不得不采取提价策略。

（2）企业的产品供不应求。对于某些产品来说，在需求旺盛而生产规模又不能及时扩大而出现供不应求的情况下，可以通过提价来遏制需求，同时又可以取得高额利润，缓解市场的供需矛盾。如我国在黄金周、春节期间的飞机票价格上涨。

企业提价可采取如下几种方式：

（1）直接提高商品目录的价格。在企业提价原因不明的情况下，很容易招致消费者的反感。

（2）在通货膨胀时期，延缓报价。企业决定暂时不规定最后价格，等到产品制成时或交货时方规定最后价格。对于生产周期较长的商品，如大型机械设备、轮船、飞机的制造，采用延缓报价可减少通货膨胀对企业造成的不利影响。

(3) 采用价格自动调整条款。企业要求顾客按当前价格付款，但在交货时可按某种价格指数调整价格，如在交货时支付由于通货膨胀引起增长的全部或部分费用。这一般适用于施工时间较长的工程，如建筑业。

(4) 将免费项目独立出来收费。如免费送货、免费的零配件都可被重新加以定价。

(5) 减少或取消价格折口。如数量折扣、现金折扣等。

在方式选择上，企业应尽可能多地采用间接提价，把提价的不利因素减到最低程度，使提价不影响销量和利润，而且能被潜在消费者普遍接受。同时，企业提价时应采取各种渠道向顾客说明提价的原因。另外，在确定价格调整幅度时，企业应考虑到消费者的反应。

当然，企业也可采取其他方法来避免提价：在价格不变、包装不变的情况下，减少产品的分量；降低产品的质量；减少产品的功能；使用廉价的材料；等等。但是如果这些方法运用不当，容易引起顾客的不满，降低企业形象，给企业的长远发展带来不利影响。

案例链接——休布兰的价格调整策略

休布兰公司在美国伏特加酒的市场上，属于营销出色的公司，其生产的史米尔诺夫酒，在美国伏特加酒的市场占有率达23%。20世纪60年代，另一家公司推出一种新型伏特加酒华而夫施密特，其质量不比史米尔诺夫酒低，每瓶价格却比它低1美元。按照惯例，休布兰公司有3条对策可选择：①降价1美元，以保住市场占有率；②维持原价，通过增加广告费用和推销支出来与对手竞争；③维持原价，听任其市场占有率降低。由此看出，不论公司采取上述哪种策略，都处于市场的被动地位。但是，公司的市场营销人员经过深思熟虑后，却采取了对方意想不到的第4种策略。那就是，将史米尔诺夫酒的价格再提高1美元，同时推出了另外一种品牌雷尔斯卡来同华而夫施密特竞争，并且还生产另一种品牌波波夫，以低于华而夫施密特的售价出售。

这一策略，一方面提高了史米尔诺夫酒的品牌形象，同时使竞争对手的华而夫施密特沦为一种普通的品牌。结果，休布兰公司不仅渡过了难关，而且利润大增。实际上，休布兰公司的上述3种产品的味道和成分几乎相同，只是该公司懂得以不同的价格来销售相同的产品的策略而已。

2. 价格变动后的反应

企业价格变动往往容易引起购买者、竞争者、分销商、供应商，甚至政府、新闻媒介等的注意。这里主要分析顾客与竞争者对企业价格变动的反应。

1) 顾客的反应

一般情况下，由于价格与需求成反比，因而降价可刺激购买，提价会抑制购买，但也会出现相反的情况。因为顾客对降价可能有以下看法：产品将被换代新产品所替代；产品有缺点，在市场上销售情况不好；企业财务发生困难，可能不会继续经营下去；价格还会进一步下跌，应等待观望；产品的质量、功能下降，如使用了廉价的原材料。此时，降价反而抑制了购买。另外，顾客对提价的看法可能是：这种商品是抢手货，应赶快购买，以免价格继续上涨。如2003年"非典"初始，白醋、食盐价格攀升，消费者还是争相购买；产品的质量、性能提高了，值得购买。在这种情况下，提价反而有利于商品的销售。

购买者对不同产品价格变动的反应也有所不同：对于价值高、经常购买的产品的价格变动较为敏感；而对于价值低、不经常购买的产品，购买者不大在意。

2）竞争者对价格变动的反应

企业在考虑改变价格时，不仅要考虑到购买者的反应，而且还必须考虑竞争对手对企业的产品价格的反应。

假若企业只有一个强大的竞争者，我们可将竞争者的反应分为以下两种情况：

（1）竞争者对其对手的价格变更以一种既定的方式做出反应。在这种情况下，竞争对手的反应可以预测。企业可以通过获取并分析该竞争者的内部资料、历史案例来预测其可能的反应，也可以从与该竞争者接触较多的顾客、供应商、代理商、金融机构等方面获取信息来预测其可能的反应。

（2）竞争者将每一次价格变更都视为一种新的挑战，并根据当时的自身利益做出反应。此时，企业必须了解竞争者当时的自身利益。这就需要对竞争者的财务状况、销售情况、生产能力、顾客的忠诚性及企业目标等进行调查与分析。如果竞争者的经营目标是市场份额，它可能会跟进这次价格变动；如果竞争者的经营目标是获取最大利润，它可能在其他方面做出反应，如增加广告预算、加强产品促销、提高产品质量等。

假若企业同时面临多个竞争者，在调价时就必须估计每一个竞争者的可能反应。如果所有竞争者的行为大体相同，企业只需分析具有代表性的典型竞争者即可。如果每个竞争者在企业规模、市场占有率或企业政策等关键因素上具有显著差异，则他们对价格变动的反应也会有较大区别，此时，企业需对每个竞争者逐一进行分析。

总之，企业在调整价格时，应充分利用内、外资源来推测竞争者可能的反应，以便采取适当的营销对策。

3. 对竞争者价格变动的反应

前面讲的是企业先调价时应预测其他相关方的反应，那么当竞争者的价格先变动时，企业相应地又该如何做出反应呢？

企业对竞争者调价的反应会因市场的不同而不同。在同质产品市场，如果竞争者降价，企业必随之降价，否则企业会失去顾客。如果竞争者提价，且提价对整个行业有利，其他企业会随之提价，但如有一个企业不提价，提价的企业将不得不取消这次提价。在异质产品市场，企业对竞争者价格变动的反应有更多选择的自由，因为，此时的购买者不仅考虑产品价格高低，而且考虑质量、服务、可靠性等因素，因而他们对较小的价格差额并不敏感。

企业在做出反应前，应分析以下问题：竞争者调价的目的是什么？调价是暂时的还是长期的？如果企业对此不做出反应，本企业的市场份额和利润将会如何变化？如果企业对此做出反应，竞争者又会采取什么行动？

作为市场领导者的企业往往会更多地受到其他较小企业的攻击，它们往往通过"侵略性的削价"来抢占市场领导者的市场份额。在这种情况下，市场领导者可有以下几种选择：

（1）维持原价。因为市场领导者认为：如果降价就会使利润减少过多；维持原价不会失去很多的市场份额；虽然维持原价会导致目前市场份额降低，但失去的市场阵地很快能重新恢复。

（2）维持原价，同时改进产品、服务、沟通等。企业发现运用这种战略比低价经营更划算。

（3）降价。市场领导者降价是因为它们认为：降价后成本会随着数量的增加而下降；由于市场对价格很敏感，不降价将使市场占有率大幅下降；维持原价导致市场份额降低后将难以恢复原有的市场份额。如果企业降价，不应降低产品质量和服务水平，否则会损坏企业形象，影响以后的发展。

(4) 提价，同时推出某些新品牌，以围攻竞争对手的品牌。

(5) 推出廉价的产品线。企业可在竞争者所攻击的产品线中增加廉价的产品，以迎接竞争者的挑战。

二、知识训练

训练项目1 产品定价策略游戏训练

尾数和整数定价的结果猜猜看

游戏背景：面对市场上同款产品，不同商家定价不一样，有的采用尾数定价法，有的则没有。面对同款产品采用不同的定价策略，会对消费者购买结构产生怎样的影响，销售结果会怎样？通过游戏让学生感知定价策略。两位同学销售同一品牌的家用小电器，如电饭煲等。其中一位采用整数定价法，如电饭煲300元；另一位采用尾数定价法，如电饭煲290.5元。另两位同学销售同一品牌的礼品，如花瓶等。其中一位采用整数定价法，如花瓶200元；另一位采用尾数定价法，如花瓶190.5元。

游戏目的：使大家了解不同购买动机下的尾数和整数定价的差异。

游戏过程：

(1) 选出4位同学扮演经销商，其余同学扮演顾客。

(2) 将扮演顾客的学生根据购买动机分为4组：其中两组购买电饭煲，购买目的是自家使用与送礼使用；另外两组购买花瓶，购买目的为自家使用与送礼使用。

(3) 统计不同定价法和不同购买动机下的电饭煲和花瓶的销量。

(4) 根据游戏的实际结果讨论分析为何会出现这种情况，感知尾数定价法对销售结果产生的影响。

训练项目2 案例训练

桶装水组合定价策略的得与失

桶装水的销售可以说是个系统销售。饮水机和桶装水的定价策略应属组合定价中的必须附属产品定价策略。在这里，桶装水是主产品，饮水机是附属产品，也就是说，我们可将附属产品饮水机的价格定得很低，利用主产品桶装水的高额加成或大量消费来获取利润。

目前，桶装水厂家饮水机的来源一是从市场上购买，贴出商标、品牌，二是自己组装。不管是哪一种来源，纯净水生产厂家均采取了让消费者低价获取饮水机的方法。

具体方法包括：

(1) 低价销售。有的厂家1 500元进来的饮水机以半价赔本卖给消费者。

(2) 有条件赠送。比如，一次性购买一定数量的桶装水即赠送饮水机。

(3) 免费赠送。一般是对一些大客户如宾馆、饭店、单位办公室及一些公共场所的摊点免费赠送。

(4) 出租，即对饮水机收取较低的租金，一定时间后归用户所有。

饮水机以较低的获得成本，扩大了市场总需求，得以进入千家万户，最终促进了纯净水主产品的消费。饮水机作为一个固定广告物，也起着品牌宣传的作用。但是，一个新的问题也出现了，那就是企业向用户低成本地提供了附属产品，但用户却常常转用竞争者的主产品，企业等于免费为竞争者搭好了锅台、做好了嫁衣。

训练任务：

根据上述案例信息，请同学们思考并讨论以下问题：

（1）案例中桶装水的定价采用了哪些定价策略？

（2）产品采取组合定价时应注意的问题有哪些？

（3）对于文中提到的消费者的背离行为，企业有什么好的解决方法吗？请给出你的建议。

三、知识拓展

知识拓展1　转移定价

转移定价是指跨国公司内部，在母公司与子公司、子公司与子公司之间销代产品，提供商务、转让技术和资金借贷等活动所确定的企业集团内部价格。这种价格不由交易双方按市场供求关系变化和独立竞争原则确定，而是根据跨国公司或集团公司的战略目标和整体利益最大化的原则由总公司上层决策者人为确定的。转移定价的方法有两种：一是按"成本加价"基础确定，二是购销双方按"谈判价格"来确定。前者价格同内部成本有着密切的关系，后者则是广泛的战略性限制占统治地位。

虽然外资企业在我国的转移定价并不完全是为了减轻在我国的纳税义务，更不是为了减轻其在全球的纳税义务，而是为了谋求一定的经营管理策略和利益，但转移定价给我国经济带来的问题却不容忽视。许多外商投资企业一方面连年亏损，一方面却不断追加投资，扩大经营规模，属于"常亏不倒户"。这种情况显然不符合市场经济和企业经营的常规，对我国经济发展的正常秩序造成了严重危害：其一，转移定价背离了我国的税收激励政策，对引进外资造成了负面影响；其二，转移定价侵害了我国的税收管辖权，导致政府财政收入减少的同时，给外商投资企业的中方造成了巨大的损失。

知识拓展2　拓展阅读

恶性价格竞争的危害

价格竞争是企业参与市场竞争的有力手段，但必须建立在规范的基础上。如果这种竞争手段超过了一定的限度，即超过了薄利多销的限度，那么好事也会变成坏事。超过限度的价格竞争就会导致恶性价格竞争。

恶性价格竞争的市场表现是多方面的，其代表性的表现有二：一是低价倾销。少数实力雄厚的大企业，利用其资金、技术、规模等资源优势，以排挤竞争对手或长期独占市场为目的，阶段性地以低于成本的价格销售商品或提供服务。在独占市场后，往往又会提高价格甚至造成一种垄断价格，以获得垄断利润。二是低价混战。为数不少的中小企业，虽然不一定具有规模经济或技术上的优势，但具有成本与经营的优势，它们往往通过降低商品质量以迎合低价消费的需求，或利用消费者对商品质量不易进行鉴别的特点，以次充好，进行低价销售。其他同类企业为了生存也只好加入价格大战，使价格一降再降，陷入怪圈。

恶性价格竞争的危害显而易见：

一是扰乱了市场正常的价格秩序，不利于社会资源的优化配置。

二是从长期来看，损害了消费者的合法权益。低价倾销，表面上看似有利于消费者，有利于活跃市场。但一些实力雄厚的经营者不惜以暂时亏本为代价，大搞亏本销售，是为了破坏竞争对手的商品行销能力,挫败竞争对手,以便独霸市场。它们一旦在市场上占据了优势地位,消费者就再也不能享受低价购买的优惠了,相反,不得不接受高于正常价格的垄断价格。而若干中小企业的低价销售,往往是通过降低产品的性能、质量甚至是牺牲产品使用的安全性来降低成本的,这会直接侵害消费者的利益。

三是阻碍行业发展与技术进步。少数大企业的低价倾销以排挤竞争对手、垄断市场为目的,经营者在低价倾销过程中,更多关注的是产品的价格优势,而且由于是亏本销售,获利能力下降,企业就会减少用于产品开发和技术进步的资金投入,使产品的发展缺乏后劲。市场垄断地位形成后,企业更会趋于保守、缺乏发展的动力。对于进行低价销售的中小企业,由于产品获利空间很小或没有获利空间,就更没有能力进行产品的研制和更新换代了。

四是使市场竞争机制失效。市场竞争机制就是要通过竞争优胜劣汰,但就我国目前实际情况来看,由于企业的经营体制改革还在进行当中,还没有到位,无论是大企业为了独占市场而进行的低价倾销,还是中小企业为了生存而进行的价格大战,最后的结果往往是事与愿违,劣汰优也汰,同归于尽,从而严重危害了国民经济持续健康的发展。

项目小结

1. 核心概念

成本导向定价(Cost-Driven Pricing)　　需求导向定价(Demand-Driven Pricing)
竞争导向定价(Competition-Driven Pricing)　　折扣定价(Discount Pricing)
地区定价(Region Pricing)　　差别定价(Discrimination Pricing)
撇脂定价(Skim Pricing)　　渗透定价(Penetration Pricing)
满意定价(Neutral Pricing)　　尾数定价(Mantissa Pricing)
整数定价(Integer Pricing)　　招徕定价(Loss Leader Pricing)
声望定价(Prestige Pricing)　　目标收益定价法(Target-Return Pricing)
认知价值定价法(Perceived-Value Pricing)　　价值定价法(Value Pricing)
通行价格定价法(Going-rate Pricing)　　集团定价法(Group Pricing)

2. 思考与讨论

(1) 影响企业定价的因素有哪些?
(2) 企业的定价导向有哪3种?
(3) 竞争导向定价的方法有哪几种?
(4) 什么是撇脂定价?什么是渗透定价?
(5) 常见的心理定价策略有哪几种?
(6) 什么是两段定价?
(7) 面对竞争者的价格变动,市场领导者可采取哪些行动?

3. 案例分析

"天天平价" 沃尔玛

世界最大的零售商沃尔玛在全球拥有四千多家连锁店,员工总数达100多万人,其中国际员工25万多人,其在零售业辉煌的业绩有目共睹。1996年,沃尔玛在深圳开设第一家购物广场和山姆会员店，引起当地业界一片震动，"狼来了"的呼声不绝于耳。当时有十几家企业联手，希望政府干预。是什么造就了沃尔玛如此大的威力，能够让竞争者谈其色变？

沃尔玛能够迅速发展，除了正确的战略定位以外，也得益于其首创的"天天平价"策略。每家沃尔玛商店都贴有"天天平价"的大标语。同一种商品在沃尔玛比其他商店要便宜。在沃尔玛的商店里，我们很少见到2.99美元或者5.95美元等接近整数的标价，看到更多的是诸如2.73美元或5.22美元的价格牌。沃尔玛提倡的是低成本、低费用结构、低价格的经营思想，主张把更多的利益让给消费者，"为顾客节省每一美元"是他们的目标。沃尔玛的利润通常在30%左右，而其他零售商的利润率都在45%左右。公司每星期六早上举行经理人员会议，如果有分店报告某商品在其他商店比沃尔玛低，可立即决定降价。沃尔玛之所以能够始终保持"天天平价"的低价策略，是因为其采取了一系列的措施来尽可能地降低自己的成本。

采购本土化。"采购中国"是沃尔玛中国发展战略的一部分。沃尔玛商店销售的95%商品都是"中国造"，这样，既节约成本，又适应当地顾客的消费习惯。本土化采购还能促进与当地政府、商界的关系，可谓一举多得。2000年，沃尔玛在中国直接采购和通过供应商间接采购的中国产品总额超过了任何一家外贸出口企业的业绩。如果按照每个工业职工年均产品销售收入10万人民币计算，沃尔玛公司的采购额相当于解决了我国80多万人的就业问题。

尽可能降低产品的进价。在阿肯色州本特维拉市沃尔玛的总部，各个部门的采购人员每天都在与供货商口干舌燥地谈判，艰难地砍价。有时换来的结果只是比竞争对手的定价少了几分钱。但对消费者来说，每一分钱的差价决定了消费者是在沃尔玛购物而不是到其他商店购物。

降低营业成本。沃尔玛明文规定，职员因公外出时，需两人住一间汽车游客旅馆；而商店里诸如照明设施、空调设备等出于节约能源和降低成本的考虑，也实行统一管理。大型削减成本的措施和上百条削减成本的小技巧相辅相成，使得沃尔玛的经营成本大大低于其他同行业竞争者。

运用先进的信息技术。沃尔玛的信息系统是最先进的，其主要特点是：投入大、功能全、速度快、智能化和全球联网。沃尔玛在信息技术方面的投资不遗余力，公司专门负责软件设计的工程师就有两千多名。沃尔玛投资4亿美元由美国休斯公司发射了一颗商用卫星，实现了全球联网。目前，沃尔玛中国公司与美国总部之间的联系都是通过卫星来传送的。先进的信息技术使得沃尔玛拥有先进的存货管理系统、物流配送系统、决策支持系统、管理报告工具以及扫描销售点记录系统等，从而大大降低了沃尔玛的运营成本。

思考题：

(1) 沃尔玛是如何取得经营成功的？
(2) 沃尔玛价格策略的最大特点是什么？
(3) 结合本案例，讨论沃尔玛实施"天天平价"策略的基础。

项目六

分销策略

通过对本项目的学习,学生首先对分销渠道有整体的把握,了解分销的功能和意义,以及分销渠道中资金流、物流、信息流等一系列转移的过程,熟悉分销渠道的基本结构。在此基础上,能够灵活运用渠道设计的方法,结合企业具体经营情境进行渠道的设计和规划。最后以企业渠道管理者的角色,对渠道中成员类型、特征以及时常存在的渠道冲突进行科学的管理,学会渠道权力的制衡和分配,对渠道中常存在的串货等现象进行合理的预防和治理。

知识目标

1. 渠道的功能。
2. 分销渠道的流程管理。
3. 渠道的层级结构。
4. 独家式分销、密集型分销、选择式分销的含义。

能力目标

1. 能够进行渠道的设计和规划。
2. 能够对渠道冲突进行合理的规避和管理。
3. 能够有效地对渠道权力进行制衡。
4. 能够对现实经营案例做科学的分析并总结营销经验。

任务一 了解分销渠道

一、知识扫描

知识点一 分销渠道的含义

产品和服务生产出来之后,如何顺利地从制造商向消费者转移?这一过程中参与转移的所有机构和组织就是通常所谓的分销渠道。这些组织包括制造商、批发商、零售商及其他辅助机构,它们为了产品能够到达用户和最终消费者而发挥各自的职能。

菲利普·科特勒对于分销渠道的定义是:"某种货物或劳务从生产者向消费者转移时,取得这种货物或劳务的所有权的企业和个人。"

美国市场营销协会对于营销渠道的定义则是:"企业内部或外部代理商和经销商(批发和零售)的组织机构,通过这些组织,商品(产品或劳务)才得以上市销售。"

营销渠道的定义众说纷纭,但是均有共识,管理者们都认同渠道是促使产品或服务顺利地被使用或消费的一整套相互依存的组织,它们是产品和服务在被生产之后所经历的一系列途径,终点是最终使用的购买者。营销渠道中的所有角色,在商品空间位移和支付的过程中,承担起产权交易、物流管理、促进销售等多种功能,起到了桥梁的作用。

分销渠道成员包括经销商(因为他们取得所有权,包括批发商、零售商、批零兼营商等)、代理商和后勤管理组织(因为他们帮助转移所有权)等,此外,还包括处于渠道起点和终点的生产者和最终消费者或用户,但是不包括供应商、辅助商。

知识点二　分销渠道的功能及重要性

1. 营销渠道的重要性

营销渠道是企业分销系统中的重要组成。分销商们可能会赚取最终售价30%～50%的毛利率。营销渠道占据了企业销售成本的一部分,营销渠道管理也关乎企业的成本控制。因此,良好的渠道管理可降低市场费用,既为消费者(用户)提供合理价格的产品(服务),也为企业提高经济效益创造了空间。

另外,充分发挥渠道成员,特别是中间商的功能,是提高企业经济效益的重要手段。渠道的选择还会影响企业的其他营销决策。企业可以为分销商提供多少激励和培训,决定了销售的力量。在进行中间商管理的时候,企业一般会使用推进策略或拉动策略:借助制造商的销售队伍、促销资金或其他手段推动中间商购进、促销并将产品销售给消费者;或是制造商利用广告、促销和其他传播方式来吸引消费者向中间商购买产品,激励中间商订货,以此来提升企业的销售业绩。

渠道是企业的无形资产,良好的渠道网络可形成企业的竞争优势。世界诸多知名企业都在不断完善自己的营销渠道。美国箭牌公司发现,在全美建立口香糖小零售店或邮售都是成本极高且不现实的,所以必须建立更合理的分销网络进行销售。如何布局合理的渠道,成为企业竞争力的重要来源。

2. 营销渠道的功能

1) 市场调研

市场调研指收集、整理有关现实与潜在消费者、竞争者及营销环境的有关信息,并及时向分销渠道其他成员传递。

2) 促进销售

促进销售指通过各种促销手段,以消费者乐于接受的、富有吸引力的形式,把商品和服务的有关信息传播给消费者。

3) 寻求顾客

寻求顾客指寻求潜在顾客,针对不同细分市场的特点,针对消费者提供不同的营销业务。

4) 分类编配

分类编配指按买方要求分类整理供应产品,如按产品相关性分类组合,改变包装大小、分级等。

5）洽谈生意

洽谈生意指在分销渠道的成员之间,按照互利互惠的原则,彼此协商,达成有关商品的价格和其他条件的最终协议,实现所有权或持有权的转移。

6）物流运输

物流运输指从商品离开生产线起,就进入了营销过程,分销渠道自然承担起商品实体的运输和储存功能。

7）财务信用

财务信用指分销渠道的建设、运转、职工工资支付、渠道成员之间货款划转、消费信贷实施都需要财务上的支持。

8）承担风险

承担风险指分销渠道成员通过分工分享利益的同时,还应共同承担商品销售、市场波动带来的风险。

总之,营销渠道填补了产品、服务与实际需求在时间、空间和所有权方面的差距。渠道成员执行的主要功能和职责还可以描述为以下内容,见表 6-1。

表 6-1 渠道成员的职责

渠道成员的职责
收集市场中的潜在和现有顾客、竞争者以及其他相关参与者的信息
设计和利用具有说服力的传播方式来刺激购买
在价格和其他事件上达成协议使得对所有权或财产权的转移产生影响
向制造商下订单
获得资金,为不同水平营销渠道的存货提供资金
评估开展渠道工作涉及的风险
提供连续的存货和实物产品的搬运
为购买者的付款提供银行或其他金融机构服务
监督组织或个人之间的实际所有权转移

知识点三　分销渠道的流程

分销渠道中主要涉及产品实体的转移、产品的所有权转移、货款的转移、信息的转移和促销的转移 5 个专业流程:

1. 实体转移流程

产品实体在渠道中从制造商向消费者转移的运动过程,其主要部分是产品运输和储存。物流的持续、有效是渠道保证运行质量与效率的重要条件。一般来说,渠道成员在任何时候都要持有存货,但过量存货又会造成过高的备货成本。因此,合理组织商品储运或物流,是提高分销渠道效率和效益的关键之一。实体转移流程如图 6-1 所示。

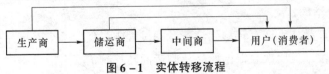

图 6-1　实体转移流程

2. 所有权转移流程

指产品所有权或持有权从一个渠道成员转到另一成员手中的流转过程。这一流程通常伴随购销环节在渠道中向前移动。在租赁业务中，该流程转移的是持有权和使用权。所有权转移流程如图6-2所示。

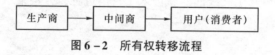

图6-2 所有权转移流程

3. 货款转移流程

例如，客户通过银行账户向代理商支付货款账单，代理商扣除佣金后再付给制造商，并支付运费和仓储费。货款转移流程如图6-3所示。

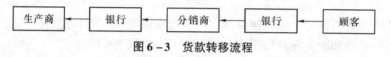

图6-3 货款转移流程

4. 信息转移流程

市场信息流是各成员之间相互传递信息的流程。这一流程在渠道的每一环节均必不可少。通常分销渠道中两个相邻的机构之间要进行信息交流，互不相邻的机构之间有时也会有一定的信息交流。信息转移流程如图6-4所示。

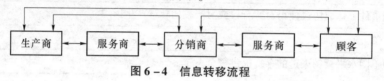

图6-4 信息转移流程

5. 促销转移流程

促销流是渠道成员的促销活动流程，具体而言，是指通过广告、人员推销、宣传报道、销售促进等活动由一个渠道成员对另一个渠道成员施加影响的过程。促销流从制造商流向中间商，称之为贸易促销，直接流向最终消费者则称之为最终使用者促销。所有渠道成员都有对顾客的促销责任，既可以采用广告、公共关系和营业推广等大规模促销方式，也可以采用人员推销等针对个人的促销方式。促销转移流程如图6-5所示。

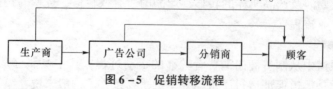

图6-5 促销转移流程

知识点四 分销渠道的基本结构

1. 渠道的层次结构

渠道层次是指产品从生产者转移到消费者的过程中，任何一个对产品拥有所有权或负有责任的机构都是一个渠道层次。根据商品从制造商转移到消费者的过程中所包含的渠道层级的多少，可以分为零级渠道、一级、二级和三级渠道，据此，也可以分为直接渠道和间接渠道、短渠道和长渠道等几种类型。渠道的层次结构如图6-6所示。

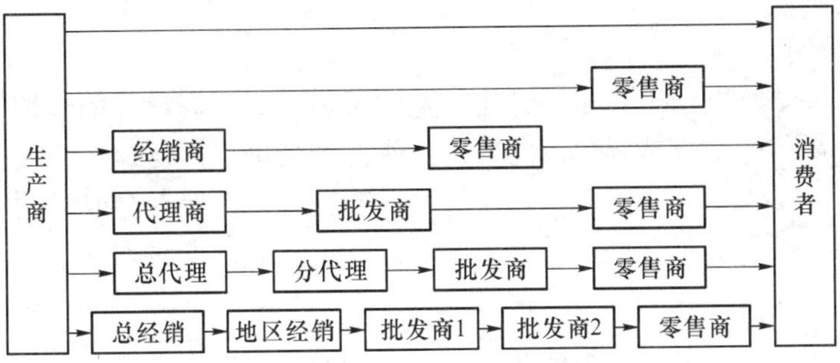

图6-6 渠道的层次结构

零级渠道：也叫直接营销渠道，制造商将产品直接销售给最终消费者，中间不经过任何中间商的分销渠道类型。主要方式包括上门直销、家庭派对营销、邮购、电话营销、电视直销、互联网销售和厂家直销。比如，为大众熟知的护肤品品牌雅芳，就是上门推销的典型代表。还有一些产品，如工业品销售也主要采取零级渠道的设计，大型设备、专用工具及需要提供专门服务的工业品，几乎都采用直销渠道。

一级渠道指包括一个中间商，如消费品市场上的零售商。二级渠道则是指包括两个中间商，消费品二级渠道的典型模式是经由批发和零售两级转手销售。而在工业品市场上，两级中间商大多是由工业品批发商和销售代理商组成。三级渠道包括了3个中间商，一些消费面宽的日用品，如肉类食品及包装方便面，需要大量零售机构营销，常采用这种渠道设计。在日本，食品的分销包括6个层级。从生产者角度看，渠道层级越多，获得最终用户信息和进行控制就越困难。

2. 渠道的宽度结构

分销渠道的宽度结构取决于渠道的每个层次中使用的中间商数目的多少。企业使用的同类中间商多，产品在市场上的营销面广，称为宽渠道。反之，企业使用的同类中间商少，分销渠道窄，称为窄渠道。根据中间商的数量，有3种渠道战略：独家式分销、密集性分销、选择性分销。

1）独家式分销

严格限制中间商数量。制造商在某一地区仅仅选择一家中间商分销产品，通常双方协商签订独家分销合同，规定中间商不能经营竞争者的产品，明确双方的权利和义务。这种分销方式适用于制造商试图对中间商的服务水平和努力水平保持控制的情况，通过独家式分销制造商与中间商建立密切的伙伴关系。在通常情况下，对于品牌价值很高的产品或为了防止假冒伪劣产品败坏企业声誉，则可以采取独家式分销，如被用于销售新款汽车、一些奢侈品女装品牌等。独家式分销如图6-7所示。

独家式分销渠道的优点是：中间商能获得企业给定的产品的优惠价格，不能再代销其他竞争性的相关产品。对于独家经销商而言，经营有名气的企业产品，可凭名牌产品树立自己在市场上的声望和地位，同时可获得制造商广泛的支持，所以能提高中间商的积极性。对于企业而言，易于控制产品的零售价格，易取得

图6-7 独家式分销

独家经销商的合作。其缺点则有：因缺乏竞争，顾客的满意度可能会受到影响，经销商对制造商的反控力较强。

2）密集性分销

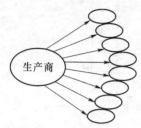

图6-8　密集性分销

这是一种比较宽的渠道。制造商尽可能地增加批发商、代理商或零售商的数目，使得产品可以广泛地销售出去。这种设计常用于零食、软饮料、报纸等这些消费者会经常购买或购买地点多样化的产品上。比如，7-ELEVEN等便利店、加油站商店等依靠便利性而生存的一些企业。密集性分销如图6-8所示。

密集性分销渠道的优点是：市场覆盖率高、便利顾客。其缺点则是：市场竞争激烈，价格竞争激烈，导致市场混乱，有时会破坏厂家的营销意图；渠道的管理成本（包括经销商的培训、营销系统支持、交易沟通网络的建设等费用）很高。

3）选择式分销

制造商在某一市场上仅仅选择几个有良好声誉、对产品的性能特点有充分了解的中间商来经销企业的产品。选择式分销渠道通常由实力较强的中间商组成，能有效地维护制造商品牌信誉，建立稳定的市场和竞争优势。这类渠道多为消费品中的选购品和特殊品以及工业品中的零配件等。精选式分销渠道是中宽度渠道。选择分销如图6-9所示。

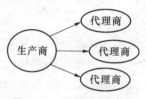

图6-9　选择式分销

选择式分销渠道的优点是：比密集性营销能取得经销商更大的支持，同时又比独家营销能够给消费者购物带来更大的方便。一般来说，消费品中的选购品和特殊品适宜采用精选式分销渠道。其缺点有：中间商的竞争较独家性分销渠道时激烈，而且选择符合要求的中间商较困难。消费者和用户在选购商品时会进行商品的比较，所以，没有密集性分销渠道那么方便顾客。

二、知识训练

训练项目1　情境设计

列举并简要讨论营销渠道在帮助完成和实现交易方面的职能。试分析哪种职能最适合应用以下情境？

（1）一家零售商紧急再次订购脱销的春节用品。

（2）一个网络营销者想方设法去确定和联系自己的顾客。

（3）一个小的零售商想要扩大订单规模，但是手头又没有足够的资金。

（4）一个大的企业购买者参加贸易展览会并期望能够用有限的资金买到更高质量的产品。

训练项目2　情境设计

A公司为广东一家牛仔裤生产企业，拥有非常先进的生产设备，同时具有一定的服装设计能力。一直以来，A公司都是为国外某著名品牌做牛仔裤产品的代工生产。但自2008年金融危机以来，国外订单大量减少，A公司的经营出现了困难。好在A公司在做OEM的同时还创立了一个自有品牌，并通过阿里巴巴网站在国内开展批发业务。现在，A公司寄希望于自有品牌的发展和国内销售渠道的开拓。是继续走批发路线？还是建立品牌形象店做连锁加盟？是摆在 A 公司面前的大难题。

你认为 A 公司在具备了品牌、设备、技术等条件的基础上，应该如何在渠道方面实现新的突破，并不断拓展企业发展的市场空间？

训练项目 3　调查操练

根据项目 2 情境设计中的内容，各个小组分别去市场进行调查，对服装批发市场、大型百货商店、连锁专卖店、服装超市与折扣店进行走访，对其分销渠道的管理方式、供货方式、收款方式、商品定价方式等渠道要素进行了解，把调查结果写入报告。

评价标准见表 6-2。

表 6-2　A 公司分销渠道调查考评评价标准

指导教师		被考评小组	
考评小组成员			
考评内容	服装产品分销渠道调查、服装产品分销渠道的构建		
考评标准	内容		分值（分）
	准确列举服装产品分销渠道的类型		10
	了解各类型分销渠道的具体运作模式		20
	服装产品分销渠道的构建		50
	课堂讨论表现		20
	合计		100

三、知识拓展

知识拓展 1　不同类型产品的渠道类型

1. 快速消费品

快速消费品企业的竞争不仅是产品的竞争、价格的竞争、品牌的竞争更是分销渠道的竞争。快速消费品企业奉行"终端为王"的原则，通过有针对性的促销，强化消费者的购买决定，诱发购买行为。知名度再高的产品、再畅销的产品要想被消费者方便地买到也必须通过各种渠道网络。如超市、卖场等。快速消费品企业销售渠道的主要目标是将产品顺畅、快速、低成本地送达消费者面前，使消费者可以方便地购买并能够满足消费者不同层次的需求。快消品市场的渠道类型主要有：

1）厂家直销

即不通过中间环节，将产品直接销售到终端客户手中。厂家直销的优点在于能够为终端客户提供高质量的服务，厂商自己的车队完成配送可以保证供货的及时和订单的准确，厂商对零售商有较强的控制能力，直接参与贸易条件的谈判可以保证厂商将渠道支持资源的作用发挥到最大，厂商销售人员与零售商的直接合作，能够及时搜集到零售商的意见和建议等。缺点主要是厂商必须独立承担全部未销售产品的成本，支付各运输过程中的费用，使得资金压力增大，资金的流动性受到影响。为了高效地进行流程管理，企业必须有足够好的硬件支持和有能力的销售人员，从而使得经营的机会成本提高。

2) 密集分销

作为宽渠道的一个类型，厂商必须尽可能多地通过适当的批发商、零售商推销其产品。这种分销方式一般用于方便项目，比如，香烟、小吃、肥皂、口香糖等。消费者购买的量越大，频率越高，越强调便利性，厂商就越有必要选择密集型分销的模式。这种方式下，产品分销越密集，销售潜力越大。其优点是市场覆盖面大，顾客接触率高，市场渗透力强，企业可以充分利用中间商快速提升销售业绩。缺点在于渠道管理成本高，容易导致市场混乱，企业需要对中间商进行系统的培训，及时地评估分销网络。分销网络还有可能造成经销商彼此的竞争，价格的竞争会更激烈，经销商可能不会再愿意合理地接待顾客。

3) 复合模式

以分销为主，辅以一定的自销力量。厂商直接做大型超市和经销商难以涉及的特殊终端，既可以控制重点，又可以拾遗补漏，还可以对整个市场起到控制、调整的作用。但有的时候，处于直销和网络两种渠道会由于企业不同的渠道策略而产生冲突。总体而言，快消品的销售要求企业能够进行深度分销做到服务周全，送货及时，因此，充分利用经销商的资金流、物流和关系网络，可以有效地占领市场。

2. 服装产品

服装产品和人们的生活息息相关，具有高附加值、高利润的特点。消费者对这类产品的需求个性化很强，同时服装产品的生命周期越来越短，对外依存度很高，通常不能有过多的库存。基于以上特点，服装行业的渠道设计也非常重要。

我国服装产品的分销呈现多元化发展的趋势，商场、超市、批发市场、专卖店、折扣店等都是服装销售的重要场所。服装产品分销的渠道模式主要有：

1) 批发

服装企业通过专业的服装批发市场，由批发商把产品分销到各类服装零售市场的模式。以广州白马、东莞虎门、武汉、沈阳、常熟、杭州等地区传统的服装批发市场为代表的批发行业在我国服装行业中占据最大的销售渠道。批发市场的规模很大，面对的主要消费人群是农村、城镇的低收入人群，产品价格低廉，款式丰富。但是批发市场使得行业的利润越来越低。一些服装企业面临资金压力大、货款收不回来等诸多问题。

2) 直营

一些实力雄厚的大品牌常使用直营的方式，直接在大商场经营专柜或在商业核心地区开设专卖店进行零售。国际上一些顶级品牌由于品牌保护需要，一般都采取直营的方式。例如，雅戈尔在全国市场的自营旗舰店就多达二百余家。这种类型的分销方式，其服务周到、货品齐全的特点可以有效地体现企业实力和提升企业形象。通常为了保证物流配送的顺畅，厂商一般会采用设立分公司、办事处的模式进行操作，此时需要投入的人力、物力、财力都比较大，只有实力型企业才这样操作。

3) 加盟

加盟是与相关合作伙伴共同经营的一种方式。服装企业招募加盟连锁服装店的方式主要有直接寻找加盟商和通过代理商、中间商发展下级加盟商两种。前一种方式像班尼路、真维斯等休闲品牌常使用，其特点是减少了中间环节，辐射面较宽，在物流配送、管理等方面难度较大。

4) 直营与加盟代理多渠道混合模式

为缓解资金压力，扩大渠道宽度，同时取得对品牌的控制力，许多服装企业采取直营与加盟代理多渠道混合的模式。这种模式一方面吸取代理商和加盟商的资金，另一方面可以依托多个直营店进行品牌形象展示。但这样的方式容易造成渠道冲突，因此企业与代理商、加盟商进行价格、促销方面的协调显得尤为重要。

（资料来源：佘伯明，陆弘彦. 分销渠道实训［M］. 大连：东北财经大学出版社，2011.）

知识拓展2　新闻阅读

线上和线下的融合，京东主战无界零售

2017年是"双11"的第9个年头，超过15家不同的电商平台在同期进行销售的角逐。"双11"已经不仅仅是全球电商市场最重要的年度促销，更是集购物、娱乐、文化、科技于一身的终极体验式狂欢。2017年，阿里、京东相继提出了新的零售概念，都将线下零售作为发展重点。

中国电商研究中心主任曹磊表示："无论是阿里的'新零售'，还是京东的'无界零售'，都是线上线下的融合创新，把它们积累的数据、物流、金融和供应链优势输出到各类品牌商，赋能实体零售。"2017年10月17日，针对阿里巴巴传统强势的服饰领域，京东推出了全面的无界零售解决方案，具体来说就是以腾讯的社交、内容体系和京东的交易体系为依托，为品牌商打造线上线下一体化、服务深度定制化、场景交易高融合的零售解决方案。

此外，京东之家智慧平台正式亮相，目的是打通消费升级的"最后一公里"。以京东大数据、人工智能和履约体系为基础，搭配京东之家实体店而打造的精准化、智能化、多场景应用的"无人移动商店"，目的是为消费者带来更加智能和高效的消费体验。而与传统的无人售货机不同，京东之家智慧平台可以实现精准化的数据采集，基于京东大数据、人脸识别、视线跟踪等方法，可以准确判断消费者年龄、性别、浏览记录等。智慧平台可以通过数据采集和积累沉淀精准推算出该地区客群消费偏好和特点，未来还可将此数据与用户个人京东账户进行匹配，实现线下购物和线上消费数据的融会贯通。

许多线下品牌商，在传统线下渠道进行销售的时候，是无法收集到消费者的消费行为数据的，对于消费端没有"洞察"，也无法及时调整生产适应消费者的需求。而现在，这些企业可以凭借智慧平台选择布局，京东则为签约的品牌商提供全方位的服务。例如，在汽车用品销售领域，消费者已经可以实现在京东上选购商品，并选择就近的门店享受安装服务。同时，在新技术基础上重构货流和信息流，相关品牌商、经销商、维修方都将实现生产端能力与消费端需求的直接链接，从而降低产品流通的滞后性，优化库存周转率。

知识拓展3　案例拓展

戴尔靠渠道变革取得成功

戴尔公司是全球领先的计算机制造和销售公司，1984年由迈克尔·戴尔创立。戴尔作为公司的CEO，其理念是：按照顾客需求制造计算机，并向顾客直接发货。这一理念让戴尔公司能够最有效地了解顾客需求，并做出及时反应。这种直销模式消除了中间商，减少了不必要的成本和时间，让戴尔公司能以具有竞争力的价位为每一位消费者制定并提供具有丰富配置的强大系统。每4天一次的库存更新让公司能够把最新的相关技术带给消费者，远远快于那些运转缓慢、采取分销模式的公司。

1994年戴尔公司推出网站，在1996年加入了电子商务功能，推动商业向互联网方向的发展，接下来的一年，戴尔公司成为第一个在线销售额达到100万美元的公司。今天的戴尔公司经营着全球最大规模的互联网商务网站。戴尔PowerEdge服务器运作的网址覆盖86个国家的

站点，提供 28 种语言或方言，29 种不同的货币报价，每季度约有超过 10 亿人次浏览量。

戴尔公司日益认识到互联网的重要性贯穿于整个业务之中，包括获取信息，客户支持和顾客关系的管理。在网站上，用户可以对戴尔公司的全系列产品进行评比、配置获知和相应的报价。用户也可以在线订购，并随时监测产品制造和送货过程。在公司网站上，戴尔公司和供应商共享包括产品质量和库存清单在内的一整套信息。戴尔公司利用互联网将其业内领先的服务带给广大顾客。例如，全球数十万个商业和机构客户通过戴尔公司先进的网站与戴尔公司进行商务往来。

（资料来源：姚飞．创业营销案例与微课［M］．北京：中国纺织出版社，2017．）

知识拓展 4　新零售的概念

2016 年 10 月的阿里云栖大会上，马云说：电子商务即将消失，接下来就是新零售时代，认为未来线上线下与物流必须要结合在一起才能诞生新零售。那么，什么是新零售呢？

新零售即为企业以互联网为依托，通过运用大数据、人工智能等先进技术手段，对商品的生产、流通与销售过程进行升级改造，进而重塑业态结构与生态圈，并对线上服务、线下体验以及现代物流进行深度融合的零售新模式。线上是指云平台，线下是指销售门店或生产商，新物流消灭库存，减少囤货量。电子商务平台消失是指，现有的电商平台分散，每个人都有自己的电商平台，不再入驻天猫、京东、亚马逊大型电子商务平台。

类似的，我们之前听过"O2O"这样一个概念，也是涉及线上和线下两个名词。意思是线上营销及线上购买，带动线下（非网络上的）经营和线下消费的电子商务模式。O2O 通过促销、打折、提供信息、服务预订等方式，把线下商店的消息推送给互联网用户，从而将他们转换为自己的线下客户，这一模式特别适合必须到店消费的商品和服务，比如，餐饮、健身、电影和演出、美容美发、摄影及百货商店等。概括地说，它是单向度的，其本质是看似结合，实则还是两张皮。

但是新零售的概念则强调"融合"二字。正如阿里巴巴集团 CEO 张勇所言，商业本没有线上线下之分，而是应该全渠道，全盘打通、融合在一起的。全渠道真正的出发点，应该是消费者的需求动线。消费者怀揣消费需求，根据自身需要自然地在线上和线下切换，甚至在不同的应用端之间做切换，在不同的实体之间穿梭。对于他们而言，重要的不是线上还是线下，而是能不能得到想要的商品和服务，满足自身此刻的消费需求。

（资料来源：网站 http：//baijiahao.baidu.com/s？id＝1570064115251496&wfr＝spider&for＝pc）

任务二　设计分销渠道

一、知识扫描

知识点一　分销渠道中的中间商种类

渠道设计中首先要明确中间商的类型。制造商和中间商关系的建立是一个双向选择的过程。制造商从众多的中间商中选择合适的成员作为自己的渠道成员。凡是在生产商与消费者之间参与流通业务、促成买卖行为发生的商人（包括企业或个人）均可成为中间商。中间商包括了代理商、批发商、零售商等多种角色。

1. 代理商

为制造商开拓市场和产品销售，以赚取佣金为目的的商品流通企业或个人。代理商起到媒介的作用，一般不拥有对产品的所有权。经销商则不同，他拥有产品的所有权。在多数渠道系统中，经销商常见，代理商不多见。

2. 批发商

批发商从事商品批发业务等商业活动，交易对象是零售商，而不直接面对终端消费者。处于商品流通的起点或中间环节，当商业交易职能结束时商品仍处于流通领域。

批发商一般可以分为普通商品批发商、大类商品批发商、专业批发商3种类型。

普通商品批发商是经营普通商品，经营范围广、品种繁多的个人批发商，销售对象主要是杂货店、五金商店、药店、电器商店和小百货商店等。产业用户市场上的普通商品批发商一般是工厂供应商，他们直接面对产业用户，销售品种规格繁多的设备和工业产品。

大类商品批发商则专门经营花色、品种、规格、品牌齐全的某一类商品，同时，还经营一些与这类商品密切相关的商品。

专业批发商指专业化程度较高、专门经营某一类商品中的某种商品的批发商，其顾客主要是专业商店。产业用品的专业批发商一般都专门从事需要有特殊技术知识或服务的产业用品批发业务。

3. 零售商

零售商是渠道中最贴近消费者的群体，他们利用各种购物环境将不同制造商的产品提供给消费者。典型的零售商类型有便利店、超级市场、专业商店、百货商店、购物中心等。零售商类型繁多，按其销售方式可以大致分为商店零售和非商店零售两大类。商店零售包含了专营店、百货店、超市、折扣商店、便利店、工厂代销店、独立零售店等多种形式。非商店零售则包括电话邮购、广播电视购物、网络营销、上门推销、自动售货机、自动柜员机等销售形式。在许多渠道中，零售商是重要的力量，影响商品购销运作的过程，例如，沃尔玛、家乐福这样的大型商超。

故事链接——长尾猴、斑马和狮子的故事

长尾猴和斑马一起合作狩猎。长尾猴爬得高望得远，容易发现目标。斑马跑得快，能够及时捕捉猎物。有一天，斑马和长尾猴闹了别扭，于是他愤愤不平地想："猴子这家伙太狡猾了，专门挑轻的活干，却总让我卖苦力。"

斑马离开了长尾猴，去找狮子做搭档。斑马认为，他们可以一起奔跑，谁也不会偷懒。没想到，有了收获以后，狮子把猎物分成了3份。对他说："我是万兽之王，所以要第一份；我帮你狩猎，所以我要第二份，如果你还不快走，第三份就会成为你丧命的原因。"

这个寓言告诉我们，选择跟谁合作是关系到企业生死存亡的大问题，营销中中间商的选择更是如此。

知识点二　分销渠道的战略规划与设计

为了实现渠道目标而制定一整套的方案以最大程度地发挥渠道和产品、价格、促销战略的协调，创造渠道价值链的竞争优势，我们把这套方案的设计称之为渠道战略设计。

1. 渠道设计的目标

渠道设计的目标必须以消费者的需求为核心去进行设计。消费者基于价格、产品品类、便利的程度和自己的购物经验来进行渠道的选择。因此，渠道目标要基于以上需求要素来设计，同时体现渠道设计者的战略意图。渠道设计的目标主要有以下几个方面：

1) 及时

渠道设计应该保证产品能以最短的时间送到消费者手中。

2) 便利

有足够多的销售网点,让顾客方便地购买。

3) 开拓新市场

渠道设计能够捕捉到更多的新顾客、激发潜在的用户需求。

4) 提高市场占有率

好的渠道设计可以提高重复购买率,激活休眠客户。

5) 扩大品牌知名度

增强顾客对产品的认知,树立产品在顾客心目中的地位。

6) 降低成本,获得竞争优势

低成本的渠道设计可以将费用节约的好处让给消费者,并通过挑战竞争对手的价格而获得满意的利润。

7) 更好地控制渠道

渠道设计要完成高效率的渠道网络和渠道整合。为了实现以上目标,我们首先要考虑两个匹配,即产品与市场的匹配和渠道与客户购买行为的匹配。

2. 渠道设计的影响因素

1) 产品因素

价值的大小。一般而言,产品单位价值较低,其分销渠道可以设计得宽而长;若产品单位价值较高,分销渠道适宜窄而短的设计。

体积庞大、较重的产品,如大型机械设备、建筑材料等产品需要采取的运输路径应最短、搬运次数尽可能少,以降低物流的成本,此类产品也适宜做窄渠道的设计。

一些容易腐烂变质的产品,如蔬菜、水果、肉类需要采取短而宽的分销渠道,以避免重复搬运和拖延时间带来的损耗,它们更多地需要直接的分销方式。

标准化程度高、附加服务少的采用长宽渠道,否则采用短窄渠道。例如,洗衣粉等日化用品,单价低、单位利润率比较低则可以采用长渠道策略。而一些专业性或技术性较强的产品,制造商则会直接进行销售与服务。

2) 市场因素

不同类型的市场需要与之相适应的渠道。首先,如果一个产品潜在的顾客比较少,那么,销售人员需要直接进行销售行为。如果顾客集中程度较高,也可以通过直接销售的方式进行。反之如果顾客分散,则必然需要中间商将产品进行转移销售。其次,如果顾客一次性购买产品的数量大、购买频率低,则可采用直接分销的方式,若顾客每次购买数量小、购买频率高则需要采用长而宽的渠道设计。最后,企业还应该考虑到竞争者的渠道设计方式。和竞争者相比,如果自己更有优势,则可以选择基本相同的渠道设计,反之则需要考虑重新设计渠道。

3) 企业自身因素

企业的规模与声誉。规模大、声誉好、实力强的企业可以采用短渠道策略,因为在物流、仓储、建立销售部门等方面有明显的优势,而规模较小、实力较弱的企业则需要采用长渠道。企业销售人员若经验丰富、服务能力强也可采用短渠道,否则采用长渠道。除此以外,若产品组合越宽、深度越大,则比较适宜采用短渠道策略,反之企业只能通过批发商、零售商来进行商品的销售做出长而宽的渠道设计。

4）环境因素

经济环境因素的变化，如经济萧条时期，企业可能缩短渠道。科技环境的变化使得一些产品优化出新的分销渠道。如食品保鲜技术的发展、冷链物流的进步使得水果、蔬菜等产品的销售渠道由短渠道转变为长渠道。

5）中间商因素

不同类型的中间商其功能、特征不同，在分销渠道中起到的作用大小不同，在设计渠道策略时也应该充分考虑不同中间商的优势和劣势。中间商合作的态度、实力、分销的成本都应该考虑进去。若中间商信誉好，合作有诚意，有志于建立长期的合作伙伴关系，则可以建立间接渠道，并根据其服务水平决定渠道的宽窄和长短。

3. 渠道设计的步骤

渠道的制定是一个系统的过程，通常包括以下几个步骤：

1）分析渠道形势

首先，对目前分销渠道的状况、覆盖的市场范围以及对公司的绩效、面临的挑战有一个清晰的认识和准确的把握。渠道设计不仅是指产品的通路，还需要企业首先关注和研究当前企业的渠道现状，渠道系统是否经济，与其他企业职能之间是否存在掣肘和冲突等问题。此外，还需要了解和关注消费者的变化，了解他们的购买方式是否发生变化，随时了解市场变动情况，及时更新自己的渠道设计。

2）分析渠道营销的因素

包括市场的宏观环境和微观环境因素，可控和不可控制因素，外部因素和内部因素等。设计者必须对以下几个方面的信息有所掌握：行业集中程度、宏观经济指数、当前和未来的技术状况、经济管理体制、市场进入障碍、竞争者行为、最终用户状况、产品所处的市场生命周期阶段、市场密度与市场秩序等。

3）确定渠道的目标

依据上述渠道目标的种类设计具体的渠道计划。例如，若要实现顾客购买的便利性，则要根据顾客等待多久、走多远的距离才能买到来决定市场的铺货率，或是通过渠道再设计提升终端顾客的售后服务水平等。

4）制定一个近期的渠道对策

根据上述的分析、调研、评估工作，把握渠道战略可能做出某些调整的机会，进行短期"快速反应"式调整。包括评估渠道的近期机会、分析竞争者的渠道策略变化带来的机会。据此制订近期进攻计划。这是一个将焦点放在短期策略上的计划，即"快速反应"计划。这种计划通常是对原渠道策略的适时、局部调整。

5）列出备选方案，见表6-3。

表6-3 渠道设计备选方案

渠道长度	渠道宽度	渠道广度	渠道系统
零级渠道	独家分销	一种渠道	传统系统
一级渠道	选择分销	多种渠道	垂直系统
二级渠道	密集分销	多种渠道	水平系统

6）评价备选方案

评价备选方案的标准如下：

①经济性标准：对不同渠道的投入产出进行评估，找到最大收益点。

②控制性标准：厂商是否对中间商进行有效控制。

③适应性标准：渠道的选择要适应市场环境。

7）制定战略性选择方案

依据上述标准，并结合检验管理偏见的有效性，将目标和限制条件陈述给企业外部人员和内部挑选出来的人，评估其合理性、是否不可改变，以及改变可能带来的损益，分析说明管理层的定位和理想定位之间的差距。然后列出宏观环境和竞争机会的制约。最后，综合以上信息和意见，决定达至理想系统所需要的对原系统进行重新构建的原则。

斯特恩（Stern）等学者经过对许多家大型公司的长期研究，总结出了一套"用户导向分销系统"设计模型。他们将渠道战略设计过程划分为5个阶段，细化为更为具体的14个步骤，如图6-10所示。

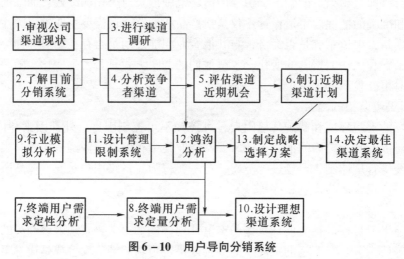

图6-10　用户导向分销系统

其中，步骤1~4为第1阶段：当前环境分析，步骤5~6为第2阶段：制定短期的渠道对策，步骤7~10为第3阶段：理想渠道设计，步骤11~12为第4阶段：限制条件与鸿均分析，步骤13~14为第5阶段：渠道方案战略决策。

知识点三　渠道的价值链

1. 渠道价值链的概念

渠道价值链是属于企业的外部价值链，渠道价值链即为产品通过制造商—分销商—经销商最终到达消费者的一系列环节中价值增值的过程。渠道价值链是企业精益营销价值链的核心环节。用于销售目的的所有产品和服务都是价值链上的部分，它使产品能够在合适的时间、地点以合适的价格进入正确的市场，找到有需求的顾客。

从内部管理角度看，制造商管理供应商和物流，从而获得产品和服务生产所需要的资源投入（如零部件、发货日期和成本数据）。从外部管理角度看，制造商需要管理物流和渠道，从而使制造商能够满足每个市场上顾客获得产品的需求。企业营销人员需要分析这个价值链的每一个环节是如何产生增值的，进而决定由企业自己做还是与外部企业签订外包合同共同完成这些工作。

> **案例链接——歌帝梵公司的价值链设计**
>
> 歌帝梵（Godiva）巧克力起源于比利时布鲁塞尔，是世界知名的高端巧克力制造商。公司从世界各地的供应商处购买巧克力、香草、坚果和其他原料。歌帝梵在自己的工厂生产精美奢华的巧克力，然后以可控温度的运输方式把这些巧克力送到自营的门店，其他零售商以及直接通过邮购购买或通过网站购买的方式送到消费者手里。而在中国，歌帝梵对门店的管理控制尤其严格，把门店打造成高档精品店的高端形象。

成功的分销价值链设计可以实现以下优势：一是制造商与经销商、分销商的合作，从而降低开发新市场的风险。二是制造商和分销商合作，使得二者整合成销售联合体，实现了制造商快速对零售网点的占领，从而能够形成渠道竞争优势，有力阻击竞品在终端的优势。三是制造商与经销商、分销商的合作，有利于缩短渠道的长度使得渠道变得更加扁平化、更加可控，减少了渠道冲突，降低了渠道成本。例如，有的制造企业选择在亚马逊、天猫等电商平台上开设网络店铺，而不是自己建立一个电子商务网站；环球音乐集团与英谷思公司签订北美地区数字音乐分销合同，服务内容包括把数字音乐转换成特定下载系统所需的格式，并提供给流媒体服务商、网上零售商以及其他渠道成员。这一设计可以帮助唱片公司紧跟顾客购买音乐的技术变化，从而提升企业的竞争力。

2. 渠道价值链增值策略

企业若想在渠道设计中获得价值链的增值，首先需要估计向上游或下游扩展是否更有利可图，其次需要了解整个渠道中有哪些会导致成本增加，哪些是价格或供应的干扰因素。再是需要与合作伙伴进行快速的沟通，降低成本，加速信息的流通和提高信息的准确性。

1）强化供应链管理，加强渠道横向管理

与分销商达成发展共识，形成共谋发展的合作伙伴关系。例如，增强制造商管理层的巡视和拜访，多与分销商进行沟通与交流，多听取经销商的意见和建议，定期召开经销商会议，对业绩好的经销商进行表扬和激励。公司的各项政策的出台，事先要召开经销商的讨论会议。这样使经销商有企业一员的参与感，觉得自己是企业的一部分，自己的发展和企业的发展密不可分。

2）引入顾客关系管理，管理直达终端

终端是渠道价值链的末端，是保障顾客利益的关键，管理直达终端才能真正达到渠道价值链增值的目的。比如，建立基本的顾客档案，制作零售店分布的地图，建立零售店档案，建立主要店员档案，建立竞争对手的档案，建立经销商档案，建立厂家基本情况档案。建立零售店的会员体系，定期举行活动，增加零售店和制造商的联系。把促销活动落实到终端，从而增强终端与企业的感情，增强企业品牌的影响力。

3）建立完善的销售激励机制

清晰明确各级代理、批发的价格，市场零售的价格及各级利润点，并以制度的形式要求执行。制造商重新审视自己的成本及利润，在保证自己利润的前提下，明确预设最大空间的、针对整个网络各级代理及批发商的返利比例，设定返利条件及结算方式。另外，如果经销商只执行了价格策略而没有进行其他的如市场开拓、推广等工作时，完全可能影响到销量问题，这样的话，就必须在经销条款中明确规定销售量等其他相关问题。如果约束条款太多，经销商感觉难以获得返利，又会失去激励、促进的作用。总之，这部分制度的设定必须是在管理、控制、可行性、艺术性和科学性几方面因素相结合下完成,是理性与感性的共存。

二、知识训练

训练项目 1　情境设计

某食品企业最近研发了一种新的饮料。该饮料采用葛根为原材料生产加工而成。该产品有降火、醒酒的功效,以易拉罐为包装,定价 6 元。目标顾客为中高端顾客群体,以中年男性商务人士为主。企业在研究新产品进入市场的渠道设计时,出现了分歧。一种观点是沿用原有产品的销售渠道,省时省力,节约成本,但对新产品的推广力度不足。另一种观点是开辟新的渠道,迅速占领市场和建立新产品形象,缺点是渠道建设的成本相对较高。第三种观点是增加卖场渠道,如增加学校、网吧、机场、车站等场所的销售,缺点是这些特殊卖场的销售能力有限。

如果你是企业的决策者,你会采取哪一种渠道策略?可供选择的渠道还有哪些?

将学生分为 A、B、C、D 4 组,A、B、C 3 组学生进行 3 种不同渠道的设计。A 组选择成熟的销售渠道为主要主张,B 组选择开拓新的销售渠道为主要主张,C 组采取特殊卖场销售模式为主要主张。各组需要阐述所选择的渠道模式内容、优劣。D 组则对 A、B、C 3 组的方案进行评价。A 组的训练方案记录示例见表 6-4。

表 6-4　示例:A 组的训练方案记录

班级		组别	A	小组成员	
渠道主张	用成熟的销售模式进行产品销售				
成熟的销售渠道模式陈述: 成熟的销售模式决策依据:					
成熟的销售模式的优势:					
成熟的销售模式的不足:					
对其他两组的模式评价:					

训练项目 2　情境分析

以下是某生产商和其经销商之间的一段对话:

"赵总,你不可能从网上进货!"小李说话总是先点题。

"开玩笑?为什么不可能?"老赵一副"别以为老子读书少"的样子。

"这种特价网上的秒杀产品,一个 ID 只能买一个产品,你怎么可能批量进货?"小李不急不缓地说道。

"我去多弄几个号不就行了?!"老赵一副胸有成竹的样子。

"就算你在网上进得到货,你也不可能从网上进货!"

"你倒说说看,为什么?"被小李这样一吊胃口,老赵反而不急了。

小李仍然不缓不急:"你买这些产品,你是自己用还是卖给别人用?"

"这么多,我怎么可能用得了?当然是拿来卖!"老赵没搞清小李葫芦里卖的是什么药。

"网络购物一般是7天收货期,延长收货也就15天。你买的是电子产品,如果一年以后这个产品才卖给消费者,然后消费者发现了质量问题,你找谁解决?"小李点出了重点。

赵总哼哼哈哈没接话,他显然没有想这么深。

"就算你愿意背了这个售后黑锅,你也不可能从网上进货!"小李趁热打铁。

老赵看清了小李的意图,没有开始那么激动了:"我听你说!"

"你从网上倒产品到店里来卖,工商、质监来抽查你这些产品的证件,你怎么办?比如说,抽这批产品的3C证,你去哪里弄?"

老赵知道小李今天是有备而来,看来,吓是没有把他吓倒。

"就算地方上工商、质监的关系能搞定,你也不可能从网上进货!"关于这个问题,小李才刚刚进入主题。

老赵心里顿时有千万匹马从心头奔腾而过。

"你进了货以后,还需不需要公司给你提供导购培训、社区推广培训?还需要不需要我们给你提供本地的工程项目信息、水电工资源的介绍,还需不需要我们对市场销售秩序和价格体系的维护?还需不需要以后渠道商给你提供账期、临时调货的方便,以及新产品的安装演示服务和配套服务?"

小李顿了一下,接着继续强调:"别的不说,更为重要的是,你现在是全额交税吗?如果网络平台供货,每一笔进项都给你开发票,你去哪儿找那么多销项进行抵扣?所以,至少目前,你不可能从网上进货!"

老赵是老江湖,自然知道小李所指的是什么。你说到这儿,经销商还会不会坚持说"网上的东西比你们便宜,我要去网上进货"之类的话呢?

请思考与分析:

(1) 在分销价值链的设计中,中间商和生产商如何相辅相成、成就彼此?

(2) 在上述对话中反映的价值冲突问题,生产商如何改进其分销渠道的设计,你认为可以采取何种措施进而更好地发挥经销商的作用?

(3) 如何保持生产商和经销商在利益和价值上的一致性?

三、知识拓展

知识拓展1 宝洁公司的渠道变革

宝洁公司简称P&G,是美国的一家消费日用品生产商,目前全球最大的日用品公司之一。其总部位于美国俄亥俄州,全球员工近110 000人。2008年,宝洁公司是世界上市值第6大公司,世界利润第14大公司。同时,也是世界五百强企业中第10大最受赞誉的公司。

在宝洁公司诸多成功的管理经验中,渠道战略是宝洁公司制胜的关键因素。宝洁公司的销售部门在1999年之前称为销售部,并将中国大陆市场分为4个销售区域。即华南,以广州为区域中心;华北,以北京为区域中心;华东,以上海为区域中心;西部,以成都为区域中心。每一个销售区域配有相应的区域分销中心,以及相应的后期、财务、人力资源和营销行政人员。

在这4个销售区域中,承担销售使命的是宝洁公司的分销商,这些分销商大多设在地级城市。宝洁公司根据生意规模的大小和分销商的资源,在有的城市同时有两个或更多的分销商。分销商与传统意义上的经销商和批发商不同，他们除了需要承担销售和回款等传统职能以外，还要承担分销的职能，即将产品尽可能地推广到区域内可以接触到的目标消费者的地方，以方便消费者购买。这些渠道包括零售终端、批发市场，也包括一些特殊渠道，如企业顾客、酒吧、洗浴中心、美容美发店等。在宝洁公司1998—1999年财政年度80亿元的销售中，分销商承担了超过80%的份额。

1999年，宝洁公司面临了极大的挑战。洗发水方面，联合利华的夏士莲品牌的推出获得了极大的成功。同时，舒蕾等其他各大品牌的出现也给宝洁造成巨大的冲击。同时，单纯的分销商渠道也面临挑战。国际连锁超市的大举进入中国，其运作能力常常需要越过分销商与制造商直接做生意，部分分销商也难以承担其销售服务功能。此外，分销商数目众多导致了串货现象严重，分销商利润下降。因此，宝洁开始重新调整其渠道设计。

首先，取消销售部门，取而代之的是客户生意发展部，全面负责客户生意的发展及服务工作。其次，打破4个大区的运作组织结构，改为分销渠道、批发渠道、主要零售渠道、大型连锁渠道以及沃尔玛渠道。此后，宝洁又将批发渠道与分销商渠道合并成为核心生意渠道。这种按照渠道建立的销售组织，可以使渠道员工集中精力研究该渠道的运作，成为顾问型行销专家，同时，也可以更好地解决对零售端的服务问题。分销商此时的功能也发生相应的改变，宝洁公司提出了全新的分销覆盖服务的概念。

知识拓展2　新闻阅读

羊毛衫"无人展厅"亮相浙江桐乡

2017年以来，马云的"无人超市"概念，引起了互联网行业以及零售行业的一阵热捧。在桐乡濮院也有这样一个毛衫"无人展厅"，只要扫一扫展厅里衣服上的二维码，就能下单订货，创造了毛衫产业的采购新模式。与普通的展厅站满了热情导购不同的是，这个面积8 000平方米的陈列区中没有一个销售人员，可以称得上是真正的"无人展厅"。

在这里，只要制造企业有新开发的款式，均可以陈列到M3大楼来。买家进入M3大楼可自助挑款、扫码，获取每件样衣的生产参数以及工厂联系方式，款式看中后可以直接向制造企业下单。凭借互联网，空中濮院平台上已经有超过10 000家毛衫供应商，买家可以根据自己的任何需要，与供货商进行精益匹配，而制造企业也免去了此前在传统渠道中所支付的高额成本。这个空中濮院M3"无人展厅"，实现了线上线下同步互联，突破了线上销售的瓶颈，向客户提供跨渠道、无缝化的购物体验。

知识拓展3　如何选择渠道成员

分阶段选择。第一阶段，在渠道建立之初，制造商与基本符合甚至略低于选择标准的渠道成员合作，这样可以尽快地启动市场。第二阶段，当制造商的产品已经在该行业或地区市场上具有一定知晓度的时候，制造商就可以通过严格的考核来选择符合厂商标准的渠道成员建立长期合作伙伴关系，并逐步淘汰不符合标准和要求的渠道成员。

纵观市场竞争情况，如果制造商企业的竞争力仅次于市场领导者的企业，在进行渠道成员的选择时就可以参照市场领导者的渠道。如果需要进行市场的占领和进一步进攻，甚至可以选择市场领导者企业的渠道成员。因为，这些渠道成员拥有丰富的销售经验和销售能力，能够帮助自己的产品迅速获得市场影响力。如果本企业是市场的追随者，不具备与市场领导者企业正面针锋相对的能力，则可以从消费者的角度出发，促使终端渠道与自己的合作，建立符合自身需求的分销渠道体系。

制造商在选择渠道成员的时候,基于市场竞争环境的变化,不会采用单一的渠道成员选择方法。而是根据市场、行业、产品及竞争情况,采取不同的渠道策略来构建自己的分销渠道体系。

任务三　管理分销渠道

知识点一　渠道的冲突管理

渠道无论如何设计总会出现冲突,因为,各独立的企业实体的利益难以达到完全一致。当渠道中的一个成员导致其他渠道成员无法完成既定目标的时候,渠道冲突便产生了。

1. 渠道冲突的含义

渠道冲突是指渠道成员间因为销售政策、决策权分歧、销售目标差异、信息沟通不畅、角色定位偏差、责权划分不明确等原因而产生的渠道成员紧张、不满、抵触甚至决裂的现象。

2. 渠道冲突的产生过程

渠道冲突的产生是一个由弱到强的过程,由内隐到外显,可划分为5个阶段,如图6-11所示。

图6-11　渠道冲突五阶段

3. 渠道冲突的类型

1)水平渠道冲突

渠道同一层次的成员之间的冲突。例如,某连锁经营企业,A店铺发现B连锁店存在偷工减料、弄虚作假的经营现象,认为B店铺损害了整体经营形象而对自己经营产生负面影响,故而会产生抱怨、抵触的情绪。水平渠道的冲突主要是由于中间商在追求自身利益最大化的过程中,往往造成对同一层次的其他中间商利益的侵犯。

2)垂直渠道冲突

同一渠道中不同层次的成员之间的冲突。表现为制造商与分销商之间、总代理与分代理之间、批发商与零售商之间的冲突。其主要原因是中间商的越级或越权操纵市场、渠道间各成员之间的利益分配不均、政策不力或沟通不畅。例如,沃尔玛是许多制造商包括迪士尼、宝洁、露华浓等品牌最大的购买者,因此,沃尔玛常要求制造商或其他供应商降低价格或提供更高的折扣,这一行为也常常导致渠道冲突现象。垂直渠道冲突产生的主要原因是由于渠道成员对渠道策略的理解和执行出现偏差。

3)多渠道冲突

当制造商建立了两个或更多的渠道向同一市场进行销售时产生的冲突。表现为渠道成员在不同的销售渠道中对市场的争夺。当某个渠道获得更低的价格时,渠道冲突会更加明显。例如,当某品牌制造商向沃尔玛、家乐福等大型商超出售某型号的汽车装饰配件,便可能会激起独立经销商的不满。为了缓解这一矛盾,该制造企业可能会提供专属型号的配件产品只用于独立经销商的独家销售。多渠道冲突的产生往往是由于生产企业对不同渠道系统的控制和管理不当造成的。

从内容角度看,渠道冲突的表现形式主要有:

1)利益冲突

每个渠道成员都追求利益最大化,所以往往存在利益分配不均的现象,分配的方式、时间、地点也常常存在争议,从而引发冲突。

2)服务冲突

分销渠道中上游成员要为下游成员提供相应的服务,例如,广告支持、市场开拓支持、技术支持、促销支持等。如果上游的渠道成员提供的服务不到位,或者没有完全履行其义务,就会造成下游成员的不满,导致冲突。

3)价格冲突

制造商的利益和零售商的策略常存在差异。制造商希望价格的差异来源于不同品牌间的产品,而在现实中的零售端,零售价格的构成会因为物流、管理方式的不同有差异。有时,零售终端如果过于密集,就会导致渠道成员为了争夺顾客而展开价格战,这是与制造商的初衷相违背的,由此会产生渠道冲突,这也是渠道冲突中比较常见的一种冲突类型。

4)促销冲突

当制造商和渠道成员共同策划某一促销活动时,渠道下游成员在执行过程中存在偏差,会造成促销行为不一致的现象。此外,终端销售成员可能自主展开一些促销活动,使得同一品牌产品在市场表现不同,给消费者造成混乱的销售印象等都将引发渠道冲突。

5)策略冲突

制造商在进行渠道设计和实施的时候都是围绕本企业的发展目标而展开的,渠道成员经营的目标往往各不相同。所以,在上下游企业之间存在对营销策略理解上的偏差和执行力的不同,由此产生一些渠道冲突。此外,制造商在进行渠道策略调整的时候,可能会破坏旧的渠道系统的稳定性,造成新旧渠道系统间的冲突。

6)权利冲突

渠道成员中的每一个企业都有前向一体化或后向一体化的动力,他们常争夺渠道的控制权。上游企业会不断加强对下游企业的控制,而下游企业则会不断强化对上游企业的反控制的能力,这也是渠道冲突出现的原因之一。

4. 渠道冲突产生的原因

1)角色定位不同

渠道成员站在不同的立场理解问题就会有不同的行为。渠道成员的角色是其在渠道中承担的义务,以及让每一个渠道成员都可以接受的行为规范。如果渠道成员的行为超出了其他渠道成员预期可接受的范围,则出现角色错位。

2)目标的差异

如果同一渠道系统中的所有成员都有共同的目标,那么,各自的效率和效益将会实现最大化。然而,事实上每个公司都有自己的目标,这些目标可能会与其他成员背道而驰,这样就会产生冲突。例如,制造商都想通过低价策略实现快速的市场渗透,而经销商则会希望毛利率高的产品带来快速利润。

3)认知的差异

认知差异是指渠道成员对同一情景或对同一刺激做出不同的反应。例如,制造商认为经济环境大好，可以进行更多的备货和存货，而经销商则认为市场不那么乐观，于是产生观点的不同。

4）沟通困难

沟通困难是指渠道成员之间不沟通、沟通缓慢或不准确甚至是错误的信息传递，这将导致受损的一方产生不满。

5）决策权分歧

渠道决策权能够决定控制渠道资源的分配，也是渠道成员竞争的重要对象。例如，经销商希望对买断的产品使用定价权，而制造企业则希望其定价符合市场定位、配合企业营销策略，所以，常通过指导价给经销商以约束，这也将导致渠道冲突。

6）资源稀缺

资源稀缺是指由于渠道资源的分配不均而造成的冲突。渠道中的各种资源如仓储设备、卖场货位等会因为市场竞争出现短缺，渠道成员也常为此讨价还价、相互竞争。

5. 渠道冲突的管理

渠道冲突必然存在，对渠道的冲突如果处理得当会对企业的渠道建设有推动的作用。当然，我们不可能消除所有的冲突，但必须进行有效的管理。如何管理和处理渠道成员的冲突？首先，可以在第一时间控制冲突，防止低级层次上的冲突演化升级为更高层次的冲突。这通常是通过建立制度化机制来解决。其次，在显性冲突出现后，采取某种行为方式来解决冲突，比如，迁就、回避、妥协、合作等行为。

1）设计制度化机制以控制早期冲突

通过渠道成员之间充分的信息交流与沟通，实现信息共享，从而达到预防和化解渠道冲突的目的。通过信息强化机制，加强了渠道成员彼此的信任，从而能建立和维护彼此间的良好合作关系。主要方法有：

（1）建立会员制度。

加强彼此的定期沟通和意见反映，以化解和预防会员间的冲突。

（2）进行员工交换。

渠道成员间通过互派人员深入对方机构里工作增强相互了解。当互换人员回到各自的工作岗位后，更容易从对方的角度考虑问题，从而有利于加强彼此的理解、信任和合作。

（3）吸纳领导者。

渠道成员将其他成员企业领导者吸纳到本企业的咨询会议或董事会议，认真听取对方领导者的建议，使企业在做决策时考虑到合作成员的要求，从而达到互相尊重和互相理解，有助于减少冲突。

2）第三方仲裁机制

冲突双方不是通过协商、说服等充分沟通的方式来达到彼此谅解和理解，最终达成共识、解决冲突，而是需要第三方通过调解或仲裁方式介入来解决冲突。当冲突是长期性的或比较尖锐的时候，就可以用第三方进行利益协调。仲裁可以是强制性的，也可以是自愿的。在强制性的仲裁程序中，法律要求各方把争端交由第三方，而第三方的决定是最终的和具有约束力的。

3）建立产销战略联盟

从长远发展的角度出发，"产"方与"销"方（制造商与中间商、代理商与中间商、上游中间商与下游中间商）之间通过签订协议的方式，形成风险-利益联盟共同体，按照商定的营销策略和游戏规则，共同开发市场，共同承担市场责任和风险，共同管理和规范销售行为，并共同分享销售利润的一种战略联盟。对付渠道冲突最有效的办法是让渠道成员建立产销战略联盟，形成利益共同体，使矛盾双方成为一家人。

知识点二　串货管理

1. 串货的概念

串货是指经销网络中各级代理商、经销商分公司在利益的驱动下，将产品进行跨区域的违规销售，造成价格混乱，使其他经销商在产品销售过程中受阻，消费者对产品感觉模糊、困惑甚至失去信心的营销现象。

2. 串货产生的原因

1）价格差异

制造商的价格控制体系出现问题。表现为区域价格差异、季节价格差异、大小客户差异、价格调整前后差异等。季节价差太大，会导致一些代理商乘淡季屯货；价格变动前信息控制不严，可能造成一些经销商或者个人囤积货物，等涨价后再出货牟利。大客户销量大，因此可以拿到更低价格。促销政策导致的价差，对有些企业看似公平，但对不同市场促销返利太大，导致实际上的价差，使得代理商有价格操作空间。

2）销售政策的失误

年销售目标任务过高，经销商和企业自己的区域销售经理和业务员都感到完不成任务，只有通过串货，甚至贴现串货的方式实现销售业绩的提升。年终为完成销售任务，为了个人业绩，区域经理要求经销商压货，并以其他促销支持（变相降价）为条件，第二年经销商无奈串货。奖励制度设置不合理，销售奖励过高或年终返利太高导致经销商为拿奖励而串货。

3）渠道成员中的代理商、经销商、业务员缺乏诚信，为了个人利益将产品偷偷销往其他渠道成员的销售区域，抢夺他人市场的利益。

4）制造企业为了实现高的市场覆盖，采用多渠道进行铺货，这种销售模式多元化导致渠道之间的交叉和重叠，会造成产品的跨区域销售。

5）报复性销售行为

因为制造商违约或渠道的调整给渠道成员带来了利益的损害，处于这样的矛盾下，渠道成员有可能为给制造商或其他成员施加压力而采取报复性行为。

3. 串货的解决与管理

串货行为容易引发市场价格的混乱，使得经销商对产品的销售失去信心。同时有损于产品形象的建立，也会对消费者产生负面的影响，迫使消费者选择那些价格更稳定的产品。串货行为带来的市场干扰使得渠道成员间相互碾压和报复，导致整个渠道的破坏。因此，对于串货现象制造商必须有预防、有管理。

1）预防串货的主要方法

成立专门的机构进行市场监督。渠道成员经常抱有侥幸的心理认为不会被发现，如果发现纠纷也常由一般的销售人员处理。但是销售人员陷入串货纠纷中会影响日常的销售工作，所以，成立一个专门的部门进行市场沟通和监督，有利于及时发现渠道成员的异常行为，从而把串货行为消除在萌芽状态。

对商品进行编码制度。对商品进行有效的编码，将商品分属于不同的区域市场，将条码印刷在商品外包装上，甚至在商品外包装上进行标注，如"专供某某地区销售"字样，有利于制造商对商品的调查和控制,防止串货行为出现。

合理进行销售区域的划分。制造企业在进行销售区域划分时,充分考虑各个区域的工作量的大小和渠道成员的能力,保持合理的销售密度。对暂时没有经销商覆盖的空白区域,不要把这些区域强行加给任何一个现有的经销商。这些空白区域可以由任何经销商覆盖,直到开发到一个合理的经销商为止。避免因为销售区域划分不合理而导致的串货行为。

制定合理的销售计划和激励政策。在激励渠道成员过程中,制造商经常以销售额高低确定返利比例。但前提是要对销售区域的销售额做合理的估计,否则就会产生渠道成员串货的驱动力。

优化产品结构,建立合理而稳定的价格管理体系。制造企业并非投放到市场的产品品类越多,利润越大。投放市场的产品品类越多意味着维持价格体系的难度就越大。所以,渠道成员供给产品时候要考虑产品的互补性,在销售同一品类产品的中间商要引导他们的良性竞争。

2)治理串货的主要措施

建立和执行严格的串货处罚制度。对串货行为的处罚要根据合同条款进行约束,根据串货数量不同、次数不同制定不同的处罚标准,累积递进直至解除合同。通过与工商部门联合,对损害渠道成员利益的行为和假冒伪劣产品进行打击,维持市场秩序。

严格设计价格体系。设计和执行分销层次与价格层次相匹配的级差价格体系。保证分销过程中的每一个环节的利润空间,同时,也要保证每一个环节能够按照既定计划执行价格。

建立综合的渠道考核制度。制造商不要将考核标准仅仅局限于销售量单一指标,而要从价格执行、市场秩序维护、品牌形象维护、客户服务质量评价等多个指标入手进行考核。避免单一的返利、折扣等经济手段的激励,逐步实现由经济、物资、培训、促销共同构成的综合激励体制。

知识点三 分销渠道中的权力分配与制衡

1. 渠道权力的含义

渠道权力是指一个渠道成员控制或影响另一个渠道成员行为的能力,或者说一个渠道成员对另一个渠道成员的依赖程度。当渠道成员 A 对渠道成员 B 有依赖,A 就会改变其行为适应 B 的要求。B 的影响力取决于 A 对它的依赖程度。

2. 渠道权力的提升

首先,提升品牌质量,提升产品知名度和美誉度。制造商需要在产品的制造和品牌塑造上下功夫,形成卓越的市场影响力和核心竞争力,从而提升在渠道中的话语权。其次,中间商要和制造商一起,完善产品的客户服务质量。制造商要建立完善、科学的客户服务体系,中间商则努力做到优质的服务,不断增强客户满意度、信任度和偏好度,增强对渠道成员的吸引力。再次,制造企业若能够实现生产的规模效应和市场份额的规模提升,便可以掌握更多的主动权。此外,制造企业要建立一整套的辅助销售政策对中间商在人力、物力、财力、广告、技术等方面予以支持,使得整个渠道有统一的客户服务方式和市场管理理念,特别是在营销策划、市场开拓、人员培训、营业推广等方面给予费用的支持。

3. 渠道不同成员的权力保持方法

1)制造商的权力保持方法

做到规模经济,争取更多的市场份额;保持极高的品牌忠诚度;合理使用特许经营方式；适时结束与不合格经销商的关系；采取垂直一体化策略；通过协议推动周转慢的商品的销售；对业绩较好的经销商提供更多的紧缺产品；合理使用折扣政策，使得零售商愿意大量采购本品牌产品；拓展产品线，使得本品牌的产品有更广阔的覆盖；允许大客户绕过批发商等。

2）经销商的权力保持方法

选取有影响力的自有品牌；扩大销售规模；拥有足够的资金和良好的经营信誉；努力开展促销服务；做好顾客忠诚度的培养；运用集中采购策略，使自己具备强大的仓储能力；适当使用前向一体化和后向一体化策略；通过批零兼营和价格折扣吸引更多的顾客；实施灵活的货款结算政策影响供应商等。

3）零售商的权力保持方法

提高订货量，进行集中采购；提升自己的销售管理技术和物流配送技术；培养一批有忠诚度的顾客；收取合理的进场费、陈列费及其他费用；更多地了解顾客，掌握详尽的顾客信息；拥有广阔的销售空间和销售场所；具有较高的市场份额和较强的议价能力等。

二、知识训练

训练项目1　情境设计

今天，家电行业进入了以买方为市场的微利时代。家电产品的制造商和经销商之间的斗争也日趋激烈，冲突越来越频繁且公开化。以国美、苏宁等家电企业的出现为代表，它们迅速地向一、二线城市拓展。2004年，成都国美未经格力允许擅自将产品大幅降价，导致双方矛盾激化；2005年1月，苏宁电器单方面宣布海信电视机大幅降价，导致双方摩擦；2006年3月，康佳彩电在国美的二十多个店铺被宣布"停止销售"。

家电连锁企业的崛起，在市场上彰显了更大的力量，凭借自身强大的销售网络，它们可以自行制定游戏规则，甚至突破原有的协议和规则，采用类似的霸王条款来给制造商施加压力，转嫁经营风险。面对这样的渠道冲突和渠道权力失衡，家电制造企业如何应对呢？

请将你的分析和结论记录在下表中：

班级		组别		小组成员	
渠道权力的来源：					
提高渠道权力的方法：					
保持渠道权力的方法：					
其他组别成员观点补充：					

训练项目2　沟通能力训练

作为一名营销人员，如何同渠道成员中的每一个角色展开良好的沟通是业务人员基本的职业素养。开展下列沟通游戏，提升你的沟通能力：

将参与的同学分为 A、B 两个小组。请 A 组先看规定的内容："请给你的拍档讲述一件最近 3 个月你感到特别高兴或有意思的事情。"B 组不能看到 A 组的内容，并位于离 A 组距离相反且较远的地方。当 A 组看清楚规定内容后，站在 B 组的位置上。B 组到前看规定的内容："当你的拍档讲话时，你要用心去听，并且用眼睛关注他，主动热情地回应他。"B 组看后，迅速地找到拍档来进行规定内容的游戏。

注意：两组成员不可以相互告知看到的内容，并且两组分别看内容的时候不允许讲话，保持安静。分享和思考以下问题：

根据你在活动中的体验，你认为有效沟通的关键在哪里？以一个负责人的角度去看，有哪些行为可以让沟通更有效？请感受倾听与关注的重要性。

三、知识拓展

知识拓展 1　新闻阅读

蓝月亮的渠道转型：一脚踩空的尴尬

2015 年，蓝月亮与大润发、家乐福等大型商超合作告吹，引起了整个洗涤行业的动荡。在降低连锁超市的销售比例后，蓝月亮试图通过自建"月亮小屋"进社区的模式打一场翻身仗。不过，经过一段时间的探索，蓝月亮的自建渠道发展并不顺利，"月亮小屋"社区实体店的数量在近两年的时间里几乎没有增长，蓝月亮在线下渠道的布局陷入了"一脚踩空"的状态。

2017 年 5 月，蓝月亮重新拾起传统渠道，在各大商超广泛招募销售专员、搬货员等。但是在脱离部分大型超市的时间里，立白、绿伞等一众竞品的上位着实对蓝月亮的地位构成了挑战。凯度消费者指数显示，2014 年，蓝月亮已触及 1.91 亿消费者，家庭渗透率高达 46.5%。而到 2016 年 2 月，尼尔森数据统计公布，纳爱斯集团旗下超能品牌在洗衣液品类的市场占有率已经达到了 32%。竞争对手的一路赶超势头不可谓不够凶猛。

如今，电商渠道成为蓝月亮的重要抓手。2015—2017 年，京东自营蓝月亮品牌销售同比净增长均超过 100%。2017 年年初，京东"超级品牌日"主推的蓝月亮高端单品"机洗至尊"洗衣液，当天单品销售额达 2016 年"双 11"销售额的 33 倍。但与天猫、京东等电商平台还算红火的销量对应的，是蓝月亮自建电商平台"月亮小屋 app"的式微。

对于消费者而言，洗衣液能在京东和天猫买到，偶尔还有折扣优惠，那么，去下载月亮小屋 app 就没有意义了。在品牌宣传上，月亮小屋 app 的更新和 H5 页面做得也很少。蓝月亮在电商平台上的转型也陷入僵局。

线下支点不稳，线上自建渠道没有声势，在这种情况下，蓝月亮发动了"人海战术"。据蓝月亮内部员工此前透露的信息，与各大 KA（Key Account，重要客户）卖场合作崩盘后，蓝月亮曾强制推行内部销售政策，要求全国各区各部门员工全员成为销售人员，但公司又不提供任何制度上的管控调度和实质资源的支持。

渠道上的变动走入了困局，但蓝月亮被业内认为问题的根源在于，产品端的革新在渠道危机爆发后就没有跟上速度。近两年的时间里，除推出"机洗至尊"洗衣液新品外，蓝月亮在洗手液、洗涤剂上几乎没有新品面世。而竞争对手中，立白、纳爱斯的新品推出速度要快得多，且在产品领域的覆盖面上也比蓝月亮广。

同时，由于脱离商超渠道后才推出新产品，蓝月亮的"机洗至尊"洗衣液在市场培育初期并没有建立起与消费者的紧密关系。这一试图实现互联网化营销的产品在电商渠道上最终也没有占据非常优势的地位。在天猫超市上，按照销量排名第一位的洗衣液是售价18.8元的超能洗衣液，月均销量达17万笔。蓝月亮的产品排在第二位，但不是"机洗至尊"，而是早期推出的"亮白洗衣液"，售价为39.9元。现在蓝月亮不得不在各大超市加重推出这一产品。

作为一家率先将"洗衣"作为一种服务来运营的企业，蓝月亮在主观意识上确实为行业提供了一种更新颖的思路，但实施起来的难度也超出了原本的想象。在这种情况下，业内普遍认为，蓝月亮在走出下一步棋之前，需要停一停了。回归卖场之后，蓝月亮应该对目前的形势做出合理判断，而不是咬死"传统渠道式微"这一点。毕竟，商超卖场为品牌建立起的消费者关联度、价格优势相比于电商渠道更容易完成走量的模式，都能够成为品牌维稳销量的根基。同时，在渠道受困的状态下，蓝月亮也应该从产品上着手，扩大品类范围，这也有利于品牌加强自身的知名度，补齐此前与消费者短暂"分手"造成的陌生感。

（资料来源：第一营销网 http：//www.cmmo.cn/article - 207474 - 1.html）

知识拓展2　如何化解线上和线下的渠道冲突

基本思路：实施差异化，实现二者协同发展。传统品牌商的线上线下策略是产品区分、品牌区分、加强渠道监管。现在很多的做法是：区分线上线下的产品种类，并制定统一价格；线上产品实行专供，进行不同网店品类的差异化，即有的店专卖折扣产品、有的店侧重女性产品、有的店侧重箱包。另外，中高端品牌商重视零售价格稳定，通常反对当季新品打折销售。例如，银泰网为了在网上销售当季新品能给顾客优惠，采取传统百货常用的"关联返券促销"，网上价格不低于商场零售价格，顾客消费后接到客服电话，告知获得×××元返券，可以在银泰网上购买任意商品。

产品差异化。例如，家电品牌商和渠道商均热衷于电商，未来电器产品可能会出现电商版与实体店版，品牌商对通用型号产品的价格管理将更加严格。企业要对现有产品进行"包装"，使之简化、快销品化，更贴近主流网购人群的需求并易于在网上成交。

渠道定位差异化。国外某服装零售企业将实体店定位为体验和试穿，要求顾客网络下单，送货上门。如果要在店面购买，则需要支付更高价格，以鼓励网上交易。企业可以将新产品率先在网上销售，并选择一两项新产品只在网上销售，以强化线上渠道的地位，形成差异化。另外，通过巧妙设置线上线下的KPI（关键绩效指标），如现有渠道负责库存和配送，线上销售额和门店销售额实行KPI的"双记双考"，以促进渠道合作。

总之，企业需要整合线上线下，实现多渠道融合发展，充分运用互联网元素，实现各渠道界面之间信息共享，使线上线下融为一体。对客户喜欢线上线下多途径了解比较的产品，企业就不能孤立地进行网上推广，还应该与其他直属营销渠道、数据库营销及传统手段相结合，共同进行市场推广。客户参与度高的产品，单纯依靠互联网工具也难以提高重复购买，还需要传统渠道相配合。

（资料来源：《销售与市场》杂志评论版2012年第8期）

知识拓展3　案例链接

茅台的串货困局

在茅台的销售渠道体系中存在一级批发商、二级批发商和零售商等角色。茅台采取划区域管理的方式，区域内有一定数量的经销商，也就是一级批发商，直接向茅台打款进货，但围绕一级批发商生存的还有大量的二级批发商和零售商，这是茅台生态的底层。二级批发商和零售商只能在其所在区域的一级批发商处拿货，否则去外省拿货即为串货，属于被严令禁止的行为。目前，出现的问题是：全国有两千五百多家经销商，但是很多经销商会自己注册好几个公司，然后用不同公司名义从茅台开货。由于茅台的市场需求很好，零售商和二级批发商依然有很大的茅台酒销售需求，但茅台为了严格控价提出了两条红线，即一批价不超过1 200 元/瓶，零售价不超过1 300 元/瓶。以批发价1 200 元为例，一级批发商获得茅台酒计划内的价格是819 元/瓶，赚取利润为381 元，但对于二级批发商而言，如果以1 300 元卖出，则只能赚取100 元的毛利，对于二级批发商和零售商而言，更高的价格无疑对应着更多的利润。

为了防止终端销售价格过高，茅台强化了对于渠道的控制力。2012 年4 月，茅台酒宣布出资8.5 亿元，在全国31 个省份建立直营店模式，并在当年推出了网上商城和官方网店。但这一直营店模式也最终和经销商产生了很大的冲突。茅台在几次控价政策发布及对违规经销商的惩治中发现，其中不乏自营渠道中的电商公司。2017 年4 月1 日，茅台酒首次公开发文通报处罚了自己官方电商运营商——贵州茅台集团电子商务股份有限公司，通报其存在跨渠道销售行为。

有专家认为：茅台不可能完全自营渠道，因为，每个经销商背后都有一定的圈层关系，自营渠道的增加只是一种符号性的意义，它的自营渠道相对于传统经销商卖不了太多货，现在95%还是要依赖其他渠道。此外，茅台公司重罚后渠道乱象屡禁不止是由于茅台酒的巨大利益会诱使一些人铤而走险。在业内看来，对于茅台而言，如何避免再次出现2012 年的失控景象，如何进一步强化对渠道的控制将是未来的重中之重。

项目小结

1. 核心概念

分销渠道（Distribution Channel）　　渠道价值链（Channel Value Chain）
零级渠道（Zero Order Channel）　　渠道设计（Channel Design）
一级渠道（Primary Channel）　　渠道冲突（Channel Conflict）
独家式分销（Exclusive Distribution）　　串货（Product Transshipment）
选择式分销（Selective Distribution）　　渠道权利（Channel Power）
密集式分销（Intensive Distribution）　　中间商（Middleman）

2. 思考与讨论

（1）分销渠道有哪些重要功能？
（2）请用图示法阐述分销渠道中产品实体的转移、产品的所有权转移、货款的转移、信息的转移和促销的转移5 个流程。
（3）渠道设计的影响因素有哪些？如何进行渠道的设计？
（4）对于必然存在的渠道冲突，有哪些对策可以进行解决？
（5）如何预防和治理串货现象？
（6）制造商、经销商、零售商如何保持渠道权力？

3. 案例分析

格力空调：离开国美，走自己的路

格力是中国目前规模最大的空调生产企业，多年的发展使得格力成为国内空调市场领导者。此前，格力空调一直采取的是厂家——经销商/代理商——零售商的渠道策略，并通过这种渠道模式取得了较高的市场占有率。然而随着北京国美、山东三联、南京苏宁为代表的大型专业家电连锁企业出现，它们在家电市场中的份额大幅提高，甚至公开与制造企业"叫板"。

2004年2月，成都国美为启动淡季空调市场，擅自将格力两款畅销空调价格大幅下降，原价1 680元的1P挂机被降为1 000元，而零售价为3 650元的2P柜机被降为2 650元。格力认为：国美电器在未经自己同意的情况下擅自调整价格，破坏了格力空调在市场中长期稳定、统一的价格体系，且有损于其他经销商的利益。格力因此要求国美立即停止低价销售的行为，在交涉未果之后，格力停止向国美供货。

此后，格力开始将产品全线撤出成都国美6大卖场。而国美电器北京总部也向全国分公司下达通知，要求各门店清理格力空调的库存。原因是格力的代理商模式和价格已经不能满足国美电器的市场经营需求，要求国美电器各分公司做好将格力空调撤场的准备。

面对国美的"封杀令"，格力的态度是"国美不是格力的关键渠道，格力在全国的各个分销点才是核心"。"格力在渠道策略上，不会随大流"。格力董事长董明珠女士在接受采访时也表示格力只和国美电器少数分店合作，所以，此事件对格力来说没有什么影响。格力对任何经销商都是一个态度，绝不以大欺小，在各个区域进行统一的管理，保持自己的形象，而销售公司依靠服务来取得合理利润，价格一直贴近市场。格力不会改变这种销售方式。

在国美、苏宁等连锁家电销售企业日益强盛的今天，格力依然依靠自身经销网点为主要销售渠道。与一些家电企业完全或很大程度依靠家电卖场不同的是，格力只把它们当作自己的普通销售网点。这也是格力保障各级经销商利益的方式。

而国美则认为，格力目前奉行的股份制区域性销售公司的"渠道模式"在经营思路以及实际操作上与国美电器的渠道理念是相抵触的。格力的经营模式是通过中间商代理，然后国美电器再从中间商那里购货，这种模式增加了中间环节，势必要增加销售成本，抬高销售价格，这与国美一直推行的厂家直接供货、薄利多销的大卖场模式相去甚远。此外，国美与制造商一般签订的是全国性的销售合同，而由于格力采取的是股份制区域性销售公司的经营模式，这与国美的经营方式也存在冲突。

请分析和思考以下问题：

（1）你认为"格力渠道"的优缺点分别是什么？

（2）如果你是格力公司的销售工作人员，请就格力的问题做出长远的解决方案，对如何规范销售终端销售管理、解决销售渠道内利益分配问题做重点分析。

（3）面对家电连锁成为主流零售业态的潮流，在"店大自然欺厂"的现象下，格力如何保证自己的话语权？

项目七

促销策略

通过对本模块的学习,要求学生把握促销及促销组合的相关概念,理解促销的实质。学生通过知识训练能够具有掌握促销的基本程序的能力,在案例辅助和实操训练的帮助下了解促销组合、广告、人员推销的主要内容,系统掌握促销策略运作的相关技能活动。

知识目标

1. 把握促销及促销组合的相关概念,理解促销的实质。
2. 掌握促销的基本程序。
3. 了解广告方案的制定。
4. 人员推销概念、特点、程序。

能力目标

1. 深刻理解促销策略的重要性。
2. 能运用所学知识规范"促销策略"的相关技能活动。
3. 在特定业务情境中培养和提高学生有创新地分析问题和决策设计的能力。

任务一 促销与促销组合

一、知识扫描

知识点一 促销的概念

促销(Promotion)是指企业通过人员和非人员的方式把产品和服务的有关信息传递给顾客,以激起顾客的购买欲望,影响和促成顾客购买行为的全部活动的总称。

知识点二　促销的作用

1. 传递信息，沟通情报

在现代市场经济中，生产经营者和消费者或用户之间存在着信息分离：一方面，生产经营者不知道消费者需要何种产品，何地、何时需要；另一方面，消费者或用户不知道由谁、何时、何地、供应何种产品。这种产销矛盾，决定了生产经营者必须及时向中间商和消费者传递商品和服务的相关信息，采取相适应的方式向中间商和消费者推介商品，让社会各方了解企业的实力和商品的情况，建立起企业和商品的良好声誉，引起他们的注意，从而为企业市场营销活动的成功创造前提条件。同时，它也决定了生产经营者必须及时收集市场需求信息和消费者的意见和要求，根据市场需求趋势和消费者意见，生产适销对路的商品，达到占领或扩大市场、促进销售的目的。

2. 突出特点，优化竞争

随着全球经济的发展，市场竞争日趋激烈，不同的厂商生产经营同类产品。这些同类商品在其功能、结构式样等方面差别不大，消费者对这些产品的微细差别往往不易察觉。因此，企业要想使其产品在市场上占有一定份额，必须通过适当的促销方式，突出地宣传本企业产品较竞争企业产品的不同特点及其给消费者带来的特殊利益，以引起消费者的注意，产生购买欲望，进而扩大其产品的销售，提高企业的市场竞争力。

3. 创造需求，扩大市场

企业在市场营销活动中，为了在竞争中取胜，必须使企业的产品在性能、花色、价格等方面最大限度地满足消费者和用户的需要。然而，仅仅满足消费者的需求是不够的，还必须在此基础上针对消费者的心理动机，通过采取灵活有效的促销方式，想方设法诱导、激发潜在顾客的购买欲望，引发他们的购买行为，借以达到创造需求、扩大市场的目的。

4. 增加利润，提高效益

企业经营者必须认识到，要想在激烈的市场竞争中立于不败之地，就必须把产品销售出去。如果产品卖不出去，产品的价值无法实现，消耗在产品上的劳动得不到社会的承认，企业的生产经营活动就会出现负效益。一般来说，产品价值的实现程度与企业的经济效益是成正比的。对于企业来说，在成本和价格既定的情况下，产品销量越大，销售额越高，效益越好；反之，情况则相反。而要做到扩大销售，提高效益，就必须重视促销工作。企业只有通过各种促销手段，使更多的消费者或用户了解、熟悉和信任其产品，促成供需旺盛的局面，才能达到其扩大市场份额，巩固市场地位，增加企业盈利，提高经济效益的目的。

知识点三　促销组合

1. 促销组合的概念

促销组合是企业根据产品的特点和营销目标对促销方案的选择、配备和综合运用。在进行促销策略设计前，必须明确促销组合。现代营销学认为，促销的具体方式包括人员推销、广告、公共关系和营业推广 4 种。企业把这 4 种促销形式有机结合起来，综合运用，形成一种组合策略或技巧，即为促销组合。简单地说，促销的具体方式如下：

1）广告（Advertising）

广告的传播面广，形象生动，比较节省资源，但广告只能对一般消费者进行促销，针对性不足；广告也难以立即促成交易。

2）人员推销（Personal Selling）

人员推销能直接和目标对象沟通信息，建立感情，及时反馈，并可当面促成交易；但占用人员多，费用大，而且接触面比较窄。

3）公共关系（Public Relations）

公共关系的影响面广，信任度高，对提高企业的知名度和美誉度具有重要作用；但公共关系花费力量较大，效果难以控制。

4）营业推广（Sales Promotion）

营业推广的吸引力大，容易激发消费者的购买欲望，并能促成立即购买；但营业推广的接触面窄，效果短暂，特别不利于树立品牌。

2. 影响促销组合的因素

1）产品的特点

针对不同性质的产品必须采用不同的促销组合。比如，消费者市场中，广告是更广泛适用的方式。而在生产者市场中，批量购买广泛存在，市场集中销售组合以人员推销为主要方式。

2）产品所处的生命周期阶段

产品所处的生命周期阶段不同，促销的重点不同，所采用的促销方式也就不同。一般来说，当产品处于投入期，促销的主要目标是提高产品的知名度，因而广告和公共关系的效果最好，营业推广也可鼓励顾客试用。在成长期，促销的任务是增进受众对产品的认识和好感，广告和公共关系需加强，营业推广可相对减少。在成熟期，企业可适度削减广告，应增加营业推广，以巩固消费者对产品的忠诚度。在衰退期，企业的促销任务是使一些老用户继续信任本企业的产品，因此，促销应以营业推广为主，辅以公共关系和人员推销。

3）促销目标

如果企业的目标是要提高企知名度，广告促销和公共关系策略的运用是非常必要的，且效果要远远甚于人员推销。而如果企业的目标是促进顾客沟通或是促进顾客对产品的了解，那么，广告和人员推销的效应要更好。如果仅仅是促进产品订货，那么，人员推销是成本效益比最好的方式。

4）购买者所处的阶段

顾客的购买过程一般分6个阶段，即知晓、认识、喜欢、偏好、确信和行动。在知晓阶段，广告和公关的作用较大；在认识和喜欢阶段，广告作用较大，其次是人员推销和公共关系；在偏好和确信阶段，人员推销和公共关系的作用较大，广告次之；在购买阶段，人员推销和销售促进的作用最大，广告和公共关系的作用相对较小。

5）促销费用

4种促销方式的费用各不相同。总的说来，广告宣传的费用较大，人员推销次之，营业推广花费较少，公共关系的费用最少。企业在选择促销方式时，要根据综合考虑促销目标、各种促销方式的适应性和企业的资金状况进行合理的选择，符合经济效益原则。

知识点四　促销策略

企业的促销策略有"推动策略（Push Strategy）"和"拉引策略（Pull Strategy）"两种。推动策略是企业把商品由生产者"推"到批发商，批发商再"推"到零售商，零售商再"推"到消费者。显然，企业采取推动策略，人员推销的作用最大。推动策略适用于单位价值比较高的产品,需要被示范的产品。

拉引策略也称为非人员推销策略。它是以最终消费者为主要促销对象,对于市场范围广、单位价值比较低、流通环节多、渠道较长的产品,企业首先设法引起购买者对产品的需求和兴趣,购买者对中间商产生购买需求,中间商受利润驱动向厂商进货。可见,企业采用拉引策略,广告是最重要的促销手段。

二、知识训练

训练项目1 情境训练

李修娟是某保险公司的销售人员,她能够为顾客提供一系列商业保险计划,尤其擅长为一些中小企业提供详尽的商业保险计划。但在长期工作中,李修娟发现第一步与顾客预约面谈是比较难跨出的一步,因为,人们好像不太愿意讨论有关保险的问题,一听说保险公司的代表要来了,就找各种理由拒绝与她见面。

其实,李修娟非常清楚这种商业保险计划对中小企是非常好的,但是问题在于她需要有机会去详细地阐述这些好处。凭借自身的经验她发现,在要求见面的电话中流露的信息越少,被安排见面的机会越大。以下是一个安排见面的请求过程:

"您好,卢先生,我是李修娟,是平安保险公司的销售代表。我给您打电话是希望能够与您讨论一下我们公司提供的服务项目,该项目能够为您的公司省下许多钱。希望在不打扰您正常生活和工作的情况下与您当面讨论这件事。您看,周四上午10点方便吗?"

这种情况下,通常会有以下几种反馈:

"你们公司具体提供什么样的服务,能不能先介绍一下?"

"为什么不先邮寄些文字资料给我们呢?"

"你们公司是一家保险公司啊,我们已经上过一些保险了。"

"我很忙,你先介绍一下吧,我看看是否值得面谈。"

"是保险吗?我已经买不起保险了。"

"你可以先写一封邮件过来,我看了以后会给你回信的。"

请思考和演练:

(1) 假如你是李修娟,如何处理上述反馈?

(2) 对于李修娟的电话联络方式和内容你有什么看法?你觉得如何改进这一初步交流?

(3) 如果首先用信件的方式来约这次面谈,请你为此写一封与顾客面谈的信。

(4) 是否可以采取突然拜访的方式?

(5) 演练你的设计过程。

训练项目2 促销训练

从三只松鼠连续6年双11天猫旗舰店销售额行业第一看节日促销

三只松鼠股份有限公司位于安徽省芜湖市,2012年注册成立,是一家以坚果、干果、茶叶、休闲零食等食品的研发、分装及销售为主的产业链平台型企业,围绕"让天下主人爽起来"的使命,业务范围已扩展至动漫、影视等领域。

在"大众创业、万众创新"的时代大潮下,三只松鼠从5个人的创业团队,仅用5年的时间就成为一家年销售额超过50亿元的企业。截至目前,三只松鼠拥有员工3 200多人,平均年龄24.5岁。"做强一个IP,横跨多个产业,以三驾马车为驱动"是三只松鼠未来5

年的战略规划，借此努力实现销售额达 300 亿+，进入中国 500 强的目标。

2012 年，三只松鼠上线仅半年就实现销售收入 3 000 余万元，2013 年实现销售收入 3.26 亿元，2014 年全年实现销售收入 11 亿元，2015 年实现销售收入 25.1 亿元，2016 年实现销售收入超过 50 亿元。

2012 年 11 月 11 日，首次参加"双十一"大促，日销售 766 万元；
2013 年 11 月 11 日，"双十一"日销售额 3 562 万元；
2014 年 11 月 11 日，"双十一"日销售额 1.09 亿元；
2015 年 11 月 11 日，"双十一"日销售额 2.66 亿元；
2016 年 11 月 11 日，"双十一"日销售额 5.08 亿元；
2017 年 11 月 11 日，"双十一"日销售额 5.22 亿元。

连续 6 年"双十一"天猫旗舰店销售额实现行业第一的业绩也证明了三只松鼠不俗的节日促销技术。三只松鼠基本上每个节日都做宣传和活动的，而且效果都很好。如果你进入三只松鼠的页面会发现六一儿童节还单独做了一个二级页面在宣传，所以每个商家，都要合理利用每个对自己有作用的节假日，去创造属于自己的辉煌。那确定了活动主题后，具体应该怎么去做呢？

第一步：确定活动主题和活动时长

确定了主题之后就是时间问题。因为，每个节假日的活动都是有时效性的，有一些节日，如端午节就一天，促销不可能一个月。所以时长也是一个重要考虑点。一般情况下节日的时长基本都是 3~5 天左右（店内针对性节假日使用的产品促销活动的时间），但是需要提前策划，提前宣传。

第二步：确定活动主推产品

有人是在确定了要推的产品之后，再确定活动主题。不同的人有不同的方式，但是根据活动主题确定产品会比较好。如果现在我们就是根据端午这个主题来的，那选择的一些产品肯定是要适合端午节售卖的，这个时候需要考虑的点是什么呢？

三只松鼠认为，不同区域有不同的风俗习惯，企业不可能满足每个区域群体的需求，但是我们可以选择的最基础的几款产品就是："粽子""绿豆糕"和"鸭蛋"，这几个都是比较常见的，所以，可以确定的是这三款产品可以放上去。那么只有三款产品就可以了吗？这要根据自己店铺的需求来决定，或者是你所在区域风俗特色来决定。比如，南京还会吃烤鸭、龙虾、苋菜和雄黄酒，而其他地区消费者会吃哪些呢？

第三步：根据确定的主题和产品，制作页面

有了主题和产品，有能力的商家需要做活动的二级页面，由于现在追求内容营销，企业要呈现的是一个完整的、有故事的页面。

第四步：宣传

前面所有的一切都做好了，如果没有宣传出去，就是等于零。因为，一个节庆促销活动的款比较多，不需要一次性推广所有的，只需要推广一个核心的，所有人在这个节日都会选择的就好，然后再结合做"会员营销"和"店铺公告"（会员营销是吸引老顾客的，店铺公告是告诉新顾客的），当然可以是公告也可以是 banner（横幅广告）图，也可以是大海报。适当地再加上一些付费推广就更好，类似于三只松鼠这种的，不用做广告，卖的都会很好。

通过三只松鼠的节日促销步骤，请思考：

(1) 节日促销对产品销售效果的意义是什么？
(2) 结合你的生活经验，查阅其他案例，尝试总结促销的技巧。
(3) 选取一个节日，为三只松鼠做一个简单促销组合设计和促销策略设计。

三、知识拓展

知识拓展1 针对消费者的常用促销方式

1. 折价券

常用的促进销售方式。

2. 赠送样品

以赠品作为促销诱因进行的活动。

3. 竞赛和抽奖

这种方法可以诱使消费者对促销产品产生浓厚的兴趣，适合用于没有明显推广优点的产品。

4. 酬谢包装

以原价向消费者提供比较标准包装容量更大的产品，或以原价向消费者提供标准包装和附件产品。在食品、保健品、美容日化产品中运用比较多。

5. 免费邮寄样品

以邮寄的方式向消费者提供赠品或礼品。

6. 自偿赠品

营销人员要求消费者寄来一定数量的购买某产品的证明和产品的部分价款，就可以将产品赠送给消费者的促销方式。

7. 赠品印花和持续计划

消费者收集赠品印花、折价券等收据，用来兑换免费或减价的赠品或获得产品奖励。

8. 同业折价券

零售商和制造商联合发行的对消费者减让价格的一种优惠购买凭证。同业折价券常常被放在零售商的促销传单里或印在零售商的报纸广告中，放在特定品牌的销售货架上。

知识拓展2 促销的步骤

为了成功地把企业及产品的有关信息传递给目标受众，企业需要有步骤、分阶段地进行促销活动。

1. 确定目标受众

企业在促销开始时就要明确目标受众是谁，是潜在购买者还是正在使用者，是老人还是儿童，是男性还是女性，是高收入者还是低收入者。确定目标受众是促销的基础，它决定了企业传播信息应该说什么（信息内容），怎么说（信息结构和形式），什么时间说（信息发布时间），通过什么说（传播媒体）和由谁说（信息来源）。

2. 确定沟通目标

根据消费者的购买过程：知晓（Awareness）、认识（Knowledge）、喜欢（Liking）、偏好（Preference）、确信（Conviction）、购买（Purchase）确定沟通目标。沟通目标就是确定沟通所希望得到的反应。沟通者应明确目标受众处于购买过程的哪个阶段，并将促使消费者进入下一个阶段作为沟通的目标。

具体而言，当目标受众还不了解产品时，促销的首要任务是引起注意并使其知晓。这时沟通的简单方法是反复重复企业或产品的名称。当目标受众对企业和产品已经知晓但所知不多时，企业应将建立目标受众对企业或产品的清晰认识作为沟通目标。当目标受众对企业或产品的感觉不深刻或印象不佳时，促销的目标是着重宣传企业或产品的特色和优势，使之产生好感。目标受众已喜欢企业或产品，但没有特殊的偏好时，促销的目标是建立受众对本企业或产品的偏好，这是形成顾客忠诚的前提。这需要特别宣传企业或产品较其他同类企业或产品的优越性。如果目标受众对企业或产品已经形成偏好，但还没有发展到购买它的信念，这时促销的目标就是促使他们作出或强化购买决策，并确信这种决策是最佳决策。如果目标受众已决定购买但还没有立即购买时，促销的目标是促进购买行为的实现。

3. 设计促销信息

设计促销信息，需要解决 4 个问题：信息内容、信息结构、信息形式和信息来源。

首先，要确定表达的主题，也被称为诉求。其目的是促使受众做出有利于企业的良好反应。例如，通过使受众产生正面或反面的情感，来激励其购买行为的一种诉求方式。如使用幽默、喜爱、欢乐等促进购买和消费，也可使用恐惧、羞耻等促使人们去做应该做的事（如刷牙、健康检查等）或停止做不该做的事（如吸烟、酗酒）等。

其次，准确把握信息形式。如在印刷广告中，传播者必须决定标题、文案、插图和色彩，以及信息的版面位置；通过广播媒体传达的信息，传播者要充分考虑音质、音色和语调；通过电视媒体传达的信息，传播者除要考虑广播媒体的因素外，还必须考虑仪表、服装、手势、发型等体语因素；若信息经过产品及包装传达，则特别要注意包装的质地、气味、色彩和大小等因素。

由谁来传播信息对信息的传播效果具有重要影响。如果信息传播者本身是接受者信赖甚至崇拜的对象，受众就容易对信息产生注意和信赖。比如，玩具公司请儿童教育专家推荐玩具，高露洁公司请牙科医生推荐牙膏，长岭冰箱厂请中科院院士推荐冰箱等，都是比较好的选择。

4. 选择信息沟通渠道

信息沟通渠道通常分为两类：人员沟通与非人员沟通。

1) 人员沟通渠道

人员沟通渠道是指涉及两人或更多人相互间的直接沟通。人员沟通可以是当面交流，也可以通过电话、信件甚至 QQ 网络聊天等方式进行。这是一种双向沟通，能立即得到对方的反馈，并能够与沟通对象进行情感渗透，因此效率较高。在产品昂贵、风险较大或不常被购买及产品具有显著的社会地位标志时，人员的影响尤为重要。

人员沟通渠道可进一步分为倡导者渠道、专家渠道和社会渠道。倡导者渠道由企业的销售人员在目标市场上寻找顾客；专家渠道通过有一定专业知识和技能的人员的意见和行为影响目标顾客；社会渠道通过邻居、同事、朋友等影响目标顾客，从而形成一种口碑。在广告竞争日益激烈、广告的促销效果呈下降趋势的情况下，口碑营销成为企业越来越重视的一种促销方式。

2) 非人员沟通渠道

非人员沟通渠道指不经人员接触和交流而进行的一种信息沟通方式，是一种单向沟通方式。包括大众传播媒体（Mass Media）、气氛（Atmosphere）和事件（Events）等。大众传播媒体面对广大的受众，传播范围广；气氛指设计良好的环境因素营造氛围，如商品陈列、POP广告（现场广告）、营业场所的布置等，促使消费者产生购买欲望并导致购买行动；事件指为了吸引受众注意而制造或利用的具有一定新闻价值的活动，如新闻发布会、展销会等。

5. 制定促销预算

促销预算是企业面临的最难做的营销决策之一。行业之间、企业之间的促销预算差别相当大。在化妆品行业，促销费用可能达到销售额的20%~30%，甚至30%~50%，而在机械制造行业中仅为10%~20%。

任务二　广告策略

一、知识扫描

知识点一　广告的概念

广告一词来源于拉丁文，原意是"我要大喊大叫"，用汉语解释就是"广而告之"。所谓广告，是指广告主以付费的方式，通过一定的媒体有计划地向公众传递有关商品或劳务的相关信息，借以影响受众的态度，进而诱发或说服其采取购买行动的一种大众传播活动。

从以上定义可以看出，广告主要具有以下特点：

（1）广告是一种有计划、有目的的活动。
（2）广告的主体是广告主，客体是消费者或用户。
（3）广告的内容是商品或劳务的有关信息。
（4）广告目的是促进产品销售或树立良好的企业形象。

广告分为商品广告、企业广告、公益广告3种类型，其中商品广告又可以分为通知性广告、劝说性广告、提醒性广告。

知识点二　广告的功能

广告作为一种传递信息的方式，具有明确的目的性，主要任务是有效地传递商品和服务的有效信息，树立良好的企业形象与品牌形象，刺激消费者购买欲望，引导消费者的购买行为。而且广告能创造新的购买行为，在市场经济条件下，广告是非常必要的，具体而言，广告的作用有以下几点：

1. 广告对企业的功能

人们常说，一个企业不善于做广告，就好像在黑暗中向情人暗送秋波。所以，对于企业而言，广告的首要功能是为企业传播产品信息，为企业提高市场占有率，在产品趋于同质化和标准化的市场中，广告可以有效地帮助企业传播定位信息，实现差异化。

其次，广告帮助企业降低成本，促进产品销售。从绝对成本的角度看，广告的成本是最高的。但如果从相对成本的角度看，因为广告的大众化程度高，广告的成本又是比较低的。如可口可乐，每年的巨额广告费平均分摊到每一个顾客身上只有0.3美分，但如果用人员推销成本则需60美元。据统计，在发达国家，投入1元广告费，可收回20~30元的收益。

2. 对消费者的功能

广告对于消费者的作用概括来说就是满足消费者现有消费需求，激发潜在的需求，创造新的需求。广告最能够刺激消费者的购买欲望，促使消费者对商品产生强烈的购买冲动。除此以外，广告在一定程度上指导着消费者的消费行为。在现代社会，面对琳琅满目的商品，如果离开了广告，消费者将无所适从。广告是消费者最重要的商业信息来源。再次，广告的作用有利于培养消费者的消费观念，广告引导着消费潮流，促使消费者树立科学的消费观念，特别是有助于消费者建立品牌偏好。

3. 对社会的功能

美化环境，丰富生活。路牌广告、POP 广告、霓虹灯广告等，优化了城市形象，使都市的夜晚变得绚丽多姿。因此，广告被称为现代城市的脸。优美的广告歌曲、绚丽的广告画面、精彩的广告词，无不给人以艺术的享受。同时，广告对社会的价值观念、文化传承都具有非常重要的影响。

知识点三　广告促销方案的制定

广告促销方案制定的过程包括以下 5 个步骤，简称"5M"。

1. 确定广告目标（Mission）

企业广告决策的第一步是确定广告目标。广告目标是企业通过广告活动要达到的目的，其实质就是要在特定的时间对特定的目标受众完成特定内容的信息传播，并获得目标受众的预期反应。

企业的广告目标取决于企业的整个营销目标。由于企业营销任务的多样性和复杂性，企业的广告目标也是多元化的。美国市场营销专家罗希尔·科利在《确定广告目标、衡量广告效果》一书中曾列举了 52 种不同的广告目标。

根据产品生命周期不同阶段中广告的作用和目标的不同，一般可以把广告的目标大致分为告知、劝说和提示 3 大类。

1）告知性广告（Information Advertising）

告知性广告主要用于向市场推销新产品，介绍产品的新用途和新功能，宣传产品的价格变动，推广企业新增的服务，以及新企业开张等。告知性广告的主要目标是为了促使消费者产生初始需求（Primary Demand）。

2）劝说性广告（Persuasive Advertising）

在产品进入成长期、市场竞争比较激烈的时候，消费者的需求是选择性需求（Selective Demand）。此时，企业广告的主要目标是促使消费者对本企业的产品产生"偏好"。具体包括，劝说顾客购买自己的产品，鼓励竞争对手的顾客转向自己，改变消费者对产品属性的认识，以及使顾客有心理准备乐于接受人员推销等。劝说性广告一般通过现身说法、权威证明、比较等手法说服消费者。

3）提示性广告（Reminder Advertising）

在产品的成熟期和衰退期使用的主要广告形式，其目的是提示顾客购买。比如，提醒消费者购买本产品的地点，提醒人们在淡季时不要忘记该产品，提醒人们在面对众多新产品时不要忘了继续购买本产品等。

2. 制定广告预算（Money）

广告目标确定后，企业必须确定广告预算。广告预算是否合理对企业是一个至关重要的问题。预算太少，广告目标不能实现；预算太多，又造成浪费，有时甚至决定企业的命运。中央电视台曾经的标王如秦池、爱多的命运对此做了很好的注解。

3. 确定广告信息（Message）

广告的效果并不主要取决于企业投入的广告经费，关键在于广告的主题和创意。广告主题决定广告表现的内容，广告创意决定广告表现的形式和风格。只有广告内容迎合目标受众的需求，广告表现具有独特性，广告才能引人注意，并给目标受众带来美好的联想，并促进销售。广告的信息决策一般包括3个步骤：确定广告的主题、广告信息的评估与选择、广告的制作。

4. 选择广告媒体（Media）

广告表现的结果就是广告作品。广告作品只有通过恰当的广告媒体投放才能实现广告传播的目标。其中广播、电视、报纸和杂志是传统的四大大众传播媒体，因特网被称为第五大大众媒体。除大众传播媒体以外，还有招牌、墙体等户外媒体，车身、车站等交通媒体，信函、传单等直接媒体等众多种类。

5. 评估广告效果（Measurement）

广告的效果主要体现在3方面，即广告的传播效果、广告的促销效果和广告的社会效果。广告的传播效果是前提和基础，广告的销售效果是广告效果的核心和关键，企业的广告活动也不能忽视对社会风气和价值观念的影响。

1）广告传播效果的评估

主要评估广告是否将信息有效地传递给目标受众。这种评估传播前和传播后都应进行。传播前，既可采用专家意见综合法，由专家对广告作品进行评定，也可以采用消费者评判法，聘请消费者对广告作品从吸引力、易读性、好感度、认知力、感染力和号召力等方面进行评分。传播后，可再邀请一些目标消费者，向他们了解对广告的阅读率或视听率，对广告的回忆状况等。

2）广告促销效果的评估

促销效果是广告的核心效果。广告的促销效果，主要测定广告所引起的产品销售额及利润的变化状况。测定广告的促销效果，一般可以采用比较的方法。在其他影响销售的因素一定的情况下，比较广告后和广告前销售额的变化；或者其他条件基本相同的甲和乙两个地区，在甲地做广告而在乙地不做广告，然后比较销售额的差别，以此判断广告的促销效果等。

3）广告的社会效果的评估

主要评定广告的合法性以及广告对社会文化价值观念的影响。一般可以通过专家意见法和消费者评判法进行。

知识点四　广告设计的原则

1. 真实性与效益性原则

真实性是广告的生命和本质，是广告的灵魂。作为一种负责任的信息传递，真实性原则始终是广告设计首要的和最基本的原则。我国《广告法》第四条规定："广告不得含有虚假的内容，不得欺骗和误导消费者。"第五条规定："广告主、广告经营者、广告发布者从事广告活动，应该遵守法律、行政法规，遵循公平、诚实信用的原则。"效益性也是广告追求的重要目标，企业都希望以较少的投入去换取更多的产出。对于企业而言，广告设计要遵循真实性和效益性的统一。

2. 创新性与艺术性原则

广告设计的创新性原则实质上就是凸显个性化，是帮助产品实现差别化传播的重要途径。广告设计的创新性原则有助于塑造鲜明的品牌个性，能让品牌从众多的竞争者中脱颖而出，能强化其知名度，鼓励消费者选择此品牌。其次，广告宣传作品的设计也是艺术创作，属于精神财富创造活动的一部分。在实现创新性同时，也要使广告有更强的吸引力和强烈的感染力，所以，艺术性也是广告设计追求的重要目标。

3. 群众性与地域性原则

所谓群众性，就是广告的效果要尽量扩大受众的范围，以通俗易懂的表达、精彩的呈现去传递商品信息，普及产品知识。广告的设计和宣传同时要和区域经济、文化相结合，以达到有针对性的设计和传播的效果。

二、知识训练

训练项目1 案例训练

阿里巴巴广告语

1999年阿里巴巴成立，集团的首个网站是全球批发贸易市场阿里巴巴。当时一句"上网采购，阿里巴巴，确实有用"的广告词，简单直白地将阿里巴巴的优点突出。"确实"一词更是强调阿里巴巴对于中小企业在采购方面的积极作用，使得阿里巴巴在买卖双方的关系中处于有利地位，成为掌控话语权力的一方。

2003年，购物网站淘宝网诞生。由于网络购物刚刚兴起，人们对网络购物的概念比较模糊，有的人对网络购物的支付方式、网上商品的质量持怀疑态度。由此，如何有效地说服人们放心进行网上购物成为当务之急。因此，阿里巴巴推出了"淘宝网，淘你喜欢"的广告语。随后，对广告语做了细微调整，变成了"淘宝网，淘！我喜欢"。看似简单的调整却在话语权力关系中有着微妙的不同。"淘你喜欢"站在商家的角度，犹如一个商家热情地拿着商品在顾客面前推销，淘宝网在卖家与买家的关系中处于不利地位。"淘！我喜欢"站在顾客的角度，宣传手段高明得多。

2008年，淘宝商城成立，2010年天猫启用独立域名，并推出广告语"没人上街不一定没人逛街"。此广告语巧妙借助"空城计"——"没人上街"，显示了网络购物已经将人都吸引到网上去了，网络时代的"逛街"并不一定要"上街"，人们在娱乐的同时也可以高效地进行购物，颠覆了传统的购物理念。阿里巴巴观察时代背景，将人们吸引到网络上购物，成功掌握了话语权。

2010年手机淘宝客户端推出，2012年推出新型广告语"手机淘宝，淘不出手心"。此广告语也离不开其社会环境。随着手机智能化和网络的普及，生活中处处可见低着头专心致志玩手机的人。阿里巴巴利用手机智能化的现象，推出了手机客户端和广告语"手机淘宝，淘不出手心"。"淘"和"逃"谐音，指的是除了电脑网络购物之外，利用手机也可以随时随地进行购物。

2014年，天猫发布新标志并推出了广告语"尚天猫，就购了"。在信息科技的推动下，世界文化相互传播与交融，文化多样性的特点使人们开始追求时尚，喜欢标新立异、个性张扬。阿里巴巴在天猫上下足了功夫，推出广告语"尚天猫，就购了"。其中，"尚"跟"上"谐音，"购"跟"够"谐音。这句广告语体现了天猫顺应时代潮流、全面时尚化的特点，"去时尚的天猫上买东西，就已经足够了"。

（案例来源：吴琼娥. 长春师范大学学报，2017年11月.）

请思考问题：阿里巴巴广告语的变化反映了其广告设计和定位的变化，结合广告设计原则一一做评述。

周杰伦给唯品会带来了什么？

2016年3月25日，唯品会在北京举行发布会正式签约周杰伦，聘请周杰伦出任唯品会的CJO（首席惊喜官）。周杰伦在发布会上指出，上任后他将唯品会自创立以来的广告词"精选品牌、深度折扣、限时抢购"改成"都是傲娇的品牌，只卖呆萌的价格，上唯品会，不纠结"，之后唯品会又找来了昆凌做代言人。周杰伦夫妇的加入推动了唯品会从"商品销售平台"向"时尚生活方式平台"的升级，也让唯品会通过运用明星IP号召力抓住了"80后""90后"用户的消费群体。在截至2017年6月30日，唯品会活跃用户总数同比增长32%，达到5 880万元。二季度净营收增至175.2亿元，涨幅达30.3%。

思考：你更喜欢唯品会原来的广告词，还是周杰伦修改后的广告词，为什么？

训练项目2　创新思维训练

（1）试写出你印象最深刻的一句广告语。

（2）试给你熟悉的某一产品设计一句广告语，并尝试做海报的设计。

三、知识拓展

知识拓展1　广告媒体的选择

广告媒体是企业向消费者传播信息的重要载体，种类繁多，不同的媒体传播的对象和范围不同，效果也不同。商业广告传统的传播媒介主要有以下几种：

1. 报纸和杂志

它们是最早出现的大众传播媒介。一直到今天，报纸和杂志仍旧拥有成千上万的读者和受众。这样的媒介主要的特点是造价低廉，制作简单迅速。对于受众而言，可以随时阅读报刊，阅读的时间不是很短暂，且报刊可以便于保存和反复查阅。

2. 广播

广播开始于20世纪20年代，它的信息传播速度很快，可以超越空间的限制，覆盖面也比较广。广播通过人的声音比较容易地拉近了听众与信息传播者间的距离。最重要的是它不需要以文字作为载体，对信息的接收者没有文化水平高低的要求，信息接收的门槛比较低。广播的局限性在于它的收听时间容易受到限制，听众不能随意选择接收信息的时间，也不可能反复收听或保存。

近些年，我国的广播事业开始出现众多的功能性电台，比如，财经台、新闻台、音乐台等，为不同的群体提供个性化的资讯服务，受到公众的好评和欢迎，这为公共关系活动开展细化了信息传播的渠道，使得公共关系活动的开展更具有针对性。

3. 电视

这一媒介很好地将文字、声音、图像有机地融合为一体，它是大众传播媒介的后来者，也是发展速度最快的。电视具有很强的现场感，时间上具有同时性，空间上具有同位性。其基本特点是形象、及时、生动，但是电视提供的讯息也是转瞬即逝的。公共关系工作开展运用这一媒介时，很难把握和考察讯息传播情况，观众的选择余地也不大。

除了传统大众传播媒介以外，当前诸多企业偏好的投放媒介还有户外广告媒介，比如：

地铁广告。一般投放比较多的类型是互联网、快消品、保险等方面的广告。地铁广告一般的受众是普通老百姓、上班人士，大众化的品牌广告都可以。

停车场广告。一般投放较多的类型是汽车、房地产、医疗美容、互联网等方面的广告，受众主要是汽车主等高端人群。

机场广告。一般投放比较多的类型是奢侈品、汽车、房地产、手表、高端奶制品、云数据等方面的广告，受众人群主要是高收入人士。

电梯广告。一般通信、汽车、快消品、金融、互联网等方面的广告投放比较多。受众人群有能力购买或租住此类楼层，整体家庭收入相对较高，而且趋于稳定。

公交车身广告。一般影视、医院、食品、电子行业、展会等投放比较多。公交车身广告经过的人流比较多，比普通户外传播的范围要大一些。

候车亭广告。一般食品、手机、服装、影视、展会、互联网等。因为，公交车候车亭旅客相对停留时间大一点，在候车亭等车的人也比较多，旅客关注度也会高一些。

户外大牌及LED大屏广告。一般投放行业为高端白酒、银行、高端保健品、手机等方面的广告。通常都处于城市交接处，利于树立品牌的高大形象。

根据最新数据调查研究显示，户外广告投放最多的是互联网公司。2017年互联网公司户外广告投放112亿元，俨然成为户外广告的主要行业。淘宝、京东、苏宁经常看到它们的广告刷屏。品牌投放前10名，一半都是互联网品牌，前3名金额都超十亿之多。2017年出现了一些首次亮相的广告品牌，比如，微信支付、社交app——派派、弹个车等。

知识拓展2　促销工具POP广告

促销工具在促销活动中扮演着极为重要的角色，无论促销方案策划得多么精彩，如果没有选择好恰当的促销工具，促销效果也会大打折扣。

"POP"是英语Point of Purchase的缩写形式，本意为购买地点，现实中常被企业称为售点或卖点广告。POP广告促销就是指企业在现场运用展示牌做现场促销宣传。简单来说就是宣传广告牌。凡是在消费现场、店铺周围、入口、内部以及陈列或放置产品的场所提供关于产品或服务信息的广告，都可以称为POP广告。

POP广告是应用最广泛的促销工具，也是最直接、最有效的广告手段，现在它已经成为吸引顾客，向顾客传递促销信息的重要手段。

POP广告的作用就是简洁地介绍产品或促销信息的有关情况，通过精美的图案设计与富有感召力的文字，刺激顾客的消费欲望。POP广告有如下特点：

1. 视觉效果强

广告能够充分利用店铺的营业空间，并利用多姿多彩的颜色、形状各异的立体图案、光线和照明等环境状况，配合店内商品的陈列和展示情况，来加强广告宣传的效果，提高消费者的视觉注意力，引起消费者的兴趣爱好，从而引起消费欲望。

2. 形式多样，方式灵活

POP广告的形式非常繁多，可以说只要是和店铺有关的各种信息提示物都可以称之为POP广告，小到店铺橱窗上张贴的宣传画，大到店铺外部的灯箱广告，都属于POP广告。

3. 直接性

当POP广告设在营业现场，而这个地点正是销售的最终点时，也是顾客接触企业，从而决定是否消费的地点。因此，POP广告是一种最直接、最有效的宣传，是无声的推销员，它能更快地帮助顾客了解企业的服务内容、特点、价格等。

4. 补充性

由于POP广告具有形式多样、方式灵活的特点，因此，它可以补充其他促销工具的不足之处，可以为销售现场制造热烈的销售气氛，鼓舞顾客的情绪，从而达到提升销售额的目的。

任务三 人员推销策略

一、知识扫描

知识点一 人员推销及要素

人员推销是一种古老的推销方式，也是一种非常有效的推销方式。根据美国市场营销协会的定义，人员推销是指企业通过派出销售人员与一个或一个以上的潜在消费者通过交谈、做口头陈述，以推销商品、促进和扩大销售的活动。推销主体、推销客体和推销对象构成推销活动的3个基本要素。商品的推销过程，就是推销主体运用各种推销术，说服推销对象接受推销客体的过程。

知识点二 人员推销的特点

相对于其他促销形式，人员推销具有以下特点：

1. 注重人际关系

人员推销便于与顾客进行长期的情感交流。情感的交流与培养，必然使顾客产生惠顾动机，从而与企业建立稳定的购销关系。

2. 具有较强的灵活性

推销员可以根据各类顾客的特殊需求，设计有针对性的推销策略，容易诱发顾客的购买欲望，促成购买。

3. 具有较强的选择性

推销员在对顾客调查的基础上，可以直接针对潜在顾客进行推销，从而提高推销效果。

4. 及时促成购买

人员推销在推销员推销产品和劳务时，可以及时观察潜在顾客对产品和劳务的态度，并及时予以反馈，从而迎合潜在消费者的需要，及时促成购买。

5. 营销功能的多样性

推销员在推销商品过程中，承担着寻找客户、传递信息、销售产品、提供服务、收集信息、分配货源等多重功能，这是其他促销手段所没有的。

知识点三 人员推销的形式

1. 上门推销

上门推销这是最常见的人员推销形式。它是由推销人员携带产品样品、说明书和订单等走访顾客，推销产品。这种推销形式可以针对顾客的需要提供有效的服务，方便顾客，故为顾客广泛认可和接受。

2. 柜台推销

柜台推销又称门市推销，是指企业在适当地点设置固定的营业场所，由营业员接待进入门市的顾客，推销产品。门市的营业员是广义的推销员。柜台推销与上门推销正好相反，它是等客上门式的推销方式。由于门市里的产品种类齐全，能满足顾客多方面的购买要求，为顾客提供较多的购买方便，并且可以保证产品完好无损，故顾客比较乐于接受这种方式。

3. 会议推销

会议推销是指利用各种会议向与会人员宣传和介绍产品，开展推销活动。譬如，在订货会、交易会、展览会、物资交流会等会议上推销产品。这种推销形式接触面广、推销集中，可以同时向多个推销对象推销产品，成交额较大，推销效果较好。

知识点四　人员推销的优缺点

1. 人员推销的优点

1）有利于与消费者沟通，建立巩固的顾客关系

在与顾客的反复交往和沟通中，企业与消费者之间比较容易建立亲切和信任的关系，销售人员实在地为消费者解决需求、提供产品，一方面建立友好的顾客关系，另一方面也为企业树立良好的形象，从而形成比较稳定的关系。

2）工作灵活性大

销售人员在与消费者沟通过程中能够及时观察消费者对产品的反应，从而及时调整推销策略，提升销售效果。

3）及时促成购买行为

人员推销往往可在推销后立即成交，在推销现场使顾客进行购买决策，完成购买行动。

4）针对性强

相对于广告等促销手段，人员推销能够对于消费者的问题做出及时解答，有针对性地面对不同的顾客需求。

2. 人员推销的缺点

由于人员推销直接接触的顾客有限，销售面窄，人员推销的开支较多，增大了产品销售成本。对推销人员要求较高。人员推销的成效直接决定于推销人员素质的高低。尤其随着科技的发展，新产品层出不穷，对推销人员的要求越来越高。

知识点五　人员推销的程序

在不同的销售情境中，我们应该如何与顾客沟通，并准确地传递积极的价值主张呢？正确的沟通之道是提升销售业绩的重要手段。人员推销一般经过以下7个步骤：

1. 寻找潜在顾客

即寻找有可能成为潜在购买者的顾客。潜在顾客是一个"MAN"，即具有购买力（Money）、购买决策权（Authority）和购买欲望（Need）的人。寻找潜在顾客线索的方法主要有：

(1) 向现有顾客打听潜在顾客的信息。

(2) 培养其他能提供潜在顾客线索的来源，如供应商、经销商等。

(3) 加入潜在顾客所在的组织。

(4) 从事能引起人们注意的演讲与写作活动。

(5) 查找各种资料来源（工商企业名录、电话号码黄页等）。

(6) 用电话或信件追踪线索。

2. 访问准备

在拜访潜在顾客之前，推销员必须做好必要的准备。具体包括了解顾客、了解和熟悉推销品、了解竞争者及其产品、确定推销目标、制定推销的具体方案等方面。不打无准备之仗，充分的准备是推销成功的必要前提。

3. 接近顾客

接近顾客是推销员征求顾客同意接近洽谈的过程。接近顾客能否成功是推销成功的先决条件。推销接近要达到3个目标：给潜在顾客一个良好的印象；验证在准备阶段所得到的信息；为推销洽谈打下基础。

4. 洽谈沟通

这是推销过程的中心。推销员向准客户介绍商品，不能仅限于让客户了解你的商品，最重要的是要激起客户的需求，产生购买的行为。养成 JEB 的商品说明习惯，能使推销事半功倍。

"JEB"，简而言之，就是首先说明商品的事实状况（Just Fact），然后将这些状况中具有的性质加以解释说明（Explanation），最后再阐述它的利益（Benefit）及带给客户的利益。熟练掌握商品推销的三段论法，能让推销变得非常有说服力。

营销人员在向潜在顾客展示介绍商品时可采用以下5种策略：

1）正统法

主要强调企业的声望和经验。

2）专门知识

主要表明对产品和对方情况有深刻了解。

3）影响力

可逐步扩大自己与对方共有的特性、利益和心得体会。

4）迎合

可向对方提供个人的善意表示，以加强感情。

5）树立印象

在对方心目中建立良好的形象。

5. 应付异议

推销员应随时准备应付不同意见。顾客异议表现在多方面，如价格异议、功能异议、服务异议、购买时机异议等。有效地排除顾客异议是达成交易的必要条件。一个有经验的推销员面对顾客争议，既要采取不蔑视、不回避、注意倾听的态度，又要灵活运用有利于排除顾客异议的各种技巧。

6. 达成交易

达成交易是推销过程的成果和目的。在推销过程中，推销员要注意观察潜在顾客的各种变化。当发现对方有购买的意思表示时，要及时抓住时机，促成交易。为了达成交易，推销员可提供一些优惠条件。

7. 事后跟踪

现代推销认为，成交是推销过程的开始。推销员必须做好售后的跟踪工作，如安装、退换、维修、培训及顾客访问等。对于 VIP 客户，推销员特别要注意与之建立长期的合作关系，实行关系营销。

知识点六　人员推销的决策

企业进行人员推销，必须做好以下决策：

1. 确定推销目标

人员推销的目标主要包括以下几个：

(1)发现并培养新顾客。
(2)将企业有关产品和服务的信息传递给顾客。
(3)将产品推销给顾客。
(4)为顾客提供服务。
(5)进行市场调研,搜集市场情报。
(6)分配货源。

人员推销的具体目标的确定,取决于企业面临的市场环境,以及产品生命周期的不同阶段。

2. 选择推销方式

推销主要有以下方式:
(1)推销员对单个顾客。推销员当面或通过电话等形式向某个顾客推销产品。
(2)推销员对采购小组。一个推销员对一个采购小组介绍并推销产品。
(3)推销小组对采购小组。一个推销小组向一个采购小组推销产品。
(4)会议推销。通过洽谈会、研讨会、展销会或家庭聚会等方式推销产品。

3. 确定推销队伍的组织结构

一般来说,可供选择的推销组织形式有以下几种:

1)区域型结构

指每一个(组)推销员负责一定区域的推销业务。这适用于产品和市场都比较单纯的企业。主要优点是:第一,推销员责任明确,便于考核;第二,推销员活动地域稳定,便于与当地建立密切联系;第三,推销员活动范围小,节约旅差费用;第四,容易熟悉当地市场,便于制定有针对性的推销策略;第五,售后服务能做得比较到位。

2)产品型结构

每个推销员(组)负责某种或某类产品的推销业务。其最大优点是能为顾客提供相对比较专业的服务。这种结构比较适用于产品技术性比较强、工艺复杂、营销技术要求比较高的企业。

3)顾客型结构

主要根据不同类型的顾客配备不同的推销人员,其主要优点是能更深入地了解顾客的需求,从而为顾客提供差异化的服务。

4)复合型结构

即将上述3种结构形式混合运用,有机结合。如按照"区域-产品""产品-顾客""区域-顾客",甚至"区域-产品-顾客"的形式进行组合,配备推销员。其优点是能吸收上述3种形式的优点,从企业整体营销效益出发开展营销活动。这种形式比较适合那些顾客种类复杂、区域分散、产品也比较多样化的企业。

4. 建立推销队伍

1)确定推销队伍的规模

企业推销队伍的规模必须适当。西方企业一般采用工作负荷量法确定推销队伍的规模。设某企业有250个客户,若每个客户每年平均需要20次登门推销,则全年就需要5 000次登门推销。若平均每个推销员每年能上门推销500次,则该企业就需要10名推销员。

2）选拔、培训推销员

企业的推销员主要有两个来源，即企业内部选拔和向外部招聘。不管推销员来自何方，一个合格的推销员都要具备良好的思想政治素质、文化修养和较强的实际工作能力，以及适宜的个性素质。西方营销专家麦克墨里给超级推销员列出了5项特质："精力异常充沛，充满自信，经常渴望金钱，勤奋成性，并有把各种异议、阻力和障碍看作是挑战的心理状态。"

企业必须对推销员进行专业培训。推销员培训的一般内容包括企业历史、现状、发展目标，产品知识，市场情况，推销技巧，法律常识和有关产品的生产技术和设计知识等。

3）推销员的评价和激励

对推销员的合理评价决定了推销员的积极性。企业必须建立一套合理的评估指标体系，并随时注意收集有关的信息和资料。

合理的报酬制度是调动推销员积极性的关键。确定推销员的报酬应以推销绩效为主要依据，一般有以下几种形式：固定工资制、提成制、固定工资加提成制。由于推销工作的复杂性，固定工资加提成制是一种比较理想的选择。

调动推销员的积极性除了对推销员的绩效的合理评价以及合理的报酬制度外，对推销员的激励也必不可少。一般，对推销员的激励手段主要有：奖金、职位的提升、培训机会、表扬及旅游度假等。

二、知识训练

训练项目1　案例训练

美国汽车推销大王乔·吉拉德，因创造汽车推销最高纪录被载入吉尼斯世界大全。但吉拉德也曾因失礼于顾客有过一次失败。一天，一位名人向他买车，吉拉德推荐了一种最好的车型给他，那人很满意。当顾客正要掏钱付款时，另一位销售人员跟他谈起昨天的篮球赛，吉拉德一边跟同伴津津有味地说笑，一边伸手去接车款，不料顾客却突然变卦，转身而去。吉拉德为此懊恼不已，但却百思不得其解。夜里11点，他终于忍不住给顾客打了一个电话，询问顾客突然改变主意的理由。顾客不高兴地在电话中告诉他："今天下午，你根本没心思听我说话，就在签单前，我提到儿子即将进入密执安大学念医科，我还提到他的学习成绩、运动能力以及将来的抱负。我以他为荣，而你却毫无反应，这就是原因。"吉拉德不记得这些事。他当时以为生意已经谈妥，大功告成，就和办公室另一位同事说起笑话，根本没注意倾听顾客在说什么。

请思考：这次推销的结局，说明了人员推销存在的什么问题？此案例给我们什么启示？

训练项目2　营销场景模拟训练

将学生分成若干组，每组选择一种产品，由销售人员将产品销售给3个背景不同的顾客。3个顾客的年龄分别是60岁、30岁、20岁，其他背景可自由设计安排。

训练项目3　推销能力测试

在台湾哈佛企业管理顾问公司培训销售员时，设计了一套销售能力自我测试题，借以使销售员了解自己的销售能力。希望你在3分钟内，从A、B、C、D 4个答案中选择一个，测一测自己是否适合做推销员。

（1）假如你的客户询问你有关产品的问题，你不知道如何回答，你将（　　）。

A. 以你认为对的答案，用好像了解的样子来回答
B. 承认你缺乏这方面的知识，然后去找正确答案
C. 答应将问题转呈给业务经理
D. 给他一个听来很好的答案
(2) 当客户正在谈论，而且很明显，他所说的是错误的，你应该（　　）。
A. 打断他的话，并予以纠正　　　　　B. 聆听然后改正话题
C. 聆听并找出错误之处　　　　　　　D. 利用反问以使他自己发觉错误
(3) 假如你觉得有点泄气时，你应该（　　）。
A. 请一天假不去想公事　　　　　　　B. 强迫你自己更卖力去做
C. 尽量减少拜访　　　　　　　　　　D. 请示业务经理和你一道去
(4) 当你需要拜访经常让你吃闭门羹的客户时，你应（　　）。
A. 不必经常去拜访　　　　　　　　　B. 根本不去拜访他
C. 经常去拜访并试图去改善　　　　　D. 请示业务经理换人试试
(5) 你碰到对方说"你的价格太贵了"，你应该（　　）。
A. 同意他的说法，然后改变话题
B. 先感谢他的看法，然后指出一分钱一分货
C. 不管客户的说法
D. 运用你强有力的辩解
(6) 当你回答客户的相反意见之后，你应该（　　）。
A. 保持沉默并等待客户开口　　　　　B. 变换主题，并继续销售
C. 继续举证，以支持你的观点　　　　D. 试行订约
(7) 当你进入客户的办公室时，正好他在阅读，他一边阅读，一边听你的话，那么你应该（　　）。
A. 开始你的销售说明
B. 向他说你可以等他阅读完了再开始
C. 请求合适的时间再访
D. 请求对方全神聆听
(8) 你正用电话去约一位客户以安排拜访时间，总机小姐把你的电话转给客户的秘书，秘书问你有什么事，你应该（　　）。
A. 告诉她你希望和他商谈　　　　　　B. 告诉她这是私事
C. 向她解释你的拜访将带给他莫大的好处　D. 告诉她你希望同他谈论你的商品
(9) 面对一个激进型的客户，你应该（　　）。
A. 是客气的　　　　　　　　　　　　B. 过分客气
C. 证明他错了　　　　　　　　　　　D. 拍他马屁
(10) 对付一位悲观的客户，你应该（　　）。
A. 说些乐观的事
B. 对他的悲观思想一笑了之
C. 向他解释他的悲观思想是错误的
D. 引述事实并指出你的论点是完美的

(11) 在展示印刷的视觉辅助工具时,你应该( )。

A. 交予客户辅助工具,在他阅读时解释销售重点

B. 先销售视觉辅助工具,然后再按重点念给他听

C. 把辅助工具留下来,以待访问之后让他自己阅读

D. 答应他把一些印刷物张贴起来

(12) 客户告诉你,他正在考虑竞争者的产品,他征求你对竞争者的产品意见,你应该( )。

A. 指出竞争者产品的不足

B. 称赞竞争者产品的特征

C. 表示知道他人的产品,然后继续销售你自己的产品

D. 开个玩笑以引开他的注意

(13) 当客户有购买的征兆,如"什么时候可以送货"你应该( )。

A. 说明送货时间,然后继续介绍你的产品特点

B. 告诉他送货时期,并请求签订单

C. 告诉他送货时期,并试做销售提成

D. 告诉他送货时间并等候客户的下一步骤

(14) 当客户有怨言时,你应该( )。

A. 打断他的话,并指责其错误之处

B. 注意聆听,虽然你认为自己公司错了,但有责任予以否认

C. 同意他的说法,并将错误归咎于你的业务经理

D. 注意聆听,判断怨言是否正确,适时答应立予纠正

(15) 假如客户要求打折,你应该( )。

A. 答应回去后向业务经理要求

B. 告诉他没有任何折扣了

C. 解释本公司的折扣情况,然后热心地推介产品的特点

D. 不予理会

(16) 当零售店向你说"这种产品销售不好"时,你应该( )。

A. 告诉他其他零售店销售成功的实例

B. 告诉他产品没有照应该陈列的方法陈列

C. 很技巧地建议他商品销售的方法

D. 向他询问销路不好的原因,必要时将货取回

(17) 在获得订单后,你应该( )。

A. 高兴地多谢他后才离开

B. 略为交谈他的嗜好

C. 谢谢他,并恭喜他决定,扼要地再强调产品的特征

D. 请他到附近去喝一杯

(18) 在开始做销售说明,你应该( )。

A. 试图去发觉对方的嗜好,并交换意见

B. 谈谈气候

C. 谈论今早的新闻

D. 尽快地谈些你拜访他的理由，并说明他可获得的好处

（19）在下列的情况，销售员充分利用时间的做法是（　　）。

A. 将客户资料更新

B. 当他和客户面对面的时候

C. 在销售会议讨论更好的销售方法

D. 和销售同人谈论时

（20）当你的客户被第三者打岔时，你应该（　　）。

A. 继续销售不予以理会

B. 停止销售并等候有利时间

C. 建议他在其他时间再来拜访

D. 请客户去喝一杯咖啡

评分标准

题号	各项分值				你的得分
	A	B	C	D	
1	2	5	3	1	
2	1	3	1	5	
3	1	5	1	3	
4	1	1	5	3	
5	1	5	3	2	
6	2	1	2	5	
7	1	5	3	2	
8	1	1	5	2	
9	5	1	1	1	
10	3	2	1	5	
11	1	5	1	1	
12	1	3	5	1	
13	1	5	3	1	
14	1	2	1	5	
15	2	3	5	1	
16	1	1	5	2	
17	3	1	5	1	
18	3	1	1	5	
19	3	5	2	1	
20	1	2	3	3	

得分参考分析：

如果 100，您是专业的销售员，如果分数在 90-99 分，你是很优秀的销售员；分数在 80-89 分，您是良好的销售员，分数在 70-79 分，您是一般的销售员，分数在 60-69 分，您是待训练的销售员；分数在 59 分以下，您需要自问"我选择了销售这个行业是对的吗？

三、知识拓展

知识拓展 1　推销人员的基本素养

推销的 3H1F

推销是由 3 个 H 和一个 F 组成的。第一个"H"是"头"（Head）。推销员需要有学者的头脑，必须深入了解顾客的生活形态、顾客的价值观，以及购买动机等，否则不能成为推销高手。第二个"H"代表"心"（Heart）。推销员要有艺术家的心，对事物具有敏锐的洞察力，能经常地对事物感到一种惊奇和感动。第三个"H"代表"手"（Hand）。推销员要有技术员的手。推销员是业务工程师，对于自己推销产品的构造、品质、性能、制造工艺等，必须具有充分的知识；"F"代表"脚"（Foot）。推销员要有劳动者的脚。不管何时何地，只要有顾客、有购买力，推销员就要不辞劳苦，无孔不入。

因此，具有"学者的头脑""艺术家的心""技术员的手"和"劳动者的脚"是一个推销员的基本条件。

知识拓展 2　人员推销约见顾客的技巧

约见是指销售人员与客户协商确定访问对象、访问事由、访问时间和访问地点的过程。它是推销准备过程的延伸，又是实质性接触客户的开始。约见顾客需要首先做好充分的准备，如必要的介绍信、名片等，要刻意修饰一下自己，同时要等待好的时机，否则会适得其反。

首先，需要确定与对方哪个人或哪几个人接触。应尽量设法直接约见客户的购买决策人，应尊重接待人员。为了能顺利地约见预定对象，必须取得接待人员的支持与合作。

其次，寻找合适的访问事由。为了使客户易于接受，销售人员应仔细考虑每次访问的理由。根据销售实践，下列几种访问理由和目的可供参考：认识新朋友、市场调查、正式推销、提供服务、联络感情、签订合同、收取货款、慕名求见、当面请教、礼仪拜访、代传口信等。

再次，在一个合适的时间向合适的人推销合适的产品。一般而言，不要在星期一和星期五访问新的潜在客户。尽量为客户着想，最好由客户来确定时间。应根据客户的特点确定见面时间。注意客户的生活作息时间与上下班规律，避免在客户最繁忙的时间内约见客户。约定的时间应考虑交通、地点、路线、天气、安全等因素。约见过程中应讲究信用、守时等。

常用的约见方法有：

面约。即销售人员与客户当面约定再见面的时间、地点、方式等。

函约。即销售人员利用各种信函约见客户。

电约。即销售人员利用各种现代化的通信手段与客户约见，如电话、电传等。

托约。即销售人员拜托第三者代为约见，如留函代转等。

广约。即利用大众传播媒体把约见目的、内容、要求与时间、地点等广而告之。届时在场与客户见面。

知识拓展3　人员接近顾客的方法

接近客户是推销过程中的一个重要环节，它是推销人员为进行推销洽谈与目标客户进行的初步接触。

在与陌生客户接近过程中，推销人员以各种形式表现出的紧张是很普遍的。许多人害怕接近，以种种借口避免接近，这种现象被称为"推销恐惧症"。推销人员只要能够减轻或消除客户的心理压力，就可以减少接近的困难，顺利转入后面的洽谈。

推销人员在正式接近客户时必须掌握一定的接近方法和技巧，最常见的接近方法如下：

1. 介绍接近法

介绍接近法是指推销员通过自我介绍或他人介绍接近推销对象的方法。介绍的形式可以是口头介绍或者书面介绍。

自我介绍法是最常见的一种接近客户的方法，大多数推销员都采用这种接近技巧。例如，"××，你好。我是××，是××公司的代表，这是我的名片，请过目"。

在一般情况下，推销员应采用自我介绍法接近客户。除了必要的自我介绍外，推销人员还应主动出示名片、身份证、工作证等以消除客户心中的疑虑。

他人介绍法是推销员利用与客户熟悉的第三者，通过打电话，写信函、字条，或当面介绍的方式接近客户。如果有可能的话，推销人员也可以通过第三者介绍来接近客户。

2. 产品接近法

产品接近法也称为实物接近法，是指推销员直接将用推销产品实物或者模型摆在客户面前，以引起客户对其推销产品的足够注意与兴趣，进而转入洽谈的接近方法。精心策划的产品接近法能够调动潜在客户的感觉，通过产品自身的魅力与特性引起客户的兴趣，达到接近客户的目的。

3. 利益接近法

利益接近法是指推销人员以客户所追求的利益为中心，简明扼要地向客户介绍产品能为客户带来的利益，满足客户的需要，达到正式接近客户目的的一种方法。这种推销方法接近客户时不是从宣传自身商品的优点入手，而是从客户购买能带来什么好处，比方，从经济、实用、功能等方面，站在客户的角度，换位思考。

利益接近法的主要方式是直接陈述或提问，告诉客户购买商品本身的实惠。语言不一定要有惊人之处，但必须引起客户对商品利益的注意和兴趣。

4. 好奇接近法

好奇接近法是推销人员利用客户的好奇心理而接近客户的方法。好奇之心，人皆有之。好奇心理是人们的一种原始驱动力，这种驱动力促使人类去探索未知的事物。好奇接近法正是利用人类的好奇驱力，引起客户对推销人员或推销品的注意和兴趣，从而接近客户。好奇接近法需要的是推销员发挥创造性的灵感，制造好奇的问题与事情。

采用好奇接近法，应该注意的问题是：引起客户好奇的方式必须与推销活动有关；必须做到出奇制胜；引起客户好奇的手段必须合情合理，奇妙而不荒诞。

5. 震惊接近法

所谓震惊接近法，是指推销人员设计一个令人吃惊或震撼人心的事物来引起客户的兴趣，进而转入正式洽谈的接近方法。

例如，一个家庭防盗报警系统，推销人员可能会这样开始他们的推销接近："您知道家庭被盗问题吗？根据公安机关公布的数据，今年家庭被盗比率比去年上升15个百分点。"

利用震惊接近法的关键在于推销员要收集大量的事实资料，并且对材料进行分析，提炼出一些具有危害性、严重性的问题，并且刚好自身产品可以采取防范措施，或者杜绝或者减小上述危害问题的发生。因此，如何选择问题便是重中之重。

6. 戏剧化接近法

戏剧化接近法也叫马戏接近法、表演接近法，是指推销人员利用各种戏剧性的表演技法引起客户注意和兴趣，进而接近客户的方法。

戏剧化接近法既有科学性又有艺术性，能迎合客户的猎奇心理并唤起人们内在的共鸣，但需慎重使用。在应用时应注意：表演一定要有戏剧效果，要能够引起客户的兴趣和注意；表演应该自然且充满活力，打动客户的心灵；尽量使客户卷入戏剧中，使其身临其境；使用的道具最好与所推销的商品有关，使表演与推销浑然一体。

7. 提问接近法

提问接近法也叫问答式接近法或讨论接近法，是指推销人员通过直接提问来引起客户注意和兴趣进而转入面谈的方法。

提问接近方法是推销中经常使用的一种很好的方法，可以单独使用，也可以在利用其他接近技术时穿插使用，通过这种一问一答的形式，有利于拉近客户与推销人员的距离，消除其戒备心理。尤其适合在第一次约见陌生客户的情景中使用。

推销人员所提的问题必须精心构思，刻意措辞。如"近来生意好吧？""最近很忙吧？"等诸如此类的问题就显得平淡、乏味，无法取得良好的接近效果。问题接近法虽然是比较有效的方法，但其要求也较高。

8. 请教接近法

请教接近法是指推销人员虚心向客户讨教问题，利用这个机会，以达到接近客户目的的一种方法。

在实际推销工作中，多数客户都有一些"自以为是"的心态，推销员若能登门求教，自然会受欢迎。如："赵工程师，您是电子方面的专家，您看看我厂研制投产的这类电子设备在哪些方面优于同类老产品？""我是这方面的新手，我想知道您是否能够帮助我？""我的同事说我们公司的产品是同类中最好的，请问您是怎么看的？"在具体应用时应注意：赞美在先，求教在后；求教在先，推销在后；态度诚恳，语言谦虚。

9. 赞美接近法

赞美接近法是指推销员利用客户的虚荣心来引起客户的注意和兴趣，进而转入正式洽谈的接近方法。赞美接近法的实质是推销员利用人们希望赞美自己的心理来达到接近客户的目的。

喜欢听好话是人们的共性，用这种方法接近客户，有时会收到意想不到的效果。当人们在心情愉快的时候，很容易接受他人的建议，这时，推销人员应抓住时机，正确地引导推销活动。让人产生优越感最有效的方法是对于他自傲的事情加以赞美。客户的优越感被满足，初次见面的警戒心也自然消失了，彼此距离拉近，能让双方的好感向前迈进一大步。

使用赞美接近法应注意以下几点：

1）选择适当的赞美目标，避免冒犯客户

个人的长相、衣着、举止谈吐、风度气质、才华成就、家庭环境、亲戚朋友等，都可以给予赞美，若是客户讲究穿着，可向他请教如何搭配衣服；若是客户是知名公司的员工，可表示羡慕他能在这么好的公司上班。反之，如果推销员信口开河，胡吹乱捧，则必将弄巧成拙。

2）真诚赞美客户，避免虚情假意

推销员赞美客户，一定要诚心诚意，要把握分寸。事实上，不合实际的赞美、虚情假意的赞美，只会使客户感到难堪，甚至导致客户对推销员产生不好的印象。

3）针对不同客户，选择赞美方式

对于不同类型的客户，赞美的方式也应不同。对于严肃型的客户，赞语应自然朴实，点到为止；对于虚荣型客户，则可以尽量发挥赞美的作用。对于年老的客户，应该多用间接、委婉的赞美语言；对于年轻的客户，则可以使用比较直接、热情的赞美语言。

10. 调查接近法

所谓调查接近法，是指推销人员利用调查机会接近客户的一种接近方法。在许多情况下，无论推销人员事先如何进行准备，总有一些无法弄清的问题。

因此，在正式洽谈之前，推销人员必须进行接近调查，以确定客户是否可以真正受益于推销品。此方法可以看成一种销售服务或销售咨询法。采用这一方法比较容易消除客户的戒心，成功率比较高。推销人员可以依据事先设计好的调查问卷，征询客户的意见，调查了解客户的真实需求，再从问卷比较自然、巧妙地转为推销。

11. 搭讪与聊天接近法

搭讪与聊天接近法就是指利用搭讪与聊天的形式接近陌生客户的方法。搭讪与聊天接近法不会很快进入正式的推销程序，有时要用很长时间追踪与寻找机会，因此，要花费很多精力。所以，使用该方法时应该注意：

1）要选准接近客户的时机

只有非常重要的客户，而又没有其他方法或者机会可以接近的情况下，搭讪与聊天才可以是一种接近客户的方法。最好的时机是在客户有较充裕的自由掌握的时间时。

2）要积极主动

对于没有与之搭讪机会的重要客户，推销人员应该在了解客户生活习惯的情况下，主动创造条件和机会与之搭讪。

3）尽量紧扣主题

以上介绍了 11 种接近客户的方法，在实际工作中，推销员应灵活运用，既可以单独使用一种方法接近客户，也可以多种方法配合使用，还可以自创独特方法接近客户。

项目小结

1. 核心概念

促销（Promotion） 广告（Advertising）
人员推销（Personal Selling） 营业推广（Sales Promotion）
推动策略（Push Strategy） 拉引策略（Pull Strategy）

2. 思考与讨论

（1）推销作为一种促销手段，在现代企业经营中无疑是十分重要的。然而有人却说：

"现代市场营销的目的,就是要使推销成为不必要。"这是为什么?

(2) 怎么理解"人叫人千声不语,货叫人点头自来"?

(3) 怎么理解"好酒不怕巷子深"?

3. 案例分析

洽洽食品喀吱脆促销策划

洽洽食品股份有限公司成立于 2001 年 8 月 9 日,位于合肥市国家级经济技术开发区,主要生产坚果炒货类、焙烤类和薯片类等休闲食品。洽洽食品于 2011 年 3 月 2 日在深圳交易所挂牌上市。2011 年 6 月 1 日,洽洽食品启动品牌新形象"更时尚、更快乐"。洽洽食品坚持以"创造美味产品,传播快乐味道"为使命,经过近十多年的发展,产品线日趋丰富,成功推广"洽洽香瓜子""洽洽喀吱脆""洽洽小而香""洽洽怪U味"等产品,深受消费者的喜爱,品牌知名度和美誉度不断提升,是中国坚果炒货行业的领军品牌,产品远销国内外 30 多个国家和地区。"洽洽"品牌深得广大消费者认可,在市场上树立了良好的声誉,已经成为国内坚果炒货领域的第一品牌。喀吱脆在薯片市场空间分析:根据 2015 年的数据,我们把薯片划分成各个细分市场,分析各种品类的市场容量、代表品牌、销售情况、产品生命周期,具体如表 7-1 所示。

表 7-1 薯片细分市场情况

薯片分类	油炸薯片		非油炸薯片	
	切片薯片	复合薯片	焙烤型传统薯片	饼干型复合薯片
市场容量	100 亿元左右	70 亿元左右	10 亿元左右	20 亿元左右
代表品牌	乐事、上好佳	可比克、艾比利	薯愿	泡吧小脆、乐吧、喀吱脆
销售情况	乐事近 60 亿元,上好佳 30 多亿元	可比克 40 亿元左右,艾比利散装薯片 5 亿元左右	薯愿 8 亿元	泡吧小脆 3 亿多元,乐吧和喀吱脆都是 2 亿多元
产品生命周期	成熟期	成长期	导入期	成长期

喀吱脆在整个薯片销售市场中的销售量仅有 2 亿多元,是最少的一个。非油炸、饼干型复合薯片市场还处在成长期,有很大的发展空间。

根据郑州消费者市场调查的分析,喜欢吃薯片和一般喜欢的占 89.39%,不喜欢吃薯片的只有 10.61%。所以,郑州市民大部分都是喜欢吃薯片的,只有小部分人不吃薯片。因此,喀吱脆薯片的发展潜力和能力是非常诱人的,有待加紧步伐。

喀吱脆的消费人群主要是企事业工作人员占 38.5%,自由工作者占 57.9%,学生占 35.7%。可以知道,自由工作者和企事业工作人员喜欢吃薯片,以及大部分学生也占很大比重。其中,女生喜欢薯片的占 46.2%,不喜欢的只占 7.7%。女生比男生较喜欢吃薯片。综上,喀吱脆薯片这次促销的对象定位于 18~33 岁的女性群体以及学生群体。

在郑州这一区域市场上,洽洽食品公司专门为郑州消费者打造产品,定位于一个区域特色品牌,主要目标市场就是郑州区域以内。立足于以上分析以及前期市场调研的结果分析,我们提出了以下针对喀吱脆薯片的促销策略：

销量：郑州市场喀吱脆薯片是在2010年开始上市。2012年营业额是2 650万元，2015年上半年的销量是1 080万元，下半年的销量是1 570万元。2016年到5月统计的最新数据是866.5万元，通过此次促销预计下半年的销量是1 800万元。

品牌：根据市场调查的结果可以知道，在郑州市场，洽洽食品公司的知名度很高，但是洽洽食品公司推出的喀吱脆薯片的品牌知名度一般，很少有人知道，特别是薯片最大的消费人群学生。所以，要加强本品牌的知名度的提升，注重年轻女性和学生这两个群体的拓展。通过加强宣传让广大消费者知道喀吱脆的品牌以及健康饮食知识的普及，促进对喀吱脆品牌形象的提升。

非油炸方便面已经被越来越多的厂商和消费者所接纳，正在成为一种主流，而由洽洽倡导的非油炸薯片的全面上市，将加速非油炸食品舆论环境的形成，而有业内人士指出，健康科学的膳食理念和轻松愉悦的进餐心态缺一不可，将成为现代人拥有健康体魄的重要保障。

促销传播信息的设计如下：

首先，因为喀吱脆是对薯片的一个新的突破，以喀吱脆为名，顾客对产品是否会和宣传一样有"香脆"口感成为一个兴趣点。其次，洽洽喀吱脆推出"非油炸薯片"将彻底扫除"馋嘴族"的后顾之忧，是引起年轻女孩购买的一个兴趣点。最后，电视广告宣传以及卖场的免费试吃效果比较好。就本身来讲，洽洽就是一个知名度很高的休闲零食公司，通过电视的宣传更能提高喀吱脆的知名度。通过"试吃"拉近和顾客之间的情感，让顾客切实地体会和了解它的口感，是引起顾客购买的另一个兴趣点。

信息结构主要分为电视广告、POP海报以及卖场活动。

根据顾客对产品味道的怀疑，洽洽的促销形式采取以下活动：

（1）在卖场开展"免费试吃"+"买赠"活动。

（2）举行在POP海报上试吃签名活动。

（3）电视广告：在受青年人关注的电视频道播放宣传广告。

（4）POP海报：在各大卖场及连锁超市张贴宣传海报。

广告语设计为："喀吱""喀吱"小小薯片不仅颊齿生香，回味无穷，是传递友情的良伴佳媒。看电视，观大片，逛风景，邀三五闺蜜与同好，"喀吱""喀吱"，千滋百味，美妙无穷，直叫人大呼：不枉此生。

根据顾客对海报和电视宣传的赞美和憧憬，洽洽可以进行以下活动：

（1）举办"最爱口味"评选活动，评选8名口味代表人物。

（2）全民投票每一季度增加一个最受大家憧憬的口味。

根据上述信息，请你做如下思考：

（1）为洽洽喀吱脆产品制定一个销售促进的策略。包括针对学生群体的促销策略以及一份人员推销策略，注意包括活动主题、活动时间、活动范围、执行场次、活动形式、费用预算等信息。

（2）针对目前网络购物愈演愈烈的现状，针对淘宝、天猫的年轻女性顾客，请策划一个更具有吸引力和接受度的促销方案。

项目八

公共关系策略

通过对项目的学习,学生对公共关系策略有一个初始的认识。首先,要求学生掌握公共关系的含义、公共关系的工作内容以及公共关系与市场营销的关系。其次,正确分析公共关系策略所要面对的各类公众,并清楚如何处理这些关系。最后,对企业营销及公共关系中时常面临的产品质量、安全、信誉等危机事件的处理有全面的把握,掌握危机公关的含义和特点,并清楚如何应对,采取科学的应对策略。

知识目标

1. 公共关系的含义。
2. 公共关系的功能。
3. 公众关系的类型。
4. 危机公关的概念及特点。
5. 企业危机产生的原因。

能力目标

1. 能够掌握公关关系日常的工作内容。
2. 能够合理地处理各类公众关系。
3. 能够有效地对危机事件进行分析。
4. 能够快速、科学地对危机事件做出应对策略。

任务一 认识公共关系

一、知识扫描

知识点一 公共关系的概念

什么是公共关系?英文翻译为"Public Relations",简称公关或PR,作为组织管理中的一项职能活动已经广泛地存在于各类企业中,并随着市场经济的发展和管理者管理意识的提升受到组织管理人员、专家的重视。

从公共关系的工作内容上看,公共关系工作主要从事向与企业有关的各类群体进行组织信息的传播,进行组织形象管理事务的咨询、策划、实施和服务,降低组织形象受损的因素,等等,从事组织"面子"的维护工作,它是组织在公众中建立良好信誉的工具。

关于公共关系的定义,目前学界有多种定义:

(1) 公共关系就是我们所从事的各种活动所发生的各种关系的通称,这些活动与关系是公众性的,并且都有社会意义。——美国普林斯顿大学的资深公共关系教授希尔兹(H. L. Chils)

(2) 公共关系是在组织和它的公众之间建立和维持相互了解的、有目的、有计划的持续过程。——英国公共关系学会

(3) 公共关系是一门艺术和社会科学,公共关系的实施是分析趋势,预测后果,向机构领导人提供意见,履行一连串有计划的行动,以服务于本机构和公众利益。——1978年8月,墨西哥世界公共关系协会大会观点

(4) 公共关系是一种处理一个团体与公众或者是决定该团体活力的公众之间的关系的职业。——现代公共关系学的先驱之一爱德华·伯内斯的观点

(5) 公共关系学是一种管理哲学,这种管理哲学在所有决策行动上都以公众利益为本……以期获得公众的谅解和信任。——美国公共关系学早期专家坎菲尔德

本书从教学实际出发,拟出一个便于学生记诵的定义:公共关系是围绕企业如何树立形象展开沟通信息,以谋求与各类公众之间和睦的状态并促进组织可持续良性发展的一系列科学活动。

知识点二 公共关系与市场营销的关系

传统的市场营销理论把市场营销组合分为4个基本策略——产品策略(Production)、价格策略(Price)、渠道策略(Place)、促销策略(Promotion)。但是在现代市场环境下,由于不可控因素(包括政治、经济、法律、文化、地理等方面)日益复杂,有时企业即使相当合理地运用了4Ps策略,也未必能成功地把产品卖出去。因此,出现了"大市场营销"理论。这种营销理论认为,在新形势下企业不仅要像传统市场学理论强调的那样要适应外部环境,而且要采取适当措施,积极主动地影响外界,创造有利于营销的条件。"大市场营销理论"所包含的策略,除了4Ps因素以外,还加上另外两个相当重要的因素,即政治力量(Political Power)和公共关系(Public Relations)。

公共关系与市场营销既有联系又有区别。两者的区别在于:

第一,市场营销的目标是吸引和满足顾客需求进而盈利。其基本职责是建立和维护一个组织的产品或服务市场,而公共关系的目标是赢得组织的良好形象,它在帮助企业实现经济利益的同时,也实现了一定的社会效益。

第二,市场营销的目标公众主要是顾客,主要目的是满足顾客需要同时赢得经济利益;而公共关系涉及的公众范围更广泛,包括顾客公众和非顾客公众,如政府、媒介、职工、投资者、股东等。

有效的公共关系通过维护和谐的社会关系和政治环境能够促进市场营销工作,而成功的市场营销工作同样有助于建立和维护组织与公众之间的良好关系。

知识点三 公共关系的工作内容

1. 长期工作

长期工作主要有：组织整体形象的策划、调整、传播、评估，管理好组织的无形资产。

2. 日常工作

日常工作主要有：

（1）监测组织环境，搜集组织内外公众的各种意见，接待投诉。

（2）撰写组织有关情况和活动的新闻稿、演讲稿。

（3）同各种传播媒介及其记者、编辑保持密切联系。

（4）协同影视制作方面的人员拍摄、整理、保存资料片。

（5）设计、筹划、监测组织的各种宣传品和馈赠品。

（6）注册互联网上本组织的域名，设计网络上的主页，管理电子信息。

（7）了解竞争对手的公关活动情况，并加以分析。

（8）同印刷厂保持密切联系，同主管部门、政府有关部门的人员保持联系。

（9）培训公关工作人员。

（10）同有业务来往的公关公司、广告公司保持密切来往；同公共关系社团，如公共关系协会、公共关系研究所等机构保持密切联系。

3. 公共关系的定期活动

公共关系的定期活动主要有：组织记者招待会；组织内部的听证会；编辑、联系印刷组织的内部刊物；参加各种管理会议，了解组织内部的管理状况；参加各种销售会议，了解组织同外界的商业联系情况；同所在社区的代表接触，随着时代发展，还应关注互联网上的"虚拟社区"，同网络公众联络；协助拟写为董事会准备的组织年度经营报告；组织安排全体人员的集体娱乐活动；总结、评价公共关系活动的效果。

4. 公共关系的专题活动

公共关系的专题活动主要有：组织安排各种大型庆典活动；处理危机事件；筹划、安排"制造新闻"活动；组织、举办展览会；筹划、安排公关广告，协助专业人员拍摄有关组织情况的录像或影片；安排来宾参观访问，组织新产品介绍会；安排筹款、赞助活动等。

知识点四 公共关系的职能

1. 信息收集与调查

现代企业经营的环境越来越复杂，影响企业生存和发展的因素也越来越多，捕捉和组织生存息息相关的信息尤其重要。搜集到客观的信息是正确决策的前提。信息管理已成为企业关注的重点。准确及时地收集信息，才能使组织了解环境、监视环境、反馈舆论、预测趋势、评估效果，以帮助组织对复杂多变的公众环境保持高度的敏感性，维持组织与整个社会环境之间的动态平衡。

2. 沟通协调

公共关系活动的过程，主要就是组织与公众之间进行传播与沟通的过程。公共关系沟通活动不是企业单方面的信息传播，而是要与各类公众之间有互动的交流，在组织与公众之间信息不对称或有误会之时，调整两者间不和谐的因素，对内以提高组织的向心力、凝聚力；对外以争取公众的好感与支持，为组织的生存和发展奠定"人和"的基础。

3. 塑造形象

公共关系中的组织形象，就是指公众对社会组织的整体印象和评价，是社会组织的表现和特征在公众心目中的反映。例如，良好的企业形象不仅仅指企业的产品形象，同时包括企业整体的文化表现，企业仅仅依靠取一个好听的名号，推出一些产品是不够的，若要想在社会公众中建立良好的形象，必须依靠科学的公共关系信息调查和富有艺术性的创造才能使企业产品和形象深入人心。公共关系活动的目的不仅是要扩大组织的知名度，更重要的是帮助组织成就在业界的"美名"。

4. 辅助决策

现代组织决策越来越科学化。这种科学化依据可靠的信息推理，少了一些主观的拍脑袋做决策的方式。公共关系部门是专业化的信息监控的"哨兵"，它所监测到的产品形象、组织运行状态、行业发展趋势，公众对组织的看法与态度等信息应该成为企业争夺市场、深化改革的必要依据。从这个意义上来讲，公共关系部门可以成为组织决策咨询的好帮手。公共关系部门也被称为组织的"参谋部""智囊团"。

5. 教育引导

公共关系的教育引导职能主要反映在两个方面：一是对组织员工素质的培育和提高。公共关系的一个职能就是传播公关意识，传播公共关系的思想和技巧，进行知识更新。通过公共关系活动，可以培养和提高员工各方面的素质和才能。二是对公众进行教育和引导。人们常说"公众永远是对的"，这是从服务的角度将"正确"让给对方，但客观地讲，公众不可能永远正确，而是需要加以引导。这种引导主要体现在公共关系活动对社会互动环境和社会心理环境的优化上。

知识点五 公共关系工作面临的各种关系

1. 员工关系

企业内部形成的人事关系。其具体对象包括全体职员、管理人员。员工是企业内部公众，是内部团结的首要对象。建立良好员工关系的目的在于培养组织成员的归属感和认同感，形成向心力和凝聚力。

2. 顾客关系

企业与本企业产品或服务的购买者、消费者之间的关系。在现代社会，顾客关系的对象是广义的，泛指任何物质产品、文化产品及服务的购买者、消费者。如企业的用户、银行的储蓄客户、航空运输公司的乘客、报刊的读者。顾客是与企业有直接关系的外部公众。协调这一关系的目的在于促使客户形成对企业及产品的良好印象，提高企业及产品在市场上的知名度和美誉度。

3. 政府关系

政府关系是指社会组织与政府之间的沟通关系。其对象包括政府的各级官员、行政助理、各职能部门的工作人员。任何组织都必须面对和接受政府的管理和约束，需要与政府的各种管理职能部门打交道，比如，工商、人保、税收、审计、市政、交通、治安、法院、海关、商检、卫检及环保等行政机构。这些行政机构代表社会公众最普遍的、共同的利益来行使社会管理的权力。因此，政府关系对象是任何组织的公共关系对象中最具权威的对象。与政府保持良好沟通的目的在于，争取政府及各职能部门对本组织的了解、信任和支持，从而为组织的生存和发展争取良好的政策环境、法律保障、行政支持和社会政治条件。

4. 社区关系

社区关系对象是指本组织所在地的区域关系对象，包括当地的权利管理部门、地方团体组织、左邻右舍的居民百姓等。社区关系又叫区域关系、地方关系。社区与组织有共同的生存背景，与组织关系千丝万缕。发展良好稳定的社区关系是为了争取社区公众对组织的了解、理解和支持，为组织创造一个稳定的生存环境，同时体现组织对社区的责任和义务，通过社区关系扩大组织的区域性影响。

5. 名人关系

指对于公众舆论和社会生活具有显著的影响力和号召力的社会名人，比如，政界、工商界的首脑人物，教育界、科学界的权威人士，文化、艺术、影视、歌坛、体育方面的明星，新闻出版界的舆论领袖等。这类关系对象的数量有限，但社会能量很大，对社会的影响力很强，能够在社会舆论中迅速"聚焦"。与社会名流建立良好关系的目的在于借助社会名流的社会知名度，扩大本组织对公众的影响力和号召力，强化组织的良好形象。

6. 国际公众

国际公众对象主要是指组织在国际活动中面对不同国度和文化背景的公众，包括对象国的政府、媒介、消费者等。国际公众是一种跨文化传播与沟通的对象，涉及与公关主体所在国的不同语言、文字、历史、风俗、社会制度和公众心理。任何跨国组织的公共关系，都具有这种跨文化的特征。

二、知识训练

训练项目1　观察与思考

（1）请观察你所在学校的领导或老师一天的工作，分析他（她）哪些工作属于公共关系工作内容。

（2）请以小组为单位走进某一家企业，可以实地感受也可以从书籍文献等渠道了解该企业的公共关系工作情况。

（3）了解课程学习的网站资源，课后浏览主要公共关系网站并简单加以评价。网站主要有：

中国公关网 http：//www.chinapr.com.cn/web/index.asp

世界品牌实验室 http：//brand.icxo.com/

训练项目2　"公共关系"大家说

让同学们理解什么是公共关系，并能够用自己的语言准确表述。操作步骤如下：全班8～10人一组，分成若干小组；以小组为单位，每人用一句话说明什么是公共关系；以小组为单位，每人说出1～2件生活中观察到的公共关系活动；每组派代表在全班做总结发言，小组代表发言应对小组活动情况真实概括。

训练项目3　案例分析训练

福特汽车公司于1903年以生产A型福特汽车起家，当时只有28 000美元的资本，职工40人。到1978年福特公司的资本已达63.5亿美元，在185个国家和地区拥有职工416 000人，成为一个产品种类繁多，包括生产高科技电子产品的综合性制造业。

在75周年厂庆的4年前，公司最高领导机构就成立了厂庆委员会，直接管辖由各部门高级管理人员参加的厂庆指挥机构，以及由12人组成的负责各项具体事务的技术工作班子。

开始着手策划一场旨在以福特人为荣,以福特产品为荣,建立自豪感的特殊公关活动。

针对公司的各类公众,他们制定了3个具体的目标:①提醒人们福特在个人交通和经济发展方面长期以来所做的贡献,在社区中,提高公司的形象。②最大限度地加强公众对于福特公司历史上重大事件与重大成就的认识,显示公司目前的实力与发展前景。③提高管理人员、职工、汽车商与供应商的自豪感和荣誉感,表扬他们对公司的忠诚。

在75周年厂庆那年,福特公司充分利用新闻媒介在全世界传递厂庆的信息。每月至少有一次新闻发布会,同时配有一张或几张照片,及时满足新闻界对此计划了解的需要。直到厂庆日那天为止,每隔两个星期便有5套新闻资料袋寄给400家主要新闻媒介。这些资料总共包括14篇新闻特写,48张对了解研究福特公司及福特家族极有价值的图片,从历史的角度对公司的各方面进行了总结。寄出的材料被媒介广泛地采用。在全国和地方台的广播电视播出时间总计达6小时之久。除此之外,公司还制作特殊的新闻节目,纪念福特在国内生产第一亿辆汽车和在全世界生产第一亿五千辆汽车,为职工及一般公众制作了长达20分钟的介绍公司历史的幻灯片。制作了三盘录像带,两盘是向各地管理人员,一盘是向职工报道厂庆情况。制作了一部28分钟名为《福特世界》的电影,并配有十多种语言的录音带,在全球范围内介绍福特公司。为扩大对公众的影响还出版了与厂庆有关的5本书,其中有汇集美国、加拿大各大饭店的600个菜谱的《福特75周年厂庆菜单汇编》《亨利·福特制造的汽车》以及《福特之路》的画册。在这一年中,所有公司的印刷品、电视广告、寄发的函件以及宣传资料,都使用75周年庆祝标记。企业内部经常举行特别午餐,提醒职工们不忘厂庆。

在厂庆那天,全国65家福特工厂同时举行开放式庆祝活动,45万名职工及家属在这一天可随意参观工厂,同时,公司特别注意配合宣传展示福特实力。如精心研制几辆新型号的先进车作为厂庆展车,在福特的世界总部举办"福特世界的旗帜展览"。又如举办福特历年广告展、福特全球通信与气象卫星技术等方面的展览。

汽车商们被邀请参加在迪恩伯尔和底特律举行的有关75周年厂庆的介绍大会,许多汽车商回去后立即把自己的销售计划与厂庆结合起来,开展各具特色的社区活动。这些活动吸引了大量的顾客,使公司1978年的销售量和利润达到前所未有的突破,在威斯康星的一个汽车商评论道:"75周年的厂庆给了作为福特汽车商的我以荣誉感,厂庆的一切活动,提高了福特汽车商在美国的形象,提高了福特产品在美国的形象。"

请思考与分析:

针对上述福特公司的公共关系活动,请讨论并说明:福特公司在此次公共关系活动中运用了哪些媒介进行信息的传播,它们是如何组合使用的?如果你是企业公共关系工作人员,你有什么更好的工作方法?可以拟定你的媒体选择方案并说明理由。

三、知识拓展

知识拓展1 常用的公共关系工具

1. 新闻发布会和记者招待会

新闻发布会,也有人把它叫记者招待会,其实严格来讲两者不太一样。新闻发布会侧重于发布新闻,如企业做出了某项重要的决策、研制生产了某种新产品或推出了某项对社会有重大影响的革新项目。企业若想通过大众媒介把这些信息广泛地传播出去,就可以举办新闻发布会。

记者招待会则有所不同，它不一定是有新闻发布，它的主要目的是和新闻媒介公众进行沟通。在任何企业与社会各界公众的交往中，都会遇到很多错综复杂的问题，如本单位与外单位发生了法律纠纷、企业受到了社会舆论的谴责、受到了新闻媒体的公开指责、受到了某一其他社会组织的诬告，等等。当这些问题发生之后，企业为了挽回影响并争取舆论界的支持，借助于新闻媒介传递真相、澄清事实，引导公众舆论，树立或维护形象，就有必要召开记者招待会。

开好新闻发布会是公共关系工作常用的工作工具之一。在发布会之前，首先，企业需要确定它的必要性和主题。研究和分析是否有值得广泛传播的信息，传播的信息是否有新闻价值，在有新产品问世、有新技术开发、有新项目合作、开业或倒闭、合并或转产、重大纪念活动、重大危机事故时，需要举行新闻发布会。其次，就是要确定新闻发布会举行的时间和地点。举行新闻发布会，在时间上应该尽量避开节假日和有重大社会活动的日子，以免记者不能来参加。在地点选择上主要是考虑给记者创造各种方便采访的条件，如录像、拍摄的辅助灯光、视听辅助工具、幻灯或电影的播放设备，适合记者使用的桌椅、电话机、传真机等，以及交通是否方便、地点是否安静等。最后，要确定邀请的对象。确定邀请的对象，应根据新闻发布会的主题，有选择地邀请有关的新闻记者参加。还要根据消息发布的范围来确定记者的覆盖面和级别，考虑如何选择报纸、杂志、广播、电视等媒介记者，以及考虑媒介是地方性、区域性还是全国性的。邀请对象一经确定，应提前7~10天发出邀请，临近开会时还应打电话联系落实。

除此以外，选定主持人和发言人也很重要。对主持人和发言人有很高的要求。主持人和发言人除具有较高的文化修养和专业水平，还要思维敏捷、口齿伶俐。要准备好发言和报道提纲，以及宣传辅助材料。根据会议的主题收集有关信息，写出准确生动的有关资料如主持人的讲话提纲、发言人的发言稿、答记者问的备忘提纲新闻统发稿、会议报道提纲、所发新闻的有关背景材料和论据材料，以及有关的图片、实物、影像等辅助材料。这样，既可为会议的主持人和发言人提供有益的参考提示，也可为记者们充分理解所发新闻信息及有关问题提供帮助，并为记者们的采访报道提供方便和参考。需要特别注重的是，会前应将会议主题、发言稿和报道提纲在组织内部通报一下，以防会上口径不一而引起记者猜疑和混乱。

做好会议所需费用的预算。根据新闻发布会的规格和规模做出可行的经费预算。费用项目一般有场租、会场布置、印刷品、茶点、礼品、文书用品、音响器材、邮费、电话费、交通费等。需要用餐时还应加上餐费。

2. 社会赞助

赞助活动是社会组织无偿地提供资金或物质支持某一项社会事业或社会活动，以获得一定形象传播效益的公共关系专题活动。它可以使提供赞助的组织与赞助的项目同步成名，既是一种信誉投资和感情投资行为，也是一种有效的公共关系手段。

1）赞助体育活动

这是最常见的一种赞助形式。体育活动的影响面大，公众参与的感觉强烈，并且超越了民族、国界和政治因素的影响，特别是奥运会和世界杯足球赛这样的世界范围的大型体育比赛，其影响是十分巨大的。如果社会组织赞助这一类的体育活动，会扩大自身的知名度和美誉度，增强自身的广告效果。

2）赞助文化活动

赞助文化活动，不仅可以培养组织与公众的友好感情，还能通过知名度的扩大来创造良好的社会效益，许多组织对电影、电视剧、文艺演出、音乐会、演唱会、画展的赞助已经获得了成功。无论是对文化活动本身的赞助，还是对文化艺术团体的赞助，都是既繁荣和发展文化事业，又建立良好组织形象的有效形式。

3）赞助教育事业

赞助教育事业是一种效益长远的活动。它不仅有利于教育事业的发展、有利于全民族素质的提高，也有利于赞助者自身的人才培养和选拔，为组织建树良好形象。其形式有：设立奖学金，成立基金会，捐赠图书设备，出资修建教学科研楼馆、赞助科研项目等。如邵逸夫在许多高校建了逸夫楼。其实，不少外资企业纷纷把赞助目光投向了大学校园，选择大学生作为赞助对象，既获得了支持教育事业的好名声，又为自己日后选拔人才奠定了基础。

4）赞助慈善福利事业

这是组织与社区、政府搞好关系，赢得良好社会声誉的重要途径。它能表明组织的社会责任感和高尚品格，容易引起社会公众的好感。常见的做法有救济残疾人、资助孤寡老人、捐助灾区人民、捐赠儿童福利等。

5）赞助纪念活动

赞助重大事件和重要人物的纪念活动，可以树立组织的独特形象，展示组织的文化内涵。

6）赞助特殊领域

赞助某一特殊领域，可以使组织在某一方面获得一定的知名度或美誉度，增强在这方面的形象竞争力。如赞助学术理论活动和学术著作的出版、赞助生态资源保护和文物古迹的开放等。

除以上几种赞助类型外，还有赞助社会培训、赞助竞赛活动、赞助宣传品的制作等形式。

知识拓展2　事件营销

今天的企业面临一个新的营销时代，人人都是信息源，寡头传播的时代瓦解，公民传播的时代开始。在新的市场环境中，好产品不愁卖的营销方式一去不复返，如今的营销更强调营销的黏性和消费者的参与度。事件营销应运而生，即企业通过策划、组织和利用具有新闻价值、社会影响以及名人效应的人物或事件，吸引媒体、社会团体和消费者的兴趣与关注，以求提高企业或产品的知名度、美誉度，树立良好品牌形象，并最终促成产品或服务销售目的的手段和方式。事件营销在英文里叫作 Event Marketing，国内有人把他直译为"事件营销"或者"活动营销"。事件营销有很强的目的性，主要通过软文形式来表现，从而达到传播的目的，所以，事件营销相对于平面媒体广告来说成本要低得多，它是目前营销界十分流行的一种公关传播与市场推广手段，它具有多样性的特性，可以集合新闻效应、广告效应、公共关系、形象传播、客户关系于一体来进行营销策划。

比如，当"丧文化"成为一种流行符号时，它披着泛娱乐的外衣正获得越来越多年轻消费群体的关注。成都某著名乳品企业利用一个叫"试物所"的公众号做了一次成功的营销。创意团队自行印刷了很多"没"字贴纸，"潜入"便利店，趁店员不注意把"新"涂成了"没",他们还设计了自己的系列海报和文案。"没希望酸奶"就是在这样一种环境下成为网红。从名字一看大概能猜到这是针对新希望酸奶而推出的产品。类似这样的事件,在营销过程中很是常见,借势而为、创意扬势都是事件营销中的常用技巧。

任务二　掌握公共关系策略中处理的多维关系

一、知识扫描

组织要面临的公众类型有许多种,要平衡各方面的利益,实现组织与多方的和谐共处,这需要一些技巧。本任务将集中介绍如何处理公共关系活动中的多维关系。下面我们就组织与顾客、政府、供应商、媒体等各种公众的相处之道做一一的探讨。

知识点一　顾客关系处理

构建和谐的顾客关系。顾客即消费者。组织向顾客提供产品和服务,顾客以对组织的评价为组织做出反馈。组织不面对顾客就无法生存,没有提供产品与服务的组织也就无所谓顾客。组织与顾客的关系是相辅相成的,现实工作中,我们也经常遇到组织与顾客在利益上存在冲突。如何处理两者的关系?组织常常有这样的惯性:若是凌驾于顾客之上,就能够获得利益。但是现实是顾客也常常表现出较为激烈的对抗或抵制,顾客的反应一旦趋于激烈则会给组织带来灾难性的后果。

1. 公共关系部门应该关注的顾客信息

公共关系部门应该建立完善的顾客满意度监测程序和制度。公关部门应该明确以下问题:

（1）谁来负责顾客满意度的监测。

（2）去哪里搜集顾客满意度相关信息。

（3）搜集什么样的信息。

（4）信息传播的途径。

（5）监测顾客信息的周期。

（6）对组织有重大影响的顾客信息应该如何处理。

（7）经过分析的信息输入组织哪些部门。

（8）对顾客的投诉如何应对,由谁来专门面对问题,对顾客的反应做何进一步处理。

2. 顾客不满意的补救措施

任何一个组织,不论它的产品质量如何,都会面对不同程度的消费者不满。价格高、服务差、质量不可靠等顾客的抱怨层出不穷。经调查发现:服务不能令顾客满意,会造成90%的顾客离去;顾客问题得不到解决,会造成89%的顾客流失;而一个不满意的顾客往往平均会向9个人叙述不愉快的购物经历。因此,消费者不满意是组织的一种客观存在,组织不可掉以轻心,它会影响到组织声誉,处理不当甚至可能会给组织带来经营灾难。那么,在组织出现顾客不满意时,组织该如何处理或进行补救呢?

关注消费者的不满和潜在不满。有一些顾客的不满会直接宣泄出来,但是还有一部分顾客即使不满也不会直接投诉。他们可能有一些顾虑,如投诉了也不一定会得到好的解决方案、投诉要花费自己的时间精力、不愿意和服务人员发生直接的对证冲突等,但是他们会把这些不满的情绪带给周围的人。公共关系工作人员关注的信息里面一定要包含对这些因素的调查，及时地反馈给相关部门做好预防和处理。

组织首先要学会倾听顾客投诉。组织在面对消费者投诉的时候，常常花费大量的时间和精力去推卸责任，而没有积极解决；或消费者打了投诉电话，组织没有及时解决消费者的问题。作为公共关系工作人员，在接触到顾客不满时候，要及时做好顾客投诉的记录和分类。组织可以采用顾客投诉记录表，从服务的差错中学习和改进，对差错的部门、差错的门类、差错原因、处理的方案做出详细的计划。其次，组织必须建立统一的工作标准，以提高顾客的满意程度。

再次，组织要树立全员"不满意危机公关"意识。企业只有树立了全员"不满意危机公关"意识，认识到不满意处理不当可能会给企业造成的危害，企业的工作人员才不会置顾客投诉而不理，或相互推诿，而是以一种积极的心态去处理顾客的不满意，直至顾客满意。

知识点二　政府关系处理

"如何同政府打交道，具体一点，如何和官员打交道，成了所有中国企业的必答题。我把70年的时间用在企业的外部环境上。"——柳传志

公共关系部门不可避免地与政府打交道，追求组织与政府部门的良性互动是公共关系公众工作的重点之一。组织与政府的关系不仅仅是资金和政策的关系，更重要的是讲究组织战略与政策层面的契合。在处理与政府关系时，企业要做政府的"模范公民"，熟悉政府颁布的有关政策、法规，建立与政府官员之间的经常联系，扩大组织在政府部门中的影响，加强与政府的信息交流。

政府关系的处理要涉及政府的许多部门，如各级人民政府，公安、司法、税务、海关、工商、劳动保障、卫生防疫等。任何社会组织都必须无条件遵守政府法律与法规，服从政府以及各职能部门的管理。

知识点三　媒介关系处理

新闻媒介是组织与社会公众联系的最主要渠道，也是组织最敏感、最重要的公众之一。新闻媒介能够引导公众对事件的看法，新闻媒介的评价影响组织在公众心目中的形象，所以巧妙地利用新闻媒介，会收到非常好的公关效果。

在处理与媒介的关系时，组织对待报纸、杂志、电台、电视台、通讯社等新闻机构和新闻从业人员要注意技巧，这类公众能够引导民众观点，引发新闻，甚至是"制造新闻"。组织在面对媒介时，要经常主动地提供有价值的正面信息，与它们建立广泛、长期、稳定的联系。在两者出现矛盾冲突时，要避免分歧，切不可站在媒介的对立面，即便是面对失真的报道和信息也要积极沟通，消除沟通障碍，促进和谐共生的局面。

知识点四　员工关系处理

公共关系的内部公关主要处理员工关系和股东关系。员工关系尤为重要，现代企业认为员工是企业最大的财富。员工关系是公共关系要处理的多维关系的起点，也是做好其他类型公共关系工作的前提条件。企业与员工关系的焦点是利益，不同的员工有不同的利益需求，同一个员工在不同的时期也会有不同的利益需求。员工对组织的利益需求主要有工资报酬、奖金福利、工作环境、参与管理、培训晋升等。毫无疑问，员工的这些利益需求都是正常

的、合理的。组织的公关人员应认真了解员工的利益需求,尤其是员工在一定条件下最为迫切的需求,并尽可能地给予满足。

但是,我们也要清醒地认识到,员工的利益需求与组织的利益并不总是统一的。有时为了组织的长远发展,会影响员工的短期利益。而且,不同员工之间的利益矛盾也会时常发生。这就要求组织的公关人员一定要协调好组织与员工、员工与员工之间的利益关系。利益关系处理得好,其他关系就有可能迎刃而解。否则,协调其他公共关系就缺乏坚实的客观基础。

处理员工关系首先要对组织内部员工进行分析,接下来我们将对组织内部员工个体、集体、领导3个群体分别做出分析:

1. 分析员工个体

在内部公共关系工作中,还应注意考察3种员工关系:①管理人员关系;②技术人员关系;③操作人员关系。

2. 分析组织中的正式群体和非正式群体

组织中存在自然形成的以感情、喜好等情绪为基础的松散的没有正式规定的群体。这些组织不受行政部门和管理层次的限制,也没有正式机构,但是会自然涌现自己的"头头",形成一些不成文的行为准则和规范。做好组织内部员工关系协调不可忽视非正式组织的特点。它们可能和组织存在矛盾或者非正式组织的核心成员不利变动会影响到组织中的其他人。恶意竞争、相互拆台、传播谣言、蛊惑人心都时刻可能存在,对于公共关系工作人员而言,要学会制定合理的内部公关政策、坚决消除极具破坏性的人物,谋求与非正式组织领袖的合作。

3. 分析领导风格

1945年,美国俄亥俄州大学对领导风格进行了研究,试图找出领导的有效性与哪些行为因素有关,把领导行为进行了分类,概括为"抓组织"和"关心人"两种基本倾向。"抓组织"是以工作为中心,是指领导者为了实现工作目标,既规定了他们自己的任务,也规定了下级的任务,包括进行组织设计、制定计划和程序、明确职责和关系、建立信息途径、确立工作目标等。而"关心人"则是以人际关系为中心,包括建立互相信任的气氛、尊重下级的意见、注意下属的感情和问题等。他们认为,领导行为是这两种行为的具体组合。领导风格理论如图8-1所示。

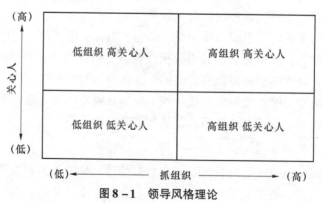

图8-1 领导风格理论

该理论认为领导风格分为以下4种类型:

高组织、低关心人——最关心的是岗位工作,例如,计划作业、信息沟通等。

低组织、高关心人——不大关心工作进展，只关心员工间的人际关系，对处世方面多能保持一种互尊互信的气氛。

低组织、低关心人——既不关心工作也不关心人。

高组织、高关心人——既关心工作也关心人。

知识点五　社区关系处理

社区一词属于社会学的概念，是我国社会学家在20世纪30年代从美国社会学著作"Community"转译而来。社区是指聚集在某一地域中的社会群体、社会组织所形成的一种相互关联的社会实体。社区关系是指组织与所在地的区域关系。任何一个社会组织的存在都离不开一个具体的社区，必然要与社区发生这样或那样的关系。如当地社区管理机构、居民及其他社会组织等，都是组织与之发生关系的对象。良好的社区关系可以加强社区公众对组织的了解、理解和支持，为组织创造一个稳定的生存环境；同时，体现组织对社区的社会责任和义务，通过社区关系扩大组织的区域性影响。人们常说"远亲不如近邻"，那么组织要和"近邻"社区建立和谐的关系，可以利用社会组织自身的人力、物力、财力等，尽可能满足该社区的基本要求。

二、知识训练

训练项目1　思考与演练

（1）在处理顾客投诉的时候，作为公关人员应该怎么做？

（2）员工关系也好，顾客关系也好，还是社区关系也好，有其共同点，请你谈谈哪一点是处理任何一种公共关系的基础。

（3）要求学生到公共场所与3个以上的陌生人沟通，然后结合传播学原理相互交流感受。

训练项目2　自我评估

根据下列《公关人员资格鉴定表》中的内容评估一下自己吧。

下列每小题答案为"是"计1分，答案为"否"计0分，满分为100分。

1. 知识

（1）是否大学毕业？

（2）是否有过公共关系方面的专门学习与培训？

（3）是否掌握经济学的基本知识？

（4）是否掌握社会学的基本知识？

（5）是否掌握经营和管理学方面的知识？

（6）是否掌握市场营销学的基本知识？

（7）是否了解财务方面的基本知识？

（8）是否接受过哲学和逻辑学方面的思维训练？

（9）是否懂得新闻学和传播学？

（10）是否对社会大众心理学感兴趣？

2. 技术

（11）是否能够独立撰写各类新闻稿件？

（12）是否掌握摄影技术？

（13）是否了解美工技术？

(14) 是否有较好的演讲技术？
(15) 是否了解广告技术？
(16) 是否掌握打字技术？
(17) 是否能熟练运用计算机技术？
(18) 是否懂得各种印刷技术？
(19) 是否掌握舆论调查的方法和技术？
(20) 是否掌握公共关系礼仪？

3. 性格
(21) 是否性情中庸、和悦近人？
(22) 待人接物是否从容不迫、落落大方？
(23) 是否能往来于大庭广众之下而不畏惧？
(24) 是否乐观？
(25) 是否有耐性？
(26) 是否有宽容、忍让精神？
(27) 是否有决心和毅力面对困境和挫折？
(28) 做事是否按部就班？
(29) 是否健谈和善意于表达？
(30) 是否很容易与陌生人打交道？

4. 品德
(31) 为人是否公道正派？
(32) 说话办事是否诚实可靠？
(33) 是否有辨明是非的能力？
(34) 是否有良好的责任感？
(35) 是否能以大局为重？
(36) 是否廉洁自律？
(37) 是否遵守诺言？
(38) 是否严谨？
(39) 是否善意于与他人合作？
(40) 是否关心他人并赢得人们的信赖？

5. 经验
(41) 是否有新闻工作经验？
(42) 是否有过与新闻界打交道的经验？
(43) 是否有广告策划、推销方面的经验？
(44) 是否有做过人事方面工作的经验？
(45) 是否有从事过社会交际的经验？
(46) 是否从事过社会调查活动？
(47) 是否有谈判方面的经验？
(48) 是否有演讲的经验？
(49) 是否有财务部门工作的经验？

(50) 是否做过思想教育工作？

6. 阅历
(51) 阅历是否广泛？
(52) 是否了解世界各国的主要风俗习惯？
(53) 是否了解中国各地的主要风俗习惯？
(54) 是否了解各宗教信仰的特点？
(55) 是否了解我国主要民族的特点？
(56) 是否有过与不同类型的人打交道的经历？
(57) 是否了解世界各主要国家的经济状况？
(58) 是否了解世界主要国家的政治结构？

7. 思维
(59) 是否在不同的环境中都能发现问题？
(60) 是否善于打破思维定式？
(61) 思维是否敏捷？
(62) 观察问题是否细心？
(63) 遇事是否冷静？
(64) 分析问题是否深刻？
(65) 是否善于抓住问题的关键或核心？
(66) 是否具有综合判断、分析问题的能力？

8. 胆识
(67) 是否具有长远眼光？
(68) 是否能为长远的目标做好充分准备？
(69) 对未来预测的结果是否充满信心？
(70) 是否能够把握长远的发展趋势？

9. 谈吐
(71) 是否有幽默感？
(72) 谈吐是否吸引人？
(73) 是否善于转换话题来摆脱困境？
(74) 谈吐是否口齿伶俐？

10. 精神
(75) 是否有进取精神？
(76) 是否有奉献精神？

11. 智慧
(77) 对人对事是否有好奇心？
(78) 是否善于观察他人言行？
(79) 能否当一个好听众，欣赏别人的谈话？
(80) 是否善于处理尴尬的场面？
(81) 是否富于想象力和创造性？
(82) 做事是否常常出人意料？

12. 能力

（83）是否有制定方案的能力？
（84）是否能合理分授职权？
（85）是否善于发现人们的长处？
（86）是否用人不疑？
（87）是否善于协调不同性格的人一道工作？
（88）是否正确理解上级的意图和指示？
（89）能否创造轻松愉快的工作气氛？
（90）是否善于主持各种会议？
（91）是否能与不同性格的人打交道？
（92）是否能较快适应不同的环境？
（93）是否能与自己意见不同的人共事？
（94）对问题的描述是否全面、准确？
（95）阐述问题是否有逻辑层次？
（96）是否能准确运用体态语言？
（97）是否能客观分析内外关系？
（98）对不同意见是否有分析概括能力？
（99）是否有应付各种偶发事件的能力？
（100）是否有勇于承认自己错误的能力？

对以上问题的回答：

60分以下不适合从事公共关系工作。

60~69分需要设法改进自己的不足。

70~79分有资格从事公共关系工作。

80~89分可以成为合格的公关人员。

90分以上者，可以成为公共关系方面的专家。

训练项目3　公共关系活动策划活动

围绕某学校的一次大型活动，撰写相关公共关系文书。

背景：某一高校将举行建校50周年庆典，围绕周年庆的主题活动，为其设计一份庆典邀请函，编制一份学校简报、一个公关广告宣传文案，一份校庆策划书、校庆欢迎词，为该校校庆写一封贺信并撰写一篇新闻稿。

操作步骤：

(1) 将班级分成7组，每组人数根据班级人数平均分配，每组确定1人负责。

(2) 学生可自行了解该学校背景，策划庆典的具体活动内容。

(3) 撰写邀请函、学校简报、广告宣传文案、学校校庆策划书、校庆欢迎词、贺信及新闻稿。

(4) 各组在班级进行交流、讨论。

成果形式：

撰写邀请函、学校简报、广告宣传文案、校庆策划书、校庆欢迎词、贺信及新闻稿，成果装订成册。

三、知识拓展

知识拓展 1　企业与消费者沟通的方法

1. 企业与消费者沟通的常见途径：

口头联系。这是最常见的联系方式。包括接待消费者投诉、回答消费者的问题、电话征询消费者意见、召开定期的消费者座谈会等形式。

书面联系。包括编辑出版组织各类宣传物和发布产品手册、策划播出广告、用邮件、信函与顾客往来、发布组织公告等形式。

专题活动联系。组织消费者参观、举行联谊活动、举办展览、开办赞助活动等形式。

视听文娱联系。利用大众传播媒介播发视听节目、组织文艺演出等形式。

2. 美国 Semaritan Health Services 制订的补救服务 4A 行动计划

（1）预见（Anticipate）并预防服务差错。

（2）承认（Acknowledge）已发生的服务差错，不推卸责任，不辩解。

（3）真诚地道歉（Apologisze）。

（4）弥补过失（Amend），采取改正措施和后续性措施，解决顾客投诉问题。

知识拓展 2　媒介传播基本理论

1. 拉斯韦尔 5W 理论

美国政治学家拉斯韦尔在其 1948 年发表的《传播在社会中的结构与功能》一文中，最早以建立模式的方法对人类社会的传播活动进行了分析，这便是著名的"5W"模式。"5W"模式界定了传播学的研究范围和基本内容，影响极为深远。"5W"模式是：①谁传播（who）；②传播什么（says what）；③通过什么渠道（which channel）；④向谁传播（to whom）；⑤传播的效果怎样（what effects）。

公共关系工作人员在处理媒介关系问题时，依据这一理论可以清晰地分析组织即将传播的讯息，要依次进行传播内容的分析、传播媒介的特点分析、传播的对象分析和传播的效果分析。

2. 两级传播模式理论

1940 年，拉扎斯菲尔德（P. F. Lazasfeld）等人调查发现信息从大众媒介到受众，经过了两个阶段，首先从大众传播到舆论领袖，然后从舆论领袖传到社会公众。也就是说，信息的传递，是按照"媒介——意见领袖——受众"这种两级传播的模式进行的。

对公共关系工作而言，把握住中间环节的"意见领袖"，其作用与意义举足轻重。意见领袖又称"舆论指导者"，是人群中首先或较多接触大众传媒信息，并将经过自己再加工的信息传播给其他人的人。也有人说他们是一些"消息灵通人士"，或对于某一领域有丰富的知识与经验即"权威专家"，而其态度和意见对广大公众影响较大的那一部分人。

3. 议题设置理论

该理论是由美国传播学者麦克姆斯、唐纳德·肖最早提出。这一理论认为，虽然大众传播媒介不能直接决定人们怎样思考，但是它可以为人们确定哪些问题是最重要的。依据这一理论，公共关系部门需要为公众安排议事日程，进而就能影响公众舆论。

任务三　对营销危机进行危机公关处理

一、知识扫描

知识点一　危机公关的含义

危机公关是各种危机中的一种特殊形态，是一种特殊的公共关系工作。所谓危机公关即是指组织因为某种非正常因素引发的一系列失常事态。公共关系危机处理，就是组织的领导者和公共关系人员针对已经出现的组织危机事件，采取有效的措施妥善处理，将危害降低到最小，获得公众充分信任以及重新塑造组织良好形象的运作过程。

知识点二　公关危机的特点

1. 突发性

公关危机大多是一些突发性事件。危机的发生不以人的意志为转移。正如一句名言"危机就像死亡和纳税一样的不可避免"，所谓危机防不胜防，它一旦发生，往往让组织的管理者措手不及，在处理经验不够的情况下，公共关系人员的不当处理可能又会让已经产生的危机和矛盾进一步激化和升级。

2. 破坏性强

危机会给组织带来重大的损失。这些不利因素会直接影响到组织在公众心目中的形象，会让组织在此之前辛苦建立的形象、信誉等一切努力付诸东流。组织随即而来的是声誉的降低、顾客的流失、品牌忠诚度的下降等一连串反映。即使组织在此之后，不断地挽救和修补，都难以再续之前的美好形象。处理危机的过程也是组织施展智慧、技巧和体现组织应急管理能力、判断能力、决策能力的过程。

3. 可控性差

组织一旦发生了公关危机，事情的走势就很难在组织的自我把控之中。特别是在今天信息网络高度发达的时代，公众获取信息的渠道众多，获取信息的能力远远超过我们的想象。组织无法左右公众的态度，也无法决定事态会走向何方。危机的难以控制给公关人员的工作带来障碍，这也是最考验专业的公关从业者职业技能的时刻。

4. 广泛的舆论关注

现代传播媒介十分发达，组织一旦出现危机事件，就站在了舆论的风口浪尖。组织一时间便成为公众的话题中心。各个大众传播媒介此时也是最活跃的分子，它们不断挖掘夺人眼球的新闻价值点，在报道的过程中也难免会有失真的报道出现，媒体对危机的报道内容和主要观点直接影响公众对危机事件的态度和看法。所以，在危机发生之后，积极地与媒体沟通是一门必修课程，为的是阻止不实的报道带来的危机升级。

知识点三　危机公关的形成原因

一、外部原因

1. 不可抗力造成的灾难

意外的火灾、地震、洪水等自然灾害造成的或由人为原因造成的重大安全责任事故，会给组织带来重大危机。处理这类危机要求公关人员及时做好善后处理工作，最大限度地降低人身财产危害，及时把事实的真相告知公众，创造有利的舆论环境。

2. 新闻媒介的不实报道造成的危机

新闻媒介的力量不可小觑，新闻媒介被誉为"第四权力"，它们的观点直接影响了公众的评判标准。在危机时期，媒体除了要发挥着信息传播和舆论引导、舆论控制等方面的重要功能外，它还应发挥环境监测与舆论监督的功能。媒介自身也存在着偏见问题，报道本身倘若存在不实的情况，会对组织造成严重的威胁。

3. 政策法律环境的变化带来的危机

社会宏观环境的变化会直接影响组织经营的策略。一般来讲，任何组织都依托于国家基本的经济政策和法律环境。企业更是希望国家经济管理体制和经济政策有利于本企业的生存和发展，如果社会面临转型或是执政者的执政思路发生变化，颁布诸多的规章和制度，那么，企业就可能在经营活动中遭遇很大风险，出现严重问题，甚至陷入一种欲进不能、欲退不忍、欲止不利的困境。在这种情况下，出现一种公共关系危机是完全可能的。

4. 企业恶性竞争带来的危机

社会中不可避免地存在不正当竞争。所谓不正当竞争，是指在市场经济活动中，违反国家政策法令、采取弄虚作假、投机倒把、坑蒙诈骗手段牟取利益，损害国家、生产经营者和消费者的利益，扰乱社会经济秩序的不良竞争行为。组织的竞争对手为了谋求利益，可能会进行如故意散布关于组织的谣言、故意损坏组织名誉、进行广告宣传有意贬低竞争对手的能力、盗用企业品牌商标生产假冒伪劣产品扰乱市场秩序等行为，这些都会使组织陷入困境。

二、内部原因

1. 管理者自身公关意识淡薄，缺乏危机管理意识

管理者或公关从业人员公关意识淡薄，在组织与社会公众出现利益冲突时候，人们常常首先考虑组织自身的利益有无受到侵害，而忽视了公众的感受。员工在和公众打交道的过程中，往往认为公关只是有关部门的事情，和自己没有关系。这些意识的偏差都有引发危机的可能。特别是如果领导者本身缺乏危机意识，不能做到居安思危，那么导致企业危机的可能性就更大。

2. 产品质量问题引发的质疑

在一个企业中，追求经济利益最大化是无可非议的，但是一些企业一味追求经济收益，就出现产品质量不合格、产品以次充好的行为。产品是企业的生命线，不合格的产品投放到市场后，消费者的利益便无从保障，企业最终也难逃被消费者抛弃的命运。此类原因引发的企业危机事件在现实生活中比比皆是。

3. 危机公关处理技术的落后造成的组织信誉损坏

组织管理者或公关人员在面对危机事件时，常常反应不及时，没有迅速地开展调查和事实澄清，延误了处理时机，或是因为沟通技巧不足，和公众之间没有建立良好的互动，引发更多的质疑和声讨。

4. 组织经营决策失误造成的危机

经营决策失误也是造成企业公关危机的重要原因之一，经营决策失误情况繁多，主要体现为方向的失误、时机的失误、策略的失误等，各种失误的出现都可能导致危机的出现。特别是方向的失误、策略的失误是导致危机的关键原因。

知识点四　危机公关处理原则和程序

一、危机处理原则

1. 立即反应原则

所谓立即反应原则是指企业面临公关危机时，必须在第一时间做出反应。无论危机事件的出现组织有没有责任、该承担多大的责任，首先要做的事是面对公众做出回应。组织切不可有蒙混过关的想法，高度透明的社会信息网络不允许组织遮遮掩掩。对于公众而言，他们对组织存在一定的心理预期，即企业应该怎样处理，我才会感到满意。因此，企业绝对不能选择对抗，态度至关重要。完美的危机公关就是要让危机出现后做到不扩大、不升级、不蔓延。

2. 真诚沟通原则

正所谓"好事不出门，坏事行千里"。在危机出现的最初 12~24 小时内，消息会像病毒一样，以裂变方式高速传播。而这时候，组织若不主动站出来澄清事实、积极沟通便会被社会中各种负面和失真的报道、谣言所覆盖。本着妥善处理危机事件的目的，组织需要尽快与公众沟通，说明事实真相，促使双方互相理解，消除公众的疑虑与不安。在沟通时一定要做到"三诚"，即诚意、诚恳、诚实。

3. 尊重事实原则

坚持实事求是，是处理危机公共的根本原则之一。只有坚持了实事求是，不去刻意回避问题才能有效地解决问题。如果公众一旦知道了组织故意封锁消息或发布不实信息，马上又会引起一系列其他问题，使得事态越来越严重。

4. 善始善终原则

事态不继续恶化，并不代表危机公关工作就已经结束。面对危机事件中组织造成的声誉的损坏、利润的降低、人才的流失等问题，组织需要继续进行一些补救措施。危机公关不是只做到危机的结束而是创造一个新局面的开始。

二、危机公关的处理程序

危机公关处理的可以分为 3 个步骤：

第一步：采取紧急行动。

1. 成立专门的临时机构

当危机出现的时候千万不要惊慌，首要的问题就是赶快成立危机公关小组。一般情况下，危机公关小组由企业的公关部成员和企业涉及危机的高层领导直接组成。

2. 迅速隔离危机困境

在这里要千万注意的是，在危机情况下一定要把握住宣传口径的一致性，作为公司的直接领导人和企业老总千万不能随意发表言论，以免给媒体和大众落下口实。

3. 控制危机蔓延态势

第二步：积极处置危机。

1. 调查情况，收集信息

分清危机发生的原因是因为产品质量问题引发的恶性事故，还是由于外界误解或人为破坏造成的产品、组织信誉危机。找到事情的本源方能对症下药。

2. 分析研究，制定对策

如果是产品质量问题，就应该立即召回不合格产品或立即组织自查，并通知销售部门立即停止出售这类产品。如果是人为的破坏则要立即查清原因，通过和新闻媒介积极沟通，主动澄清事实，反驳谣言，消除误解；如果在危机事件中涉及人员伤亡，必须立即通知其家属，为他们提供一切必需的条件，满足他们探视或吊唁的要求，并做好医疗和抚恤工作；如果因火灾、爆炸等事件给附近居民或组织带来了损失，组织要负责赔偿。总之，不同性质的危机要采取不同的措施加以处理。

3. 分工协作，实施方案

事件涉及的所有部门必须全力配合，谁来承担产品善后、谁来进行媒体沟通、谁来负责舆情监测等问题都需要在处理方案中加以明确。合理的分工协作有助于提高处理效率，赢得危机公关的最佳时机。

4. 评估总结，改进工作

危机处理的过程需要公关人员不断总结经验和处理过程中的得失，评估处理结果有助于将危机处理工作推向纵深，找出漏洞及时补救是又一个关键的工作环节。

第三步：重塑组织形象

危机的有效控制并不意味着危机公关工作的结束，相反，重新塑造组织新形象是公共关系工作的新起点。因此，要求组织上下都要做到：

（1）树立重建组织良好形象的强烈意识。

（2）确立重建组织良好形象的明确目标。

（3）采取建立组织良好形象的有效措施。

知识点五　危机公关处理的基本策略

1. 组织内部策略

在组织遇到危机的时候，组织的领导层和公共关系人员时常是把主要的精力放在如何面对媒体公众、怎样调查事故原因、召回问题产品、补偿受害者等外部因素上，恰恰容易忽视组织内部员工的态度和表现。组织内部员工也有可能是谣言的散布者，他们可能同样不了解事实的真相。企业的股东也由此丧失对职业经理人的信任，停止对未来企业的持续投资。所以在组织的内部，危机公关处理同样不可放松。

组织内部要有畅通的信息传播渠道，要让员工对组织的现状有清晰的认识，鼓励员工积极投身于企业形象的共建中来。适当的时候，要配备合理的奖惩机制，鼓励组织成员采取积极的行为，而对主要的事故责任人，也要有明确的责罚机制。

2. 对待受害者策略

公共关系人员认真了解受损情况，实事求是地承担责任，并诚恳道歉；冷静听取受害人的意见，做出赔偿损失的决定；给受害人以同情和安慰；避免发生不必要的争执；派专人负责为受害者提供他们所需要的服务，注意设专人负责与受害者接触，在整个事件处理过程中，不随意更换工作人员。

3. 新闻媒介策略

设置专门的记者招待会；实事求是地回答媒体问题，不故意回避，不隐瞒信息；主动向新闻界提供事实真相，表明自己的立场和态度；公共关系人员言语要慎重，不信口开河，要和组织保持高度一致，在事实没有调查清楚之前，不可盲目加以评论。同时要与新闻界密切配合，不带有主观情绪；借助新闻媒介表达自己的歉意，并向公众做出相应的解释。无论哪种情况，公关人员都不能用"无可奉告"来敷衍公众，避免因为自己沟通技巧的欠缺导致危机事件"越描越黑"。

4. 主管部门策略

事故发生后，应及时、主动向组织的主管部门汇报，汇报应实事求是，不能歪曲真相，混淆视听；事故处理中，定期汇报事态的发展情况和处理工作进展，求得上级主管部门的指导和支持；事故处理后，对事件的处理经过、解决方法和今后的预防措施要及时总结并向上级详细报告。

5. 间接公众策略

如果有人来访，不能拒绝，对于提出的问题，不能隐瞒事实真相，要坦诚回答、热情接待。组织要及时通过各种渠道，如零售网络、广告媒介等，向消费者说明事件的经过、处理办法及今后的预防措施；热情接待消费者团体及其代表，因为他们代表消费者的利益，在新闻界很有发言权。应热情并慎重地接触公众。

二、知识训练

训练项目1　危机公关活动训练

（1）通过网络、报刊等媒体，收集整理一个危机公关的案例，并完成以下操作练习：

①列出该公共关系危机产生的原因，要求3条以上。

②如果你是该事件中的公共关系主管，你如何处理？请列出你的处理方案，要求5条以上措施。

（2）以小组为单位访问本地一家企业，与其消费者服务部门进行交流沟通，了解近年来该企业接受的消费者投诉事件，学习处理该类事件的方法和技巧。

训练项目2　新闻阅读与思考

餐饮界有句话说，"海底捞你学不会"。这句话在公关界同样适用。2017年8月，一直高居餐饮界神坛的海底捞因为《记者暗访海底捞后厨：老鼠爬进食品柜、漏勺掏下水道》一文，成为众矢之的——被消费者推到这么高的位置，居然出现食品安全这种致命问题，很可能就是万劫不复。

众人坐等海底捞摔得粉身碎骨时，海底捞上演完美逆袭。海底捞应变速度之快让人咋舌。被曝光的当天下午到第二天中午，海底捞官网及官微连发3份说明文件，表达了几个意思：承认勾兑事实及其他存在的问题；道歉并感谢媒体监督；对问题进行客观澄清；就外界关心的问题进行重点补充说明。态度极其诚恳，悔改之心溢于言表。

更加精彩的是第二天晚上，海底捞掌门人张勇在个人微博上也表了态，主要说了3点：

首先，"菜品不称重偷吃等根源在流程落实不到位，我还要难过地告诉大家，我从未真正杜绝这些现象"——直指问题根源。

其次，"责任在管理不在青岛店，我不会因此次危机发生后追查责任，我已派心理辅导师到青岛以防该店员工压力太大"——不甩锅给个人，是多么重要的品质。

最后，"对饮料和白味汤底的合法性我给予充分保证，虽不敢承诺每一个单元的农产品都先检验再上桌，但责任一定该我承担"——做出承诺。

对于这种坦诚和担当，微博下面留言的态度基本都是：当然是选择原谅他。

在这则社会热点新闻中，对于海底捞的一系列措施，有人说："真诚是海底捞的护身符,也可能是消费者的迷幻药。"你怎么看待这一观点?此外,对于食品安全问题,企业如何渡过危机,有哪些经验可以汲取?

三、知识拓展

知识拓展1　优秀企业的危机意识导读

下面一些企业家名言是企业的领导者危机意识的最好体现。正是由于他们的危机意识,使这些企业成为世界上最优秀的公司之一:

海尔张瑞敏:"永远战战兢兢,永远如履薄冰。"

联想柳传志:"我们一直在设立一个机制,好让我们的经营者不打盹,你一打盹,对手的机会就来了。"

华为任正非:"华为总会有冬天,准备好棉衣,比不准备好。我们该如何应对华为的冬天?"

微软比尔·盖茨:"我们离破产永远只有18个月。"

戴尔电脑迈克尔·戴尔:"我有的时候半夜会醒,一想起事情就害怕。但如果不这样的话,那么你很快就会被别人干掉。"

知识拓展2　企业的危机公关工作的职责分配

企业遭遇产品、信誉危机的时候,承担处理责任的不仅仅有营销部门,更需要企业其他职能部门进行配合,即当前推崇的全员公关思想。通过全员的公关教育与培训,提高全员公关行为的自觉性,强调组织整体的公共配合与协调,全面发动全员的公共实践和努力,形成浓厚的组织公关氛围与公关文化。它要求员工要随时注意自己的行为,因为员工的一言一行、一举一动都关乎组织的整体形象。全员公关职责分配如表8-1所示。

表8-1　全员公关职责分配

成员	职责分配
组长	1. 控制危机事件解决的进度; 2. 负责危机处理工作的人事调遣; 3. 传达组织高层管理者的意见和决定; 4. 制定新闻发言人发言的内容、时机和地点; 5. 统筹其他事发地相关任务
生产部门负责人	1. 与生产部门保持良好的沟通; 2. 调查产品质量问题的根本原因; 3. 指导监督产品的有效回收和处理; 4. 寻找产品的替代品以补充市场需求; 5. 组织员工对新产品进行研发和生产
财务部门负责人	1. 管理危机处理专项基金; 2. 对产品召回和媒体关系处理等工作的资金使用做出预算; 3. 准备好受害者的赔偿款项; 4. 负责危机事件中涉及的其他财务业务

续表

成员	职责分配
宣传部门负责人	1. 积极主动联系新闻传播媒介; 2. 撰写对外声明稿件; 3. 建立新闻发言人制度,培育成熟的新闻发言人; 4. 负责相关公众的接待、交涉、联络工作
法律部门负责人	1. 向组织提供专业的法律知识援助; 2. 处理损害赔偿业务; 3. 与专业的法律顾问等人士保持交流和联系
行政部门负责人	1. 编撰整个危机处理小组人员的通讯录; 2. 上传下达相关信息,第一时间促进小组成员的有效沟通; 3. 负责危机处理小组工作人员的差旅食宿等后勤保障工作

知识拓展3　公关前沿观点之"移动互联时代,企业更加依赖公关工作"

资深品牌专家、睿符品牌传播集团董事长孙雷先生曾公开发表观点:公关和广告、活动、促销等一样,是一种沟通手段,其作用是服务于企业的产品营销和品牌形象。与此同时,与广告、促销等其他以企业作为明显主体的传播手段不同,公关传播的优势在移动互联时代被有效放大,具体体现在3个方面:一、企业隐身幕后,通过将企业语言转换为媒体语言实现信息传达,在潜移默化中影响受众,具有隐蔽性;二、以中立第三方视角而非企业视角进行传播,可信度更高;三、当企业通过自有渠道发布传播信息,企业就变身为一个媒体,仍具备第三方属性,具有权威性。对此,中国国际公共关系协会副会长、学术委员会主任郭惠民教授表示认同:"如今的市场已经从产品时代转向了品牌时代,品牌传播就是要向受众讲企业故事。而公关做的恰恰是人际和群体的传播,人又是讲故事的主体,所以公关是最适合讲品牌故事的,也就是最适合进行品牌传播的。可以说,在当今的移动互联时代,公关在面临挑战的同时,也迎来了发展的重要机遇。"在这一背景下,企业需要建立完善的公关运行体系,有组织、有计划地运用公关手段来管理信息发送者、信息本身、信息传播渠道,从而形成对品牌、产品有利的舆论氛围。

在前互联网时代的公共关系环境下,信息的生产者与接收者相互独立,信息传播渠道单一,信息单向传递,传播效果具有很大的局限性。孙雷先生指出,移动互联时代的公关传播,正发生革命性的变化,"在移动互联时代,每个个体都是信息生产者和接收者,利益相关者成为重要的信息生产者,传播渠道、形式纷乱复杂,管理好各个渠道的信息传递内容成为制胜的关键,多渠道内容交互作用,公关的作用与日俱增,正升级为一项专业性极强、对配合度要求极高、多变的体系性工作"。

移动互联时代,多渠道内容交互作用,公关正升级为一项专业性极强的体系性工作,官方渠道显得更加重要,它必须保持足够的技术稳定性。并且任何企业,从初创企业到航母企业,在其不同发展阶段,都需要通过针对性的组织安排,来实现企业公关职能。特别是对国际化的大型企业集团来说,多层级、细分化的公关职能,将能更好地为企业营销和品牌服务。

项目小结

1. 核心概念

公共关系（Public Relations）
公众（The Public）
危机公关（Crisis Public Relations）
社会赞助（Social Sponsorship）
顾客关系（Customer Relations）

传播媒介（Media）
全员公关（Whole Company Public Relations）
新闻发布会（News Release Conference）
政府关系（Government Relations）
社区关系（Community Relations）

2. 思考与讨论

（1）什么是公共关系？它与市场营销有什么关系？
（2）公共关系的基本职能有哪些？
（3）开一次新闻发布会，需要做好哪些工作？
（4）危机公关处理的程序分别是什么？
（5）简述危机公共处理的基本策略。

3. 案例分析

案例 1

2006 年 6 月 22 日，一名用户对网上订购的戴尔笔记本产品进行检测后发现，此笔记本的 CPU 为英特尔 T2300E，而不是订单上的酷睿 T2300。根据英特尔公司官方网站说明，酷睿 T2300 带虚拟技术，英特尔 T2300E 不带虚拟技术，两者的价格差为 30 美元。该用户认为，买卖双方对笔记本的主要配置有明确约定，但戴尔提供的产品与宣传配置不符，这一行为已经构成了商业欺诈，戴尔应该对此负责。此后戴尔一直拒绝对该用户给予差价补偿。

就在此事逐渐被淡忘时，8 月 9 日，北京、上海、深圳等地的 19 名戴尔用户在厦门对戴尔提起集体诉讼，以商业欺诈为由将戴尔告上了法庭。这些用户称，他们购买的戴尔电脑芯片型号与广告不符，戴尔出售的英特尔芯片比广告中的芯片功能要少，戴尔为防止事态的进一步扩大，不得不做出让步。

案例 2

2012 年端午节将至，粽子企业迎来了一年一度的旺季，然而，大量订单的集中到来也给食品安全问题留下了空间。据媒体报道，某市民为单位购买了 3 000 多只"五芳斋"粽子，竟发现其中部分已经发霉，并且有员工在食用之后出现腹泻状况。

对此，"五芳斋"粽子的生产商浙江五芳斋实业股份有限公司（下称"五芳斋实业"）给《国际金融报》记者发来的官方声明表示，上述消费者所购买的新鲜粽子使用的是塑料袋包装，而该公司有明确规定，进入 6 月份炎热季节后，严禁使用这种包装，而应采用透气性较好的无纺布袋包装。声明提醒，消费者在购买新鲜粽子后应及时加热食用或放入冰箱内妥善保存。

声明称，公司已经成立了由主要领导负责的调查小组对相关问题进行彻查，并对消费者表示歉意。

对于这点，一位从事食品行业的业内人士告诉记者："端午节期间是粽子生产销售企业的旺季，大家都想趁着这个时间点赚钱，然而，五芳斋的销售渠道主要有两种：一种是五芳斋实业的自营店，另一种就是通过经销商。在订单量如此之多的时候，五芳斋对于旗下众多经销商的管理也是有心无力，这是导致质量问题的主要原因。"

很多企业在快速扩张之时，企业内控却跟不上，最终导致问题爆发，对企业的品牌和形象产生损害。对此，浙江五芳斋实业股份有限公司品牌管理部总经理刘岳在接受《国际金融报》记者采访时也坦言，从目前的调查来看，此次粽子霉变事件是由上海的某家经销商违规操作导致。"在这一次粽子霉变事件中，可能是出于成本的考虑，消费者主动要求用塑料包装，但是，按照公司的规定，进入6月，对于新鲜粽子，必须使用无纺布袋包装。"刘岳说。

值得注意的是，刘岳表示，按照当初公司与经销商签订的协议，对于一些团购的大批量新鲜粽订单，经销商需要统一上报给总公司由总部直接配送。"我们会根据运输时间，用特定的中转箱来安排粽子的运输，减少中间环节，保证粽子质量。"

"但可能是由于怕客户被公司抢走的原因，一些经销商会故意将整单拆散，从而绕过公司，不顾规定，按照自己或者客户的要求包装运送。因此，这一次霉变粽子主要是由于该经销商违反公司规定，在没有将订单上报公司的前提下，擅自更换塑料包装导致的。"刘岳说。

刘岳坦言，相比于自营店，对经销商的监管相对困难，也是一些质量问题爆发的主要源头。"不过，我们现在已经在慢慢梳理，采取措施，提高对经销商的管控力度。比如，在发展的早期，只要有经销商愿意加入我们，我们便接受，但现在，想成为我们的经销商必须经过审核并遵守公司的规章制度。"

对于以上两则案例，请结合危机公关和公共关系多维关系处理的相关知识，思考如果你是企业的公共关系工作人员，打算如何处理此次事件。

参 考 文 献

[1] 菲利普·科特勒. 营销管理 [M]. 北京：中国人民大学出版社，2010.
[2] 迈克尔·波特. 竞争优势 [M]. 北京：华夏出版社，2001.
[3] 唐·舒尔茨. 整合营销传播 [M]. 北京：中国财政经济出版社，2005.
[4] 郭国庆. 现代市场营销学 [M]. 北京：清华大学出版社，2008.
[5] 张雁白. 市场营销学概论 [M]. 北京：经济科学出版社，2010.
[6] 邓月英. 公共关系 [M]. 上海：复旦大学出版社，2009.
[7] 陶应虎. 公共关系原理与实务（第二版）[M]. 北京：清华大学出版社，2010.
[8] 赵越. 市场营销实训 [M]. 北京：首都经济贸易大学出版社，2010.
[9] 潘金龙，任滨. 市场营销学 [M]. 北京：教育科学出版社，2013.
[10] 吕一林. 市场营学 [M]. 北京：中国人民大学出版社，2011.
[11] 理查德·林奇. 战略管理 [M]. 李晓阳，译. 北京：清华大学出版社，2015.
[12] 王旭，吴建安. 市场营销学 [M]. 昆明：云南财经大学出版社，2015.
[13] 雷颖晖. 网络营销实训教程 [M]. 北京：经济管理出版社，2014.
[14] 黄涌波，等. 市场营销基础：理论、案例、实训 [M]. 上海：上海财经大学出版社，2014.
[15] 谭立勤，董亚妮，王嘉彬. 市场营销综合实训教程 [M]. 成都：西南财经大学出版社，2012.
[16] 加里·齐姆斯特朗. 战略管理 [M]. 赵占波，王紫薇，译. 北京：机械工业出版社，2016.
[17] 李橞豫，陈玮. 中国本土市场营销精选案例与分析 [M]. 广州：广东经济出版社，2006.
[18] 佘伯明，陆弘彦. 分销渠道实训 [M]. 大连：东北财经大学出版社，2011.
[19] 杨春富. 营销渠道管理 [M]. 南京：东南大学出版社，2006.
[20] 陈春花. 经营的本质 [M]. 北京：机械工业出版社，2016.

其他尚有一些参考资料未能逐一列出，在此谨向各位作者致谢。